都市の空き家問題 なぜ？ どうする？

― 地域に即した問題解決にむけて ―

由井 義通
久保 倫子 編
西山 弘泰

古今書院

An Increase in Problematic Housing Vacancies in Japanese Cities:
Geographical Strategies to make better Solution

Yoshimichi YUI, Tomoko KUBO,
and Hiroyasu NISHIYAMA

Kokon-Shoin Publisher, Tokyo, 2016

はじめに

　空き家は都市の新陳代謝を促す重要な役割を持っており，一定数の空き家がなければ新たに転入する人口を受け入れることもできないし，自由な居住地選択もままならない．一時的な空き家状態は都市の存続に不可欠な存在である．
　しかし，「半永久的に空き家状態が継続する建造物」の増加となれば話は別である．少子高齢化と人口・都市の縮小が進む日本においては，過疎地域だけでなく都市部においても半永久的に空き家状態となる建造物が増加しており，これらの多くは十分な管理をされず放棄される可能性が高いことから「都市の空き家問題」として議論されることとなった．
　「都市の空き家問題」と一言でいっても，その発生要因は極めて複雑でさまざまな要因が不可分に関わり合って表出しているため，短絡的にいくつかの要因を挙げてそのメカニズムや対応策を検討することは不可能である．むしろ，問題の一部分だけに着目して対策をすることが，結果として問題をより複雑にしてしまう危険性さえはらんでいる．
　そこで，我々地理学者の出番である．地理学は，自然環境と人間活動の関わりや，あらゆる地域現象の全体像を理解することに長けた学問分野である．地理学では，ある地域現象を理解する際に，現象を個別に分解して説明する系統地理的な（もしくは一般の社会科学に通ずる）手法に加えて，地域を完成された全体（total reality）としてとらえて総合的に理解するという手法も伝統的に用いてきた．その総合性ゆえに学問的専門性に欠けるとして，内外から批判されることもあるが（詳細は第 8 章参照），都市の空き家問題のような複雑な地域現象を理解するためには，その総合性こそが強みになる．
　本書は，「都市の空き家問題」を総合的に（地理学的に）理解し，根本治療的な対応策を導くことを目的としている．そのため，さまざまなレベル（国家や政策から個人の意思決定まで），多角的な視点からその発生要因や現象の分布特性，

対応策を検討する．

　まず，本書の前半部（「都市の空き家問題　なぜ？編」）では，都市部において増加する空き家について，東京大都市圏および地方都市における実態を報告する．

　次に，後半部分（「都市の空き家問題　どうする？編」）では，都市部における空き家利活用の実践例や，自治体や地域住民などによる空き家問題への対応を報告する．これらを通じて，都市部における空き家増加問題の実態とその解決に向けた道筋を探ることを目的としている．さらに，コラムとして空き家法制定などの動き，京町屋の空き家化の動向，全国の空き家対策など，最近の「都市の空き家問題」をめぐる動向を示した．

　本書が，都市部における空き家増加に対応する自治体や，地域住民，NPO等にとって新たな方針や対策を導くきっかけとなることを祈念している．

2016年1月　編者一同

謝辞および原稿の初出

　現地調査にご協力いただいた全国の自治体担当者や地域住民の方々，NPO等の各種団体の方々に心より感謝申し上げます．誠にありがとうございました．

　本書の出版にあたっては，九州国際大学平成27年度教養学会出版助成の支援を受けた．なお，現地調査は科学研究費等の支援を受けて実施したため，各章の章末にそれぞれが受けた研究費等の詳細を記載した．

　本書の内容は，古今書院 月刊「地理」における以下の連載（「空き家が増える都市と郊外なぜ？どうする？」2014年10月～2015年7月，全10回）を基に，新たな章およびコラムを加筆し再構成したものである．

　　久保倫子 2014. 空き家増加は過疎地域だけの問題ではない！. 地理 59-10：4-11.
　　由井義通 2014. 地方都市の郊外住宅地における空き家問題－広島県呉市の事例－. 地理 59-11：68-75.
　　西山弘泰 2014. 地方都市における空き家の分布と地域的特性－宇都宮市の事例－.

地理 59-12：4-11.
久保倫子 2015．東京大都市圏の郊外住宅地における空き家増加の問題－牛久市の事例．地理 60-1：90-96.
西山弘泰・久保倫子 2015．産・官・民による空き家解消への取り組み－宇都宮市を事例に－．地理 60-2：84-93.
櫛引素夫 2015．青森市における空き家発生の実態と対策．地理 60-3：72-78.
由井義通 2015．郊外住宅団地における活性化の取り組み－広島市の事例．地理 60-4：80-89.
若林芳樹・小泉　諒 2015．東京圏における空き家ビジネスの展開．地理 60-5：68-75.
大塚俊幸 2015．大都市圏の郊外ニュータウンの将来を考える－高蔵寺ニュータウンの取り組みを通して．地理 60-6：72-79.
益田理広・久保倫子 2015．空き家問題の空間論的考察－都市の空き家問題解決への道筋を求めて－．地理 60-7：70-78.

茨城県牛久市の空き家．芸術家のアトリエとして利用されていたが，二次的利用もやがて放棄されてしまった．

目　次

はじめに

都市の空き家問題　なぜ？編

1章　空き家増加は過疎地域だけの問題ではない！
　　　：郊外や地方都市で広がる空き家条例 ………………………… 久保倫子　2

コラム①　空家対策特措法の成立と固定資産税減免措置の問題 ……… 西山弘泰　12

2章　地図からみた日本の空き家問題の地域的特徴 ………………… 若林芳樹　17

3章　空き家増加の背景的要因
　　　：戦後日本の住宅政策と居住地域構造の変化のなかで ……… 久保倫子　28

コラム②　京町家の空き家化 ……………………………………………… 矢野桂司　34

4章　若者の居住行動と空き家 …………………………………………… 中澤高志　42

5章　地方都市の郊外住宅団地における空き家の発生
　　　：呉市昭和地区の事例 ……………………………………………… 由井義通　52

6章　地方都市における空き家の分布と地域特性
　　　：宇都宮市の事例 …………………………………………………… 西山弘泰　62

都市の空き家問題　どうする？編

7章　空き家所有者アンケートからみた空き家の特徴と発生要因
　　　：宇都宮市の事例 …………………………………………… 西山弘泰　80

8章　空き家問題を「全体」でとらえる
　　　：地理学的研究の枠組み ……………………………… 益田理広・久保倫子　97

9章　東京大都市圏の郊外地域における空き家増加の実態
　　　：茨城県牛久市の事例 ………………………………… 久保倫子・益田理広　109

　　　コラム③　空き家調査の手法 ………………………………………… 久保倫子　125

10章　産・民・官による空き家解消への取り組み
　　　：宇都宮市の事例 …………………………………… 西山弘泰・久保倫子　127

11章　青森市における不動産業界と大学，地域による空き家対策
　　　………………………………………………………………… 櫛引素夫　139

12章　郊外住宅団地における活性化の取り組み
　　　：広島市の事例 …………………………………………………… 由井義通　153

13章　東京圏における空き家ビジネスの展開 ……… 若林芳樹・小泉諒　165

14章　高蔵寺ニュータウンにおけるまちづくりの取り組みと課題
　　　………………………………………………………………… 大塚俊幸　175

　　　コラム④　全国の自治体による空き家対策 ……………………… 西山弘泰　187

15章　都市の空き家問題とその対策：まとめと課題 …………… 久保倫子　204

おわりに　209
著者紹介　211

都市の空き家問題

なぜ？ 編

横須賀市谷戸地域の空き家
急斜面を登った先にある．地形条件によって空き家が生じた例．

牛久市の空き家
元々の所有者が入院・死亡した後に，相続者が管理しなかったり相続が問題となって空き家になる例もある．

▶1章

空き家増加は過疎地域だけの問題ではない！

郊外や地方都市で広がる空き家条例

久保倫子

I. 都市部における空き家の増加

　総務省統計局による平成25年住宅・土地統計調査の速報が発表され，全国の空き家率が13.5％と過去最高になったことが話題となった．同調査によると，1963年時点では戦後の住宅不足の影響もあり空き家率は2.5％に過ぎなかったものの，継続的に空き家の戸数・割合ともに増加を続けている．2013年には，総住宅数6,063万のうち約820万戸が空き家（うち別荘などの二次的利用は約41万戸）となった．

　これまでも空き家の増加は過疎問題の一部として，人口地理学や農村地理学などの分野で議論がなされてきた．ここでは，主に空き家を都市部からのIターン者や農村観光客を受け入れるための資源として利用するなど，農村の社会や経済の活性化に寄与しうるものとしてポジティブに扱われることもあった．

　しかし，近年の空き家をめぐる論調は大きく変わってきた．都市の住宅・社会問題として空き家の増加が検討される傾向が強まってきたのである．たとえば，三浦（2012）は，東京郊外の住宅団地で居住者の高齢化と住宅の空き家化が進行すると，郊外が消滅しかねないとさえ述べている．

　本章では，日本における空き家増加の実態を概観した後，空き家が増加することでどのような問題がおこるのか，空き家の増加に対して都市部の自治体がどのような対応をしているのかについてまとめる．

II. 空き家増加の何が問題か？

1. 都市部で深刻化する空き家増加の「問題」

　郊外住宅地においては，居住者の高齢化と若年（子）世代の離家が進行するこ

とにより地域の活気が失われ始めている．特に，管理不全な空き家の増加がもたらす地域社会への脅威は甚だしい．農村部の空き家と比較すると，都市部（特に既成市街地）においては土地・家屋の所有権等が複雑であり，容易に空き家を更地化・利活用することができない．また，農村部よりも住宅が密集しているために，管理不全な空き家の存在は，近隣住民の安全に直接影響を与えてしまうため，「問題」となりやすいのである．以下では，空き家の存在がどのような問題を引き起こすのかを検討する．

空き家の存在は，短期的にみれば防災・防犯・環境衛生上の問題を引き起こす．つまり，若者のたむろ場所となったり，ごみなどの不法投棄が行われたりしやすく，地域の治安悪化を招きやすい．防災の観点からいえば，管理不全な空き家が自然災害等で被災し倒壊したり建造物の一部が飛散したりすることで，住民に危害を加えるだけでなく避難経路をふさぐなどの被害も想定される．空き家が近所にあれば，周辺住民にとっては不安や憂鬱など精神的な被害も受けかねない．管理不全な空き家は直接的な被害を周辺住民に与えるが，管理状態が良いとしても，自宅の周囲を空き家に囲まれる状態を想像してみれば，次第に不安感が募るのは容易に想像がつくことである．たとえば，2011年に放送された「美しい隣人」というテレビドラマの第1話に，隣家が空き家になることに対して主人公（幼児を抱える専業主婦の女性）が漠然とした不安を募らせていくシーンがある．サスペンスドラマであることから，過度に不安感を演出している面もあろうが，隣家が空き家になることが居住者に不安を与えることを，良く表現した場面である．

さらに，長期的には，空き家が増えることで地域コミュニティの崩壊や地域の持続性に関わる問題が引き起こされる．これは，過疎地域で若年層の人口流出が進み高齢化と空き家化が進んだ結果，地域コミュニティや集落の存続の危機に瀕する状態になっていることと同様である．つまり，虫食い的に空き家が増加し居住者が減っていくことで，次第に地域に対する監視の目が行き届かなくなるため，空き巣や詐欺などの集団が進入しやすくなったりする．実際，本研究グループの現地調査の際には，空き家がこれらの用途に利用され不安を感じたという近隣住民もいた．

管理不全な状態が継続すれば，危険家屋となり，防災や建築基準の観点からも大きな問題を引き起こす．都市部，特に既成市街地などでは，管理不全および危

険な住宅は，現行の都市計画上「不適格」と判断される条件で建築されていることが多いため，接道が確保されず，住宅が密集している例が目立つ．こうした地区で放火や自然災害があった場合，緊急車両の通行が困難となり被害の拡大を招いてしまう．

さらに，行政の立場に立てば，所有者が特定できない空き家が増加すれば税収が減少したり，地域の治安維持のために余計な費用が必要となったりする弊害も考えられる．このように，都市部での空き家増加は，さまざまな問題を引き起こしかねず，早急に対応が求められるものであるといえる（樋野 2013，北村ほか 2012）．

2. 空き家はなぜ都市部で増加するのか？

都市部における空き家発生の実態や空き家の利活用に関しては，主に建築や都市住宅学の分野において成果がみられる．空き家化しやすい条件としては，まず，建替えのしやすさに影響する接道の幅員，少子高齢化の程度や世代交代の進み具合，延べ床面積が挙げられている（大谷ほか 2007）．また，GIS を活用して郊外戸建住宅地における空き家・空画地を把握した研究成果によると，空き家・空画地の規模のばらつきがそれらの利活用を阻んでおり，また住宅の建設年次，規模（延べ床面積）および世帯主の年齢により転居しやすさに差異があることから 1 つの住宅団地のなかで空き家化が同じように進むわけではないことも明らかとなった（友枝ほか 2003）．さらに，高齢者の定住意識と空き家化の関係に着目すると，単身高齢者は斜面傾斜地のような立地条件が悪く社会的サービスの需給にも支障がでる住宅に居住していても居住継続する傾向があり，入院などにより転居しても住宅を保持するために空き家化したり，住宅継承が進みにくくなったりするという（富永ほか 2005）．

つまり，空き家の発生には地形的条件（丘陵地や斜面など），地域の社会経済的条件（居住者の年齢構成など），住宅の条件（住宅形態，占有面積など）と，世代交代の進捗具合（住宅継承や売却の可否）などの諸条件が影響を与えており，極めて地理的な現象ととらえることができる．なお，空き家問題の空間的特性は 2 章で詳細に述べる．

Ⅲ. 空き家増加に対する国と自治体の対応
1. 国土交通省の対応
　元来，空き家問題は人口減少の著しい過疎地域の課題として扱われ，国土交通省によって空き家の再生や利活用に関する事業が行われたり，空き家を有する自治体やNPOが中心となって空き家バンクを運営したりする例が確認されている．しかし，大都市圏内での空き家増加に伴い，国土交通省による空き家対策事業の対象も都市部に拡大される動きがみられるようになってきた．たとえば，平成25年度予算案の「空き家再生等推進事業・除去事業タイプ」では，過疎地域以外でも不良住宅や空き家撤去の推進地区等が対象とされている．

　また，新成長戦略（平成22年6月18日閣議決定）の「中古住宅・リフォーム市場の倍増」に基づいて，新築住宅を中心とした住宅市場ら中古住宅の利活用へ方針を変えるべく「中古住宅・リフォームトータルプラン（平成24年3月）」を検討することとなった．これは，2020年までに中古住宅流通・リフォーム市場規模の倍増（20兆円）を提案するものである．つまり，「スクラップ・アンド・ビルド」型で新築の所有住宅供給を重視してきた第二次世界大戦後の日本の住宅市場および住宅政策を，より持続的で多様性を有するものへと変換させようとするものである．

　さらに，平成26年11月27日に公布，平成27年5月に施行された「空家等対策の推進に関する特別措置法（いわゆる，空家対策特措法）」では，周辺に危険を及ぼす状態にあったり環境衛生や景観上の問題を有したりする空き家は「特定空家等」に指定され，自治体による調査や行政代執行の対象となることとなった（詳細はコラム①を参照）．

2. 自治体による空き家条例制定の動き
　都市・農村の別を問わず全国の自治体が「空き家等の適正管理に関する条例」を制定している．秋田県大仙市は，条例制定直後に「行政代執行」により危険な空き家の撤去を可能としたことで有名である．北村ほか（2012）によると，大仙市の事例では，危険な空き家が小学校に隣接しており，子どもの安全を確保するために自治体が代執行を決断したという．ただし，大仙市の事例では，空き家の

所有者は無職でかつ土地等は金融機関の抵当権が設定されていたため，住宅解体費用の支払い能力は著しく低かったという．こうした状況下で代執行に踏み切れば，取り壊し費用（100～200万円程度）は所有者から回収できず，自治体の金銭的負担が大きくなるばかりである（北村ほか 2012）．

　また，農村部では古くから過疎対策や農村活性化策の一環として空き家問題に取り組んでおり，「空き家バンク」の取り組みが多くの自治体でみられる．たとえば，長野県佐久市は空き家バンクの成約率日本一を誇っているが，東京および名古屋大都市圏に近接する地理的優位性を活かし，都市居住者の農村移住や二地域居住を推進する事業を行っている（佐久市空き家バンク・ウェブサイトより）．

　一方で，大都市圏の郊外地域においても，空き家増加の問題に対応すべく，空き家等の適正管理に関する条例を設ける自治体が増加している．2010年に埼玉県所沢市が「所沢市空き家等の適正管理に関する条例」を制定したのをきっかけに，大都市圏郊外での空き家条例制定の動きが強まった．

　東京特別区部においては，足立区が「足立区老朽家屋物の適正管理に関する条例」（2011年10月施行）を設けている．これらの条例に追従する形で，茨城県牛久市，つくば市，千葉県千葉市，市川市，神奈川県横須賀市，東京都八王子市などが空き家等の適正管理に関する条例を制定している．また，地方都市においても空き家条例制定の動きは活発で，栃木県宇都宮市や岐阜県岐阜市などでも近年条例が制定された．

　以下では，東京大都市圏郊外自治体の空き家条例制定の動きを概観する．

IV. 郊外自治体による空き家対策
1. 空き家条例の制定の経緯

　空き家条例を制定するに至った経緯は，①役所内の環境整備や防犯，建築にかかわる部署などに集まってきた空き家に関する相談を取りまとめる窓口を設ける必要に迫られたもの，②議会が先導して条例を制定したもの，③それまでに空地管理の条例や建築基準法に則って行政指導を行っていたが，それらでは空き家問題に対応しきれなかったことなどの理由により，条例制定に至っているものが多い．

　空き家条例制定に至る経緯の差異を反映して，空き家条例の担当部署も多岐にわたっている．国の空き家対策は国土交通省（建築，土木分野）が担っているが，

これに倣っているのは大田区，市川市，横須賀市である．大都市圏における空き家条例の先駆者である所沢市は交通・防災・防犯系の部署が担当しており，牛久市，松戸市，柏市，小平市など比較的早い時期に条例を制定した自治体がこれに続いている．また，複合的な部門が担当している八王子市では，空き家に関する相談を内容に応じて法律相談や宅地建物取引協会らへの不動産相談などへつなぎ，空き家化を未然に防ぐ取り組みを進めている．空き家問題は，建物そのものの脅威（建物倒壊や飛散），環境衛生上の脅威（雑草・草木繁茂，害虫），治安上の脅威（不審者，放火）などを含む複雑な問題である．そのため，多くの自治体は市庁舎内で複数の関係部署と協力して問題解決にあたっている．

表 1-1 牛久市における空き家条例の特性と空き家増加地区の特性

空き家条例名称	牛久市空き家等の適正管理及び有効活用に関する条例
条例制定年月	2012 年 7 月 1 日
担当部署	交通防災課（適正管理）　　　　都市計画課（有効活用）
条例の内容　調査・助言	○
指導	○
勧告	○
命令	○
公表	○
行政代執行	×
条例制定の経緯	①住民からの相談を受けて議会で質問（2010 年頃）② 2010 年に適正管理のみで条例化するも有効活用も入れるべきとの意見で頓挫③ 2011 年 3 月議会で条例制定が決定（市庁舎内で対策プロジェクト立ち上げ）
参考にした自治体	条文は他の自治体を参考にしたが，市庁舎内の連携などは牛久市独自で検討した
相談件数[1]	106（個人からの要請 50 件程度，他は自治会からの要請）
対応件数[1]	88（所有者と連絡とれたもの 61）
相談内容	①樹木・雑草繁茂②住宅の一部損壊や飛散
空き家の発生する地域の特性	①地価が安く敷地は 50 坪程度，駅から遠い戸建住宅地区②駅には近いものの敷地が 50 坪に満たず狭い戸建住宅地区③駅までのアプローチに急な坂のある低地の埋め立てによる戸建住宅地区
空き家化の要因と問題点	①民事に行政が介入することが問題②相続放棄された空き家の場合，寄付の道もある（国庫没収，市への寄付の際には取り壊し必要だが費用は？）③更地化を進める税制上の枠組みがない
住宅開発の特徴	集落はあったものの，1960 年代頃から開発された住宅団地が大半（40〜50 坪程度），近年は JR ひたち野うしく駅周辺にマンションや戸建て地区もある
その他の特記事項	有効利用の実施例はまだない

1) 相談件数および対応件数は，インタビュー実施日時点（2013 年 3 月 21 日）のもの．
注）自治体へのインタビュー調査により作成．

表1-1に「牛久市空き家等の適正管理および有効活用に関する条例」の概要を示した．牛久市は，2012年7月に本条例を制定し，空き家の対応にあたっている．しかし，所沢市の条例と同様に行政代執行は含まず，あくまで所有者による解決を促す方針である．牛久市では，管理不全な空き家に対する相談を受けた議員らを中心に議会で空き家対策についての質問がでるようになり，条例化の動きが始まった．条例制定後の相談件数は，調査時点で108件あり，うち88件の空き家所有者と連絡を取り適正な管理を促している．

　空き家条例を制定している自治体へのインタビューでは，相続がまとまらなかったり，相続後の所有者が不明であったりするため，所有者を特定することが困難な物件も多いという声が多々聞かれた．空き家の管理者を特定し，所有者に対応を求めていくことが空き家対策の第一歩となる．

　空き家が発生しやすい地域的条件を検討する．牛久市では，東京都心部まで50～60km圏に位置することから，中小のディベロッパーによる住宅団地の開発が進められてきた．それらのうち，距離もしくは地形的障壁により駅へのアクセスが悪い住宅地や，敷地の狭い住宅地で空き家が発生しやすい（表1-1）．また，横須賀市の場合には，地形上の制約が大きな地域で空き家が増加しており，急斜面を上った先に建てられた地区において空き家の増加が顕著である．

2. 空き家利活用の取り組み

　空き家条例の内容を比較すると，行政代執行の有無で分類することができる．所沢市をはじめ多くの自治体では，調査や助言，指導，勧告，命令，氏名公表を行う．一方，横須賀市や市川市，つくば市などは，これらに加えて行政代執行も行う．インタビュー調査によると，行政代執行を含まない自治体では，行政代執行を明記することによって周辺住民から空き家をすぐに撤去して解決するべきだという声が強まることを懸念していた．これらの自治体では，空き家という個人の所有財産を巡る民事の問題に対して公的立場が強く介入することは避けたいと考えており，できる限り所有者による解決を望んでいるためである．また，行政代執行が可能な自治体であっても，調査時点で行政代執行を行ったものはなく，あくまで最終手段であるとの声が聞かれた．

　空き家の相談に関しては，個人および自治会から寄せられるが，条例制定の際

に広報などで周知した効果もあり，制定後に件数が増加したとする自治体が多い．ただし，市庁舎内では空き家対策の特別部署を設けているわけではないため，2〜4名程度の職員が通常の業務（建築指導や防犯，環境整備など）に加えて空き家相談に対応している．空き家条例制定後の相談内容としては，相談の大半は雑草・樹木の繁茂であり，住宅の一部損壊・飛散は東日本大震災後に増加している．害虫やごみの放置など環境衛生上の問題に対する相談もみられる．

次に，郊外の自治体による空き家の利活用に関する取り組みを検討する．横須賀市は，空き家問題の深刻な谷戸地区を中心として，多様な事業を展開している．具体的には，老朽危険家屋解体費用助成事業，県立保健福祉大学の学生による空き家居住事，近隣スーパーとの連携による買い物宅配サービスの提供，高齢者転居支援事業（谷戸地区から他地区への転居促進）などがある．また，老朽家屋を取得し建替えを行う45歳未満の方に対しては，住宅建替費用助成事業を実施する．住宅リフォーム助成事業は，65歳以上もしくは障害者のいる世帯，義務教育を受けている子のいる世帯と空き家がその対象となっている．

他の自治体でも，自治会と連携したりNPOや公益法人などの事業を活用したりするなど多様な対策を検討・実施している事例が確認された．

3. 空き家化の実態

各自治体の空き家条例対策部署の担当者へのインタビュー調査をもとに，空き家が放置される要因をまとめた．空き家化が進む要因は，①高齢化や相続に関係する要因，②経済的要因，③制度上の問題，④地域的課題，⑤その他に分類される．すべての自治体に共通しているのは，高齢化と相続に関する要因および制度上の問題である．これらは自治体単独で対応可能な範囲を超えた問題であるといえる．また，自治体によって個別の条件，つまり地域的課題が存在しており，横須賀市の谷戸地区のように地形的な制約により，空き家が放置されやすい事例もある．また，家庭問題や経済的困窮など個別の要因も空き家化に大きく影響するため，空き家問題をより複雑にしている．

同様に空き家の集中する地区についてまとめると，全域的に点在している自治体もあるが，旧来の住宅密集地やミニ開発の地区，東京通勤者のベッドタウンとして1960〜70年代頃に造成された住宅団地で，空き家が発生しやすい傾向があ

るという．横須賀市では，道路が狭く斜面に設けた階段によって住宅に辿りつくような谷戸地区で空き家問題が深刻であった．具体的には，法改正前の駆け込み開発のために接道がないなど，建替えに不適で売却しにくいものが空き家として放置される例が聞かれた．また，バブル経済期における土地価格高騰の影響で，通勤圏の限界に狭小な住宅地が大量に造成されたものの，近隣に工場や企業などの就業地がない場合，第二世代は他地域へ転出するしかなく，第一世代が他界したのちにも第二世代が戻ることを困難にしている．このような地域では，相続後に空き家が放置されやすい．

V．空き家対策の困難さと課題

　現状では，空き家条例を設けても，自治体の多くは制度上の問題により抜本的な解決を目指すことが困難な状況にある．まずは，固定資産税の制度上の問題があり更地化が進まないことが挙げられる．これは，住宅用地に対する固定資産税の減免措置があるため，危険家屋であっても住宅を残してしまう所有者が多いためにおこる．つまり，住宅を取り壊して住宅用地でなくなると，固定資産税の住宅用地に対する免税措置を受けられなくなるため，所有者が支払う金額は増えるためである．「空家対策特措法」により特定空家に対する固定資産税の減免措置が廃止されることとなるものの，特定空き家に指定されるほどではない住宅が放置される状態の根本的な解決は難しい．

　また，空き家等を市町村へ寄贈するための具体的な方法が提示されていないため，寄贈を受けて利活用することに躊躇する自治体もあった．それは，現状では寄贈を受けた場合に，それを所有するのが地方自治体か国になるのかが明確化されていないためである．また，寄贈を受ける場合には，市の予算を使って利活用可能な状態に修復したり更地化したりする必要に迫られるのが通常である．しかし，予算の限られた自治体がその費用を負担するのは困難である．国が都市部での空き家対策についての指針や具体的な手順を示し，新たな制度を設けなければ，空き家を多数有する自治体は独自の対策を打ち出す前に八方ふさがりになってしまうのである．

　本書では，制度上の制約や地理的条件などの影響を受けて増加する都市の空き家について，その実態と解決への道筋を検討していきたい．

謝辞および出典

　本章の調査にあたっては，空き家条例を有する自治体と地域住民の皆様に多大なるご理解とご協力をいただきました．ここに記してお礼申し上げます．

　本調査は，公益財団法人国土地理協会平成25年度助成金「郊外住宅地における空き家発生の実態とその対策に関する基礎的研究（研究代表者 久保倫子）」，および科学研究費（若手研究（B））「持続的な住宅地の維持管理システムの構築に向けた地誌学的手法による国際比較研究（課題番号 00706947，2014年度～／研究代表者 久保倫子）」の支援を受けた．

　本稿は，既発表の以下の論文に加筆修正したものである．
久保倫子・由井義通・阪上弘彬 2014．大都市圏郊外における空き家増加の実態とその対策．日本都市学会年報 47：182-190．

参考文献

三浦　展 2012．『東京は郊外から消えていく！　首都圏高齢化・未婚化・空き家地図』光文社．
樋野公宏 2013．空き家問題をめぐる状況を概括する．住宅 1：4-14．
北村喜宣・前田広子・吉原治幸・遠藤　久・塚本竜太郎 2012．『＜地域科学＞まちづくり資料シリーズ 28　「地方分権」巻 12　空き家等の適正管理条例』地域科学研究会．
大谷哲士・森田孝夫・阪田弘一・高木真人 2007．京都の旧市街における空家の実態とそのメカニズムに関する研究－東山区六原学区を対象に－．平成19年度日本建築学会近畿支部研究報告集 97-100．
友枝竜一・竹下輝和・志賀　勉 2003．統合型公簿資料GISデータベースを用いた郊外戸建住宅地における空家・空画地情報の把握．都市住宅学 43：30-35．
富永裕美・竹下輝和・志賀　勉・尾形基貴 2005．斜面住宅地における高齢世帯の不在住化と住宅継承に関する研究　その1．高齢単身世帯の不在住化と住宅継承の実態．日本建築学会吸収支部研究報告 44：89-92．
「おいでなんし！佐久～佐久市空き家バンク」（2014年8月9日最終閲覧）http://www.city.saku.nagano.jp/outsaide/akiya/

コラム①
空家対策措置法の成立と固定資産税免税措置の問題

西山弘泰

I．空家対策特措法の成立

　2014年11月19日の参議院本会議において「空家等対策の推進に関する特別措置法」（以下，空家対策特措法[1]）が制定され，2015年2月26日一部施行，同年5月26日に全面施行された．同法は，空き家を「空家等」と「特定空家等」の2つに分け，前者を居住していないことが常態化したもの，後者を倒壊の恐れがあるものや，景観を著しく損なうもの，衛生上や生活環境上問題があるものとした．そして，各自治体が特定空家等の所有者に対して，取り壊しなど何らかの対策を講じるよう助言・指導，勧告，命令，代執行といった一連の手続きを行うことが規定されている（国土交通省住宅局住宅総合整備課 2015）．

　空家対策特措法成立時，すでに401の自治体が空き家対策の条例を施行していた．そのため，先行する条例と特措法との兼ね合いなど，いくつかの課題を残しているが，これまでの自治体における条例では制度上困難であった事項に対して，その運用が可能となった．

　その1つ目に，空き家の情報を把握するための措置があげられる．空き家の状態を把握するために，立ち入り調査ができるようなったことや，所有者を特定するために，固定資産税における課税情報が内部で利用できるようになった[2]．これにより自治体は空き家所有者の特定と空き家の適正管理に関する一連の手続きが容易になった．

　2つ目に略式代執行があげられる．特定空家等に対して代執行をしようとする場合，所有者を特定したうえで，助言・指導，勧告，命令といった手続きをとる必要がある．同法の成立により，措置を命じられる者を確知できない場合，上記の手続きを経ずに，代執行を行使することができるようになった．

　3つ目は固定資産税における特例措置の解除である．現在，住宅が建っている

土地は敷地面積に応じて固定資産税が減免される特例が適応されている．住宅を除去すると減免措置が受けられず固定資産税負担が増す．すなわち固定資産税の減免措置は，空き家の除去を遅らせ，空き家増加の一因になっていることが指摘されている．そのため空家対策特措法では，同法の規定に基づく「特定空家等」に指定された場合，固定資産税における住宅用地特例の対象から除外できることになった．しかしながら，除外措置の有効性を指摘する新聞報道などもみられる一方で，その問題点も指摘されている．

以下では，固定資産税の減免措置に関するいくつかの議論について紹介する[3]．

II．固定資産税減免措置に関する議論
1．住宅用地における固定資産税の特例措置

そもそも住宅用地における固定資産税の特例措置とは何なのだろうか．報道等では，高度経済成長期の住宅不足に対応するためのものと誤認されている．しかしそれは結果としてそうなっただけであって，本旨は地価の高騰による税負担の軽減である．

特例措置が始まったのは 1973 年である．初めは面積による区別はなく，住宅用地に関して固定資産税を 2 分の 1 にするというものであった．ところが地価の高騰が続き，翌 1974 年に「小規模住宅用地の特例」が追加され，敷地面積 200 ㎡未満[4]の住宅については固定資産税を 4 分の 1 にすることとなった．現行の特例措置はバブル経済による地価の急騰によるもので，1994 年に見直され，住宅が建つ 200 ㎡未満の住宅用地は 6 分の 1，うち 200 ㎡以上のものは 3 分の 1 とした（阿部 2011）．

地価の評価額が大都市の一部の地域を除いて，横ばいもしくは下がっている今日において，特例措置はもはや制度疲労を起こしているといっても過言ではない．つまり導入の趣旨からすると，もはや必要のない措置ということになる．ところが当措置がいわば常態化した今日において撤廃もしくは減免率の撤廃や縮小は，国民からの激しい抵抗が予想される．そのため「撤廃どころか変更も厳しい」というのが現実である．空家対策特措法による特定空家等が固定資産税の特例措置除外になったわけだが，これについては特段反発の意見は聞かれない．それはそもそも特定空家等自体が少ないということや，それ以上に「特定空家等を何とか

してほしい」という社会的要請が強まっているためでもあろう．

2. 固定資産税における特例措置除外の効果

　特例措置除外の効果については，それを検証するすべがないため推測の域を脱しない．たとえば米山 (2015a) によると特措法の施行をにらみ「すでにハウスメーカーや不動産事業者などが空き家の管理や流動化を請け負うサービスを相次いで開始しており，特措法の効果はすでに表れているとも言える」としている．この指摘からは，特定空家等の減少につながっているかは別にして，特定空家等にならないよう空き家の管理を事業者に委託しようとする動きが少なからず生じているということを示している．すなわち固定資産税の特例措置解除は，特定空家等を抑制する効果を持っていると推察される．

　しかしながら，特例措置解除の問題点についても言及がなされている．北村 (2015a) は，「特例を廃止すれば滞納者が増加する可能性があり，債務管理の適正を欠けば不良債権を増やすだけ」と指摘する．そもそも空き家を放置している所有者は，金銭的余裕がなく空き家の管理を怠っている（除去や管理をしたいと思っていてもできないでいる）者も多いと考えられる．つまり特定空家等の所有者に対して，固定資産税の特例措置を除外したところで，固定資産税を含めた税金を払えなかったり，さらには取り壊し費用が不足したりして，結局は特定空家等を増加させてしまう危険性をはらんでいる．

　また「特定空家等に指定されなければ空家のままでも許される」という誤った認識を生み，ボーダーラインぎりぎりの空き家が増加してしまうことも指摘できる．空き家の増加による問題は，決して特定空家等によって起こる問題だけではない．空き家の増加は，その状態の良し悪しに関わらず，地域住民に精神的な不安を与える．またそれによる地域全体の資産価値の低下など多方面に外部不経済をもたらす．こうした状況を回避するためにも「特定空家等は悪く」，「空家等であれば問題がない」というように，二元論で空き家の問題をとらえることは，空き家の増加をもたらし，ひいては特定空家等の増加を招く．結論としては，固定資産税の特例措置除外の効果は，限定的であり，あくまで抑止効果しかないととらえるべきである．

3. インセンティブによる空き家解消策

空家対策特措法における固定資産税の減免措置解除の対応は，アメとムチの政策でいうならば，ムチといってよい．

それとは反対にインセンティブを与えて空き家の解消につなげる方策もある．たとえば新潟県見附市は「見附市老朽危険空き家等の所在地に係る固定資産税の減免に関する要綱」において，空き家を除去した後，一定期間固定資産税の減免措置を認めている．また栃木県鹿沼市は，「特定空家等」を所有者が除去した場合，除去の翌年から3年間固定資産税と都市計画税の減免措置を継続している[5]．こうした措置は，上記以外にもいくつかの自治体で実施されている．

確かに，空き家の除去に対して，固定資産税の減免措置が足かせになっているとするならば，「特定空家等を除去した場合，固定資産税は撤去前の状態に据え置くということにすれば，空き家の撤去が進むのではないか」という意見が出てきても不思議はない．とはいうものの，そうなれば特定空家等に指定されるのを待って撤去するケースが増加し，かえって特定空家等の増加につながる恐れもある．

そこで「一定の建築年数を経ている住宅で，空家等であることが認められたものを除外した場合，固定資産税の減免を一定期間認める」という方策が現実的であろう．実はこの内容（一部異なる）は，空家対策特措法に盛り込まれるはずであった．しかし法案作成の最終段階で除外されてしまったという（北村 2015a）．その理由については判然としないが，今後特定空家等の状況次第では，インセンティブを与える方策を空家対策特措法に付与する余地があろう．

現在，国土交通省は固定資産税には触れず，他の税制的措置によって空き家の除去を促す方策を検討している．具体的には自らの居住用や賃貸用に改築などした場合，税負担を軽減する制度を2016年度の税制改正において要望する方針となっている．方法としては，固定資産税の税負担を軽くするというよりは，除去や改築の費用の1割程度を所得税から差し引くというものである．しかし，これもまた特定空家等増加に対し，どれほどの効果を持つかは不透明である[6]．

注
1) 本稿では「あきや」について「空家」と「空き家」の2つで表記してある．ここでは法令名や法令によって利用されている表記（たとえば「特定空家等」など）以外に「空家」という表現は用いない．なお，国土交通省が「空家」を用いる理由として，北村（2015b）は1951年制定の公営住宅法において「空家」が適応されていたという先例があったためとしている．
2) 空き家の所有者は，登記簿や住民票や戸籍簿による特定が難しい場合がある．そのため，固定資産税による課税情報の閲覧が所有者を特定する方法として有効である．しかし空家対策特措法成立以前は，地方税法22条において自治体内部職員であっても，税務目的以外で固定資産税の課税情報を閲覧・利用することができなかった．
3) 空家対策特措法と固定資産税との関係の詳細については，髙岡（2015）を参照されたい．
4) 小規模住宅用地の要件を200㎡未満としたのは，当時の住宅（土地）統計調査において，都市部の敷地面積の平均値が199㎡であったためである．
5) この措置は，2017年末までに取り壊した場合にのみ適応される．
6) 日本経済新聞2015年8月23日朝刊．

参考文献
阿部成治 2011．固定資産税の法的性格と国会審議の検討－ドイツ連邦憲法裁判所による財産税判決との比較－．福島大学人間発達文化学類論集 13：1-14．
北村喜宣 2015a．空家対策特措法の成立と条例進化の方向性．日本都市センター編『都市自治体と空き家－課題・対策・展望－』日本都市センター，11-48．
北村喜宣 2015b．新法解説空家等対策の推進に関する特別措置法．法学教室 419：55-64．
国土交通省住宅局住宅総合整備課 2015．「空家等対策の推進に関する特別措置法」の概要及び空家等対策の取組支援．法律ひろば 68-7：13-19．
髙岡英生 2015．固定資産税（評価）関係―空家等対策に関する特別措置法と固定資産税．税 70-8：85-99．
米山秀隆 2015．所有者に取り壊しや修繕迫る特別措置法の抱えるジレンマ．エコノミスト 93-16：42．

▶2章

地図からみた日本の空き家問題の地域的特徴

若林芳樹

Ⅰ．空き家問題の地理学的側面

　人口減少社会を迎えた日本をはじめとする先進国では，最近になって縮小都市（shrinking cities）をテーマにした研究が増加し，その現れとしての空き家にも関心が高まっている（たとえば，Richardson and Nam 2014，吉田 2010）．日本でも，これまで建築・都市計画分野（たとえば，浅見編 2014）のほか，都市地理学でも空き家に関する研究（たとえば，久保ほか 2013，由井ほか 2014）が現れている．

　しかしながら，一口に空き家と言っても別荘や販売中の住宅などさまざまな種類のものが含まれ，その種類に応じて発生要因や対策も異なってくると考えられる．また，従来の研究の多くは実態把握と対策に焦点を置いており，広域的な空き家の分布パターンを定量的に検討した研究は少ない．そこで本稿では，都道府県，市区町村単位のデータを用いて，空き家の分布を地図化し，その空間的傾向と地域的特徴を検討する．

Ⅱ．種類別にみた空き家の増加とその背景

　前述のように，空き家には性格の異なる住宅が含まれることから，ここでは種類別にみた空き家の動向を検討しておく．

　一般に空き家は，世帯数に比べて住宅数が著しく少ない場合には発生しにくいが，住宅の需給バランスが崩れて供給過剰な状態に至ったときに増加すると考えられる．1960年代以降の日本の住宅数，空き家数，世帯数の推移を示した図2-1では，1973年に初めて住宅総数が世帯数を上回り，その差は一貫して拡大してきていることがわかる．これは，戦後の住宅不足を解消するために，公庫・公団・公営を3つの柱とする政府の住宅政策のもとで大量の住宅が供給されてきた一方で，人

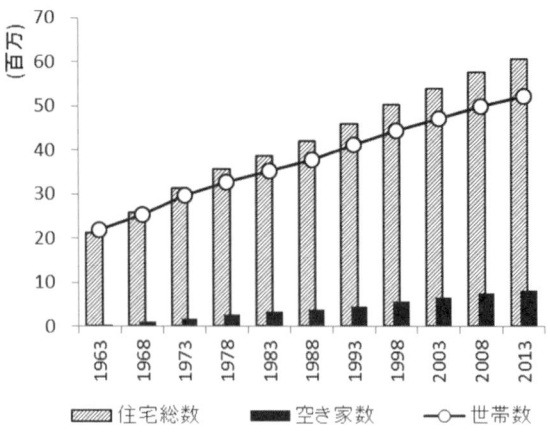

図 2-1　住宅数，空き家数，世帯数の推移
注)「住宅・土地統計調査」(1963 〜 2013 年) により作成．

口は 2000 年代以降に減少局面を迎えた結果でもある．つまり，全国レベルでみると，世帯数を超える住宅ストックの蓄積が，空き家の増加をもたらしたといえる．

　しかし，転居や新規の住宅取得を希望する世帯にとって，空き家は不可欠な存在である．また，住宅は時間がたてば老朽化によって滅失することから，住宅市場での取引を円滑にするために，ある程度の空き家は存在する必然性をもっている．その場合の適正な空き家率は，5％程度（浅見 2015）から 7％程度（金森ほか 2015）と推計されている．これに照らせば，13.5％という 2013 年の日本の空き家率は，適正水準をかなり上回った値といえるだろう．

　この数値の基になった住宅・土地統計調査では，性格の異なる空き家を 4 種類に分けてとらえている．すなわち，「二次的住宅」（別荘等），「賃貸用」（賃貸のために空き家になっている住宅）・「売却用」（売却のために空き家になっている住宅），「その他」（住み手が長期にわたって不在の住宅）である．このうち，賃貸用と売却用は住宅市場で取引される可能性のあるもので，特に後者はきわめて少数であるため，本稿では合算して「賃貸・売却用」として扱うことにする．

　図 2-2 には，これら 3 種類の空き家が住宅総数に占める割合の推移を示している．この図から，空き家のなかで最も大きい割合を占めるのは「賃貸・売却用」で，「その他の住宅」，「二次的住宅」の順で多いことがわかる．特に近年になって増加が著しいのは，周囲の環境に及ぼす衛生・景観・治安などの面での外部不経済

2章 地図からみた日本の空き家問題の地域的特徴　19

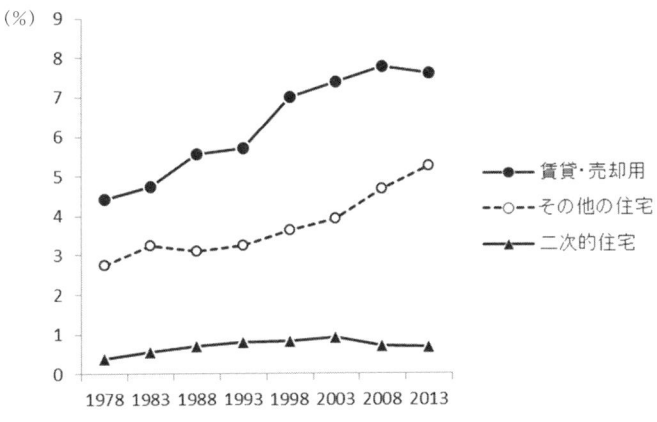

図 2-2　種類別空き家率の推移
注）「住宅・土地統計調査」（1978 〜 2013 年）により作成.
空き家率は，住宅総数に対する割合.

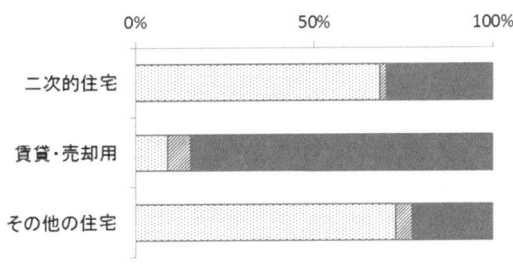

図 2-3　建て方別空き家の構成
注）「住宅・土地統計調査」（2013 年）により作成.

をもたらす可能性が高い，その他の空き家である．

　これらの種類別空き家を住宅の建て方によって集計した図 2-3 をみると，賃貸・住宅用の大半をアパートやマンションなどの共同住宅が占めている．これに対し，「その他の住宅」は 7 割以上が一戸建てからなっていることがわかる．このことから，近年，近隣環境への悪影響から問題視されている一戸建ての空き家は，「その他の住宅」に多く含まれると考えてよい．

　このような空き家の状況は，住宅の種類別構成や住宅市場の需給バランスなどに影響を受けるため，当然のことながら，地域によって異なることが予想される．以下の章では，日本の空き家の地域的特徴について，住宅・土地統計調査の結果

に基づいて地図化し，その地域的傾向を分析する．

Ⅲ．都道府県別にみた空き家の分布

　まず，全国的な空き家の状況をとらえるために，都道府県別空き家率を検討する（図2-4a）によると，空き家総数の割合は，最高で17.2％の山梨県から最も低い9.1％の宮城県まで約2倍の開きがある．空き家率の高い地域は，中央日本から北関東にかけてと，過疎地域を多く抱える西南日本に広がっている．これに対して空き家率が低い地域は，東日本大震災の被災地における復興過程で住宅が不足したと思われる南東北に多くみられる．ただし，これらの地域は2008年以前の住宅・土地統計調査では，山形県を除いて必ずしも空き家率は低くなく，震災による一時的な傾向と思われる．むしろ従来から空き家率が低かったのは，人口が継続的に流入超過傾向にある東京圏と，可住地面積が狭い島嶼部を多く抱えた沖縄県などである．

　こうした分布傾向は，空き家の種類によっても異なる．別荘等の「二次的住宅」は，大都市圏に比較的近いリゾート地域である山梨，長野，静岡の各県で顕著に高い（図2-4b）．これに対して，市場で取引される「賃貸・売却用」の住宅は，新築住宅が継続的に供給され，人口の流動性も高い大都市を含む都府県で多い（図2-4c）．「その他の住宅」は，大都市圏では少なく，高齢化が進行し過疎地域を多く抱える西南日本の県で高くなっている（図2-4d）．このように，空き家の種類によって分布傾向が異なるのは，それぞれ発生要因が異なることを示唆している．つまり，「二次的住宅」は観光資源の分布と大都市へのアクセス，「賃貸・売却用」は不動産取引の活発さと人口の流動性，「その他の住宅」は人口減少と高齢化が，それぞれの空き家の発生要因となっている可能性がある．

　ここで，3つの種類別空き家率に基づいて，都道府県を類型化し，分布と類型別比率からみた特徴を整理しておきたい．ウォード法クラスター分析を行い，都道府県を4つに分類した結果が図2-5である．各クラスターの特徴を種類別空き家率の平均値（表2-1）に基づいて解釈すると，次のようになる．大都市を含む都道府県と関東地方全域をカバーするクラスター1は，大都市型の特徴を示しており，種類別にみると活発な不動産取引を反映して「賃貸・売却用」の空き家が最も多い．それらの都道府県を取り巻く中間地域に分布するクラスター2は，「そ

2 章 地図からみた日本の空き家問題の地域的特徴 21

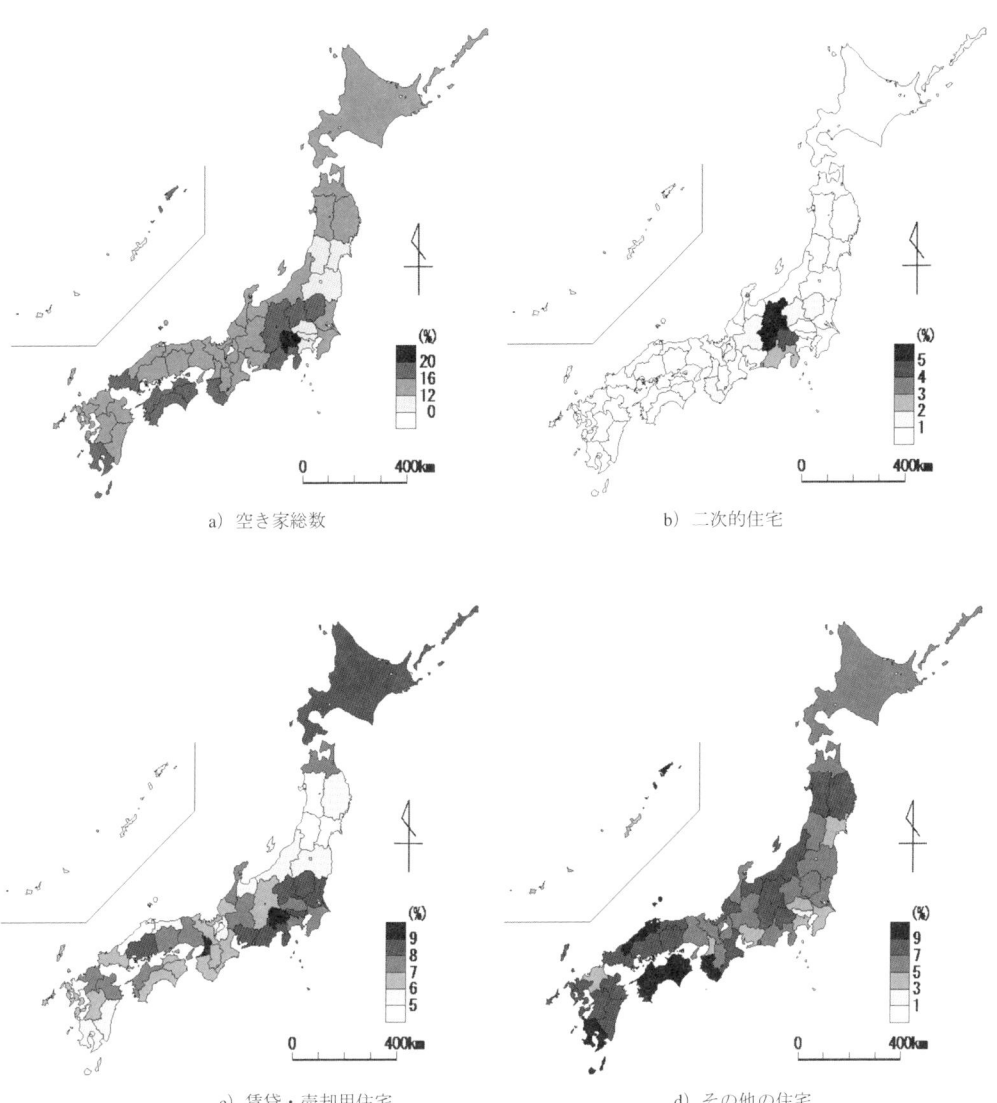

a) 空き家総数

b) 二次的住宅

c) 賃貸・売却用住宅

d) その他の住宅

図 2-4 都道府県別にみた空き家数が住宅総数に占める割合
注)「住宅・土地統計調査（2013 年）」により作成.

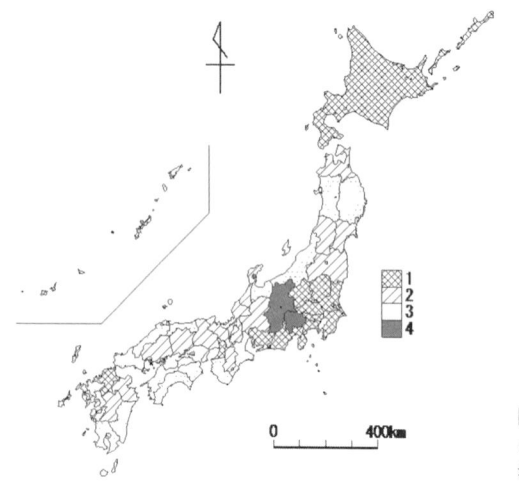

図 2-5 種類別空き家率による都道府県のクラスター
注)「住宅・土地統計調査 (2013 年)」により作成.

表 2-1 クラスター別にみた空き家の種類別構成比の平均

クラスター番号・略称	二次的住宅	賃貸・売却用住宅	その他の住宅
1：大都市型	5.52	61.54	32.95
2：中間型	4.58	47.70	47.72
3：過疎地域型	4.22	38.69	57.10
4：リゾート地域型	24.04	38.78	37.26

単位：%．都道府県別構成比の平均であるため，各行の合計は 100％になるとは限らない．

の他の住宅」と「賃貸・売却用」が同程度の割合となっている．クラスター 3 は，北東北から日本海側および西南日本太平洋側に広く分布するが，そこで最も高い割合を占めるのは，「その他の住宅」である．それらは過疎地域の廃屋が多く含まれると予想されるため，このクラスターは過疎地域型と呼ぶことにする．残るクラスター 4 は，山梨と静岡の 2 県のみからなり，「二次的住宅」の割合が高い点に特徴がみられる．そのため，これはリゾート地域型と呼ぶことができる．

IV．大都市圏内での空き家の分布と背景
1．市区町村別空き家の分布

これまでの分析から，大都市圏では空き家率が地方圏に比べて相対的に低く，市場で流通する可能性がある「賃貸・売却用」の空き家が多くを占めることがわ

かった．特に，大都市圏では立地条件によって住宅から商店等の他の用途に転用可能な空き家も存在し，市場メカニズムに委ねれば空き家問題は自ずと解消される可能性もある．そのため，大都市圏の空き家問題は，他の地域に比べて深刻でないように思われる．しかし，大都市圏内でも地域によって空き家の発生状況は異なり，特に郊外では問題が深刻化している住宅地の存在が報告されている（久保ほか 2013，由井ほか 2014）．ここでは，東京圏（1 都 3 県）を対象にして，2013 年の住宅・土地統計調査で対象となった 214 市区町村[1]をとりあげ，空き家の分布傾向を分析する．

図 2-6 は，空き家の種類別に住宅総数に対する比率を地図化したものである．

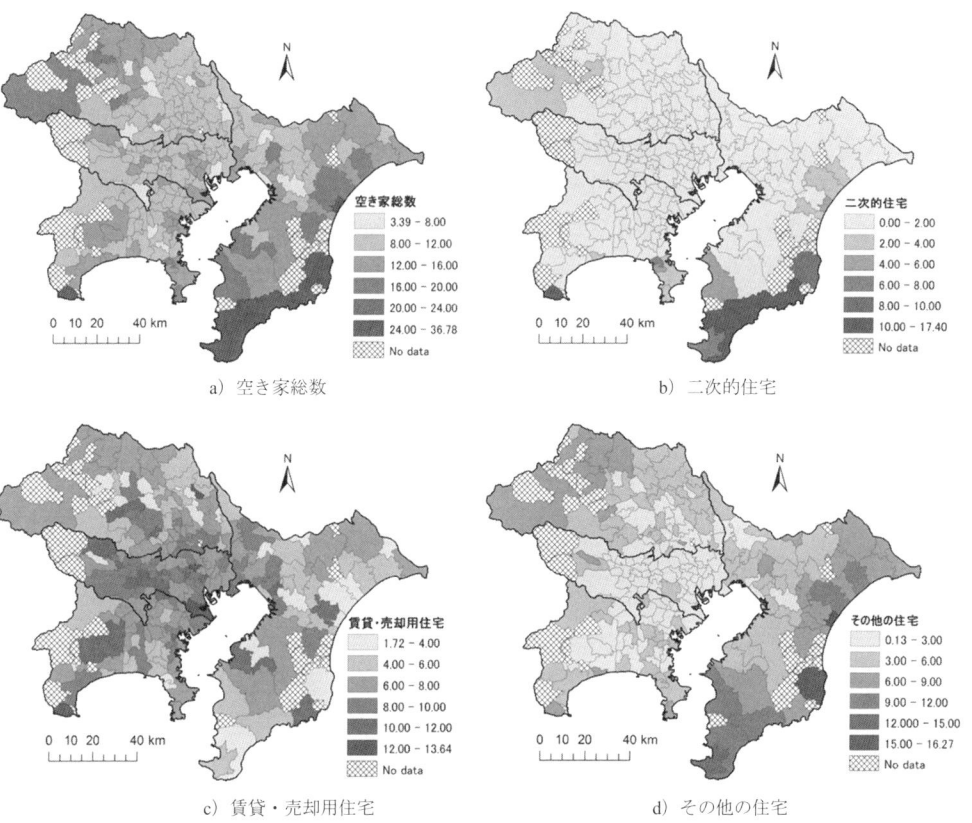

図 2-6　東京圏における種類別空き家数が住宅総数に占める割合
注）「住宅・土地統計調査（2013 年）」により作成．

空き家総数（図2-6a）をみると，埼玉県の秩父地方や千葉県の外房地域など大都市圏外縁部で空き家率は高いが，東京都区部などの都心周辺部でも空き家率が10%を超える地区がみられる．

このように，空き家率は東京都心からの距離に対応した圏構造がみられるが，その分布傾向を詳しくとらえるために，関東大都市圏[2)]の距離帯別に種類別空き家率を示したのが図2-7である．この図から，都心からの距離帯によって卓越する空き家の種類が異なり，「賃貸・売却用住宅」は20km圏内の都心周辺部と50km以遠の外縁部で多く，「二次的住宅」と「その他の住宅」は50km以遠の外縁部で多いことがわかる．

こうした傾向は，種類別にみた空き家率の分布にも反映されている．「二次的住宅」は，別荘地が多い南房総，三浦半島，箱根・湯河原など東京圏の南端で高い値となっている（図2-6b）．「賃貸・売却用」は，都心周辺から郊外にかけて空き家率が高く，外縁部は比較的低い（図2-6c）．近年問題となっている「その他の住宅」は，東京都心への通勤限界地である千葉県東北部から南房総，および埼玉北部の市町村で空き家率が高い（図2-5d）．逆に「その他の住宅」の空き家率が低い地域は，東京都区部を中心に埼玉南部，神奈川東部に分布している．このように，「その他の住宅」と「賃貸・売却用」とで空き家率が対照的な分布を示す傾向は，近畿圏の市町村を対象にした吉田（2013）でも報告されており，一般的な傾向といえる．

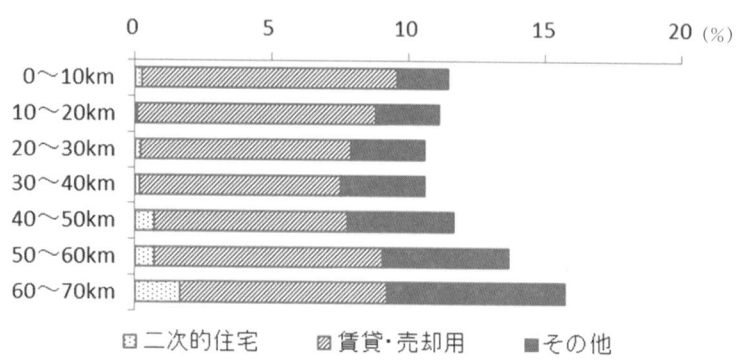

図2-7 関東大都市圏における都心からの距離帯別空き家率
注）「住宅・土地統計調査（2013年）」により作成．

2. 空き家の分布パターンとその要因

空き家の分布要因に関する過去の研究（池尻 2013，三池 2014，金森ほか 2015 など）では，その規定因として，人口増加率，高齢化率，老朽住宅率，平均世帯人員などが取り上げられてきた．これらは空き家の種類によって異なる効果をもたらすと考えられる．そこで，これらの要因が市区町村別空き家率にどのような影響をもたらしているかを定量的に評価するために，ステップワイズ重回帰分析を適用した．

ここで用いた目的変数は，図2-5の元になった種類別空き家率である．説明変数は2010年国勢調査から，人口増減率（2005～2010年），高齢化率（65歳以上人口比率），平均世帯人員，2013年住宅・土地統計調査から老朽住宅率（1970年以前の住宅の比率）をとりあげた．ただし，平均世帯人員は，他の説明変数との相関が高く，多重共線性の影響がみられたため分析から除外した．こうして得られた回帰係数をまとめたのが表2-2である．

この表から，空き家の種類によって説明変数の効果が異なることが明らかである．高齢化率は，すべての空き家の種類に共通して強い影響を及ぼしており，高齢者の多い地域ほど空き家率は高くなっている．人口増加率は，「二次的住宅」と「その他の住宅」で異なる作用がみられ，前者は人口が増加している地域で空き家率が高く，「その他の住宅」は人口減少地域で空き家率が高いという逆の作用がみられる．また，老朽住宅率は「二次的住宅」と「賃貸・売却用住宅」に影響し，その比率が高いほど空き家率も高くなる．重決定係数からみた目的変数の

表 2-2 種類別空き家率の回帰分析の結果

説明変数	目的変数（種類別空き家率）		
	二次的住宅	賃貸・売却用住宅	その他の住宅
	標準偏回帰係数		
人口増減率	0.165 *	—	-0.168 *
高齢化率	0.479 **	-0.612 **	0.584 **
老朽住宅率	0.330 **	0.237 *	—
	重決定係数（R^2）		
	0.460	0.193	0.494

＊：$p<0.05$，＊＊：$p<0.01$，－：5％水準で有意でない．

説明率は,「二次的住宅」と「その他の住宅」で40%を超える高い値がみられるが,「賃貸・売却用」については十分な説明率が得られなかった.これは,「賃貸・売却用住宅」には人口指標以外に住宅市場を左右する他の要因が,複雑に関与しているためだと考えられる.

V．空き家問題の地域的特徴

本章で明らかになった空き家の分布傾向は,以下のようにまとめられる.
(1) 都道府県別にみた空き家率は,種類によって分布傾向が異なるが,種類別空き家率に基づいて都道府県を類型化すると4つに分けられる.すなわち,活発な不動産取引を反映して賃貸・売却型の空き家が多い大都市圏型,「その他の住宅」と「賃貸・売却用」が同程度の割合を占める中間地帯型,東北から日本海側と西南日本太平洋側に分布し,「その他の住宅」が卓越する過疎地域型．山梨と静岡の2県のみからなり,「二次的住宅」の割合が高いリゾート地域型である.
(2) 大都市圏内の空き家の分布傾向は,その種類によって異なる.「賃貸・売却用住宅」は,都心周辺部と大都市外縁部で多いのに対し,「二次的住宅」と「その他の住宅」は大都市外縁部で多い.特に,近隣環境への問題が指摘されている「その他の住宅」は,都心から40km以遠の郊外に多く分布する.
(3) 空き家率の分布に影響する要因を探るために,人口・住宅指標との回帰分析を行った結果,高齢化率がほぼ共通に空き家率を規定していることが判明した.ただし,その効果は空き家の種類によって異なり,「二次的住宅」と「賃貸・売却用」では老朽住宅率が,「その他の住宅」では人口増減率が,それぞれ補助的要因となっている.一方,「賃貸・売却用」については十分な説明率が得られず,住宅市場を左右する他の要因が複雑に作用している可能性がある.

以上のように,空き家の発生状況は,その種類や地域によって異なることがわかる.これは,空き家の発生には,その種類や地域的背景に応じて異なる要因が作用することを示唆している.そのため,空き家問題の対策もまた,地域の実情に応じて異なる手法を考える必要があると思われる.

注
1) 住宅・土地統計調査は全ての市区町村をカバーしておらず，また全数調査でもない．そのため，すべての市区町村についてデータが得られるわけではない．図 2-5 では「No data」で示した範囲は，データが得られなかった町村を表している．
2) 住宅・土地統計調査における関東大都市圏の距離帯には，旧東京都庁を中心とした 70km 圏内の市町村を対象とし，その一部は茨城，栃木，群馬，山梨の市町村を含む．

参考文献

浅見泰司編著 2015．空き家対策の方向性－空き家発生のメカニズムと制度的課題－．不動産研究 57-3：13-22．
浅見泰司編著 2014．『都市の空閑地・空き家を考える』プログレス．
池尻隆史 2013．大阪府における空き家の発生要因に関する考察．日本建築学会学宇津講演概要集（北海道），2013 年 8 月：373．
金森有子・有賀敏典・松橋啓介 2015．空き家率の要因分析と将来推計．都市計画論文集 50-3：1017-1024．
久保倫子・由井義通・阪上弘彬 2013．大都市圏郊外における空き家増加の実態とその対策．日本都市学会年報 47：183-190．
三池史子 2014．一戸建て住宅の空き家に関する研究－熊本市を事例として－．熊本大学政策研究 5：79-88．
由井義通・杉谷真理子・久保倫子 2014．地方都市の郊外住宅団地における空き家の発生：呉市昭和地区の事例．都市地理学 9：69-77．
吉田友彦 2010．『郊外の衰退と再生－シュリンキング・シティを展望する－』晃陽書房．
吉田友彦 2013．空き家問題から考える都市縮小．建築とまちづくり 422：6-9．
Richardson, H.W. and Nam, C.W. eds. 2014. *Shrinking Cities: A global perspective.* Routledge: London & New York.

▶3章

空き家増加の背景的要因

戦後日本の住宅政策と居住地域構造の変化のなかで

久保倫子

I．空き家増加の背景

　本章では，都市部における空き家増加の背景的な要因として挙げられる，戦後の住宅政策と居住地域構造の変容について検討する．第二次世界大戦後に急速に進められた住宅関連法や住宅金融制度の整備により新築住宅の取得を主とする持家社会が形成され，住宅地開発が外延的に拡大していった．しかし，1990年代後半頃からは都心部でのマンション供給が促され「都心回帰」傾向が強まるようになったことから，既存の郊外住宅地が魅力を失っていき，さらに，居住者の加齢と若年世帯の離家・独立によって地区全体の高齢化が進み地域の活力が次第に失われていくようになってきた（久保2015）．

　こうした戦後約70年の住宅市場の特性が，大都市圏の郊外住宅地の空き家化の理解には欠かせないのである．郊外化の時代には，就業地である都心では供給できない「居住」機能を補完するために郊外住宅地が形成されてきた．つまり，大都市圏の経済活動を支えるために不可欠な機能を補完してきたのが郊外地域であり，東京の発展は郊外地域の機能補完なくしてはなしえなかった．東京や大阪などの大都市圏の中心地が発展するには，周辺地域による機能補完が不可欠であるもものの，大都市圏全体でその利益と問題点を解決するための道筋を模索することは現在のシステム上困難となっている．本章では，こうした背景的な要因について検討する．

II．日本の住宅市場および居住地域構造の変容

1．日本の住宅市場の特性

　第二次世界大戦後の日本では，圧倒的な住宅不足と増加する都市人口に対応す

るため，住宅の量的充足を目指して核家族世帯による持家取得の促進に重きが置かれてきた（平山 2009, Ronald 2008）．これにより，1960 年代から全国的に郊外での戸建住宅を中心とした住宅地開発が進められ，人々は「住宅すごろく」の上がりを目指してそれらに転入して行った．賃貸住宅の多くは単身者向けに供給され，住宅設備や構造の面で持家住宅に劣っていた．そのため，生家から独立した後，若者は社宅や公営住宅，民間の賃貸住宅等で「仮住まい」をし，結婚や子の誕生を機に良好な住宅を求めて持家取得に向かわざるを得ない状況にあった．賃貸と持家との間にある歴然とした住宅格差が，「住宅すごろく」を進める要因になっていたのである．

こうした状況下，戸建住宅を主としながらも公的な住宅等も含んで開発された郊外住宅地は，数十年にわたり大都市圏の居住機能を担ってきたといえる．首都東京の発展を支えるためには，東京都心部では賄いきれないさまざまな機能，特に地価支払い能力の低い住宅などは周辺自治体に依存せざるを得ない．周辺自治体が都心通勤者のための住宅地を提供し大都市圏の居住機能を補完してきたからこそ，東京都心部そして東京大都市圏の発展が実現されてきたのである．

しかし，1990 年代後半になると都心部が居住地としての機能を強め，都心人口が増加し始めた．これは，直接的には地価の下落にともないマンションと公共住宅が供給されたためであり（不動産経済研究所 2002），間接的には世帯の縮小や女性の社会進出が進み人々の住宅ニーズが多様化するなかで，郊外の戸建住宅よりも都心部のマンションが好まれるようになったためである（久保・由井 2011，小泉ほか 2011）．つまり，周辺自治体が居住機能を提供しなくても，東京都心部でその機能を賄えるようになってきたということである．結果として，通勤圏としての郊外はかなり都心に近接しており，1960～70 年代に郊外住宅地開発が進められた地域は，「通勤限界」もしくはその外側にあるとみなされるようになってきた．

さらに，近年の郊外住宅地では，第一世代の高齢化と第二世代の離家とが同時進行し（中澤ほか 2008），住環境が悪化したり，ゴーストタウン化したりする問題が指摘されている（長沼ほか 2006）．郊外住宅地が衰退しはじめた背景には，日本において良好な居住環境を持続的に維持管理していく仕組みが脆弱であることがある．日本では住宅の新規取得を支援する制度上の枠組みはあるが，中古住

宅の流通や老朽化住宅地の整備を進める制度は欧米諸国と比べて進んでいない（Kubo and Yui 2011）．また，社会的側面に着目すると，郊外住宅地の多くでは居住者の年齢や世帯構成が均質的であるために，居住者の加齢にともない地域社会も衰退せざるを得ない状況にある．

　以上のような都心部における居住機能の高まりと郊外の衰退がいかにして起こってきたのか，以下で詳細に検討する．

2．居住地域構造の変化：都心居住と世帯の多様化，ライフスタイルの変化

　東京・京阪神・名古屋の三大都市圏では，バブル経済下で地価が高騰していた時代には，都心部はオフィスを中心とする空間となり，都心の持家に住むことはごく一部の富裕層に許された特権であった．しかし，1995年以降はマンション供給が増加したり，公営住宅の建替えが進められたりしたことにより住宅系土地利用が増大し，東京都心部においても人口が増加に転じるようになった（富田 1996，2004，矢部 2003）．

　マンション供給が増加し都心居住が進んだ制度的な要因としては，バブル経済崩壊後の長期的な経済後退への対策のため，住宅開発を推進する政策が採られたことの影響が大きい．工場や商業の撤退や郊外移転により，都心部の河川沿いや東京湾岸部などにおいて比較的まとまった土地が供給されたため，駅と近接した交通利便性の高い地域がマンションに転用された（不動産経済研究所 2002）．

　1990年代以降は，容積率の緩和策（1990年の用途別容積型地区計画，1997年の高度住居誘導地区誘導，2000年代の容積率緩和策，容積移転策など）が進められ，2000年代以降の都心部における超高層マンションの開発ラッシュにつながった．超高層マンションは，間取りや価格が多様であり，それまでの都心部の住宅価格と比較して安価に提供されるものも多かったため，若年の核家族世帯や夫婦世帯の受け皿となった（小泉ほか 2011，久保 2014）．さらに，住宅宅取得者への税制優遇政策の実施や，住宅ローンの規制緩和による融資元の多様化によって，購入者にとっても住宅購入の際のハードルが下がり（中澤 2006），持家取得に拍車がかかったことも挙げられる．

　夫婦共働きが一般的となってきた若年世帯に就業先へ近接した都心部が好まれるようになってきたり，世帯規模の縮小のために必ずしも戸建住宅を必要としな

くなってきたりと，郊外の戸建て住宅が選択されにくい状態が生まれてきた．さらに，非正規雇用で就業するなど経済的に不安定な若者も多くなっており，それまでは「当たり前」とされていたライフイベントである結婚や住宅購入が，人生の「オプション」になってきていることの影響も無視できない．先行き不安な状況下では，いざというときに転売しやすいマンションが好まれたり，そもそも親元から独立しない若者が増加したりするのも無理はない．

3．郊外住宅地の衰退：少子高齢化と居住選好の変化

こうした状況下で，立地や価格の面で不利な住宅開発地は交通利便性の高い地域と比較して，魅力を失いつつあり，大都市圏内でも地域間で明暗が分かれるようになった（Hirayama 2005）．集中的に都市開発が進められた都心部と比較して，既存の郊外住宅地は必ずしも魅力的で理想的な居住地ではなくなってきている．1980 年代までに供給された郊外住宅地では居住者の加齢による高齢化が進行しており（長沼ほか 2006），居住者の世代交代の時期を迎えて郊外住宅地の持続性に対する警鐘が鳴らされるようになっている（中澤ほか 2008）．

日本の郊外住宅地の多くは，大都市中心部へ通勤する世帯が居住するベッドタウンとして計画され，戸建住宅を中心に一斉分譲されてきた．一斉に分譲された住宅地などでは，ライフステージや収入，居住選好などの面で似通った世帯が一度に転入し，このように転入した世帯の加齢にともなって高齢化が顕在化しやすい．さらに，非高齢人口（主に子世代）が離家することで，高齢化に拍車がかかるのである（由井 1991，香川 1987，長沼 2003）．そのため，将来的にはゴーストタウン化する住宅地も出てくるとの意見もある（長沼ほか 2006）．

郊外住宅地が衰退し始めた要因として，①都心や近郊における住宅開発が魅力を増すなかで，通勤時間の長い郊外住宅地の魅力が相対的に低下してきたこと（Hirayama 2005），②世帯規模の縮小により核家族世帯であっても必ずしも郊外の戸建住宅地を必要としなくなってきたこと，③共働きを継続するために都心近郊のマンションを選択する世帯が増えるなど女性の社会進出が進んだことなど，が挙げられている．こうした郊外の変化については，人口減少に伴い都市圏が縮小していく過程の現象であるとする見方（江崎 2006）も提示されている．郊外住宅地の衰退を顕著に表す現象が「空き家の増加」なのである．

Ⅲ．空き家増加の制度的要因のまとめ

　ここまでは郊外での空き家増加の背景的な要因として戦後の持家取得を推進する住宅政策と，居住地域構造の変化を検討してきた．これらをまとめると，空き家増加の背景的要因としては，①戦後，持家取得を推進する住宅政策がとられてきたこと，②新築志向が強く中古住宅市場が脆弱であることにより，持家取得後に移動率が極端に下がるという住宅慣習，③郊外化から都心回帰へと居住地域構造が変化してきたこと，④居住選好やライフスタイルの変化と女性の社会進出，世帯規模の縮小により都心部やマンションが好まれるようになってきたこと，が挙げられる．①と関連して，住宅不足下でさまざまな住宅関連法案や住宅金融等の制度が作られてきたこともあり，固定資産税の住宅用地への減免措置などの，直接的に空き家が放置されやすい状況をつくる制度上の枠組みが出来上がっていることも忘れてはならない．

　さらに，社会経済的状況として，少子高齢化の進展も空き家化を進める重要な要因である．これは，バブル経済崩壊後の長期的な不況および先述の要因④と相まって，空き家増加の直接的な要因になっている．

　以上のように，空き家増加の背景的要因だけを挙げても，さまざまな要因が不可分かつ複雑に関係していることがわかる．次章以降では，より直接的な空き家発生の要因について，具体的な地域調査の結果等も踏まえながら検討していく．

付記
　本稿は，既発表の書籍の内容を再構成したものである．
久保倫子 2015．『東京大都市圏におけるハウジング研究　都心居住と郊外の衰退』古今書院．

参考文献
江崎雄治 2006．『首都圏人口の将来像　都心と郊外の人口地理学』専修大学出版局．
香川貴志 1987．東北地方県庁所在都市内部における人口高齢化現象の地域的展開．人文地理 39：370-384．
久保倫子 2014．東京湾岸地域のタワーマンションの隆盛と住民のくらし．地理 59-4：23-31．
久保倫子 2015．『東京大都市圏におけるハウジング研究　都心居住と郊外の衰退』古今書院．
久保倫子・由井義通 2011．東京都心部におけるマンション供給の多様化－コンパクトマンションの供給戦略に着目して－．地理学評論 84：460-472．

小泉　諒・西山弘泰・久保倫子・久木元美琴・川口太郎 2011．東京都心湾岸部における住宅取得の新たな展開－江東区豊洲地区の超高層マンションを事例として－．地理学評論 84：592-609．
富田和暁 1996．3大都市圏の中心市内部における機能的変容．人文研究大阪市立大学文学部紀要 48：1-33．
富田和暁 2004．大都市都心地区における最近の人口増加動向．人文研究大阪市立大学大学院文学研究科紀要 55：113-140．
中澤高志 2006．住宅政策改革と大都市圏居住の変容に関する予察－東京大都市圏を中心に－．経済地理学年報 52：1-18．
中澤高志・佐藤英人・川口太郎 2008．世代交代に伴う東京圏郊外住宅地の変容－第一世代の高齢化と第二世代の動向－．人文地理 60：144-162．
長沼佐枝 2003．インナーエリア地区における住宅更新と人口高齢化に関する一考察－東京都荒川区を事例に－．地理学評論 76：522-536．
長沼佐枝・荒井良雄・江崎雄治 2006．東京大都市圏郊外地域の人口高齢化に関する一考察．人文地理 58：399-412．
平山洋介 2009．『住宅政策のどこが問題か』光文社．
不動産経済研究所 2002．『全国マンション市場動向2002年実績・展望』不動産経済研究所．
矢部直人 2003．1990年代後半の東京都心における人口回帰現象－港区における住民アンケート調査の分析を中心にして－．人文地理 55：277-292．
由井義通 1991．住宅供給の類型別にみた居住者特性の分化－福岡市を事例として－．地理科学 46：242-256．
Hirayama, Y. 2005. Running hot and cold in the urban home-ownership market : The experience of Japan's major cities. *Journal of Housing and the Built Environment* 20: 1-20.
Kubo, T. and Yui, Y. 2011. Transformation of the housing market in Tokyo since the late 1990s: housing purchases by single-person households. *Asian and African Studies* 15 (1) : 3-20.
Ronald, R. 2008. *The ideology of home ownership*. Palgrave Macmilan.

コラム②
京町家の空き家化

矢野桂司

Ⅰ．京町家の伝統的景観

　歴史都市京都は，第二次世界大戦での被害が最小限であったことから，戦前からの建造物が現在でも多数存在している．特に，1950年の建築基準法の施行以前に，伝統軸組構法により建築された木造家屋である京町家は，既存不適格とされ，京町家としての建て替えはできない．そのため，戦後の高度経済成長期を通して老朽化に加え，耐震性や防火性，修繕や改修の問題から減少の一途をたどる．特に1980年代後半のバブル経済期では，地価の高騰により相続税などの税制面の負担も大きく，京町家の継承が困難となった（京都市景観・まちづくりセンター 2008）．

　しかし，バブル経済崩壊後，京町家は素晴らしい歴史都市京都の景観を構成する要素の1つとみなされ，京町家の再生,継承,活用が注目されるようになった（京都市景観・まちづくりセンター 2008）．そして，1995/98年に市民団体中心となって，都心4区を対象地域として京町家の現状を把握するための悉皆調査として，京町家まちづくり調査が実施された（京都市ほか 2011）．京都の市民，大学，行政などが協働したこの取り組みは，2003/04年の第Ⅱ期京町家まちづくり調査に引き継がれ，京町家の重要性を認識する大きな契機となった．そしてこれらの調査から，京都市内都心部の職住共存地区[1]においても未だ多数の京町家が残存していることが明らかになったが，その滅失のスピードは決して衰えていないこともわかった．

　京都市は2007年に新景観条例を施行した．この新景観条例では，京町家を「京都の伝統的な建築様式と生活文化を伝える，歴史都市京都の基盤を構成するもの」とし，「伝統的な建造物の外観の修理・修景などに対する助成を行い，歴史的町並みの保全・再生を図る」とうたっている（京都市都市計画局 2007）．そうした

なかで，2008/09 年に調査範囲を京都市の旧市街地全域と旧街道筋に広げた第Ⅲ期京町家まちづくり調査が実施された（京都市ほか 2011，松本ほか 2011）．本章では，これらの京町家まちづくり調査で明らかにされた京町家の滅失状況を，空き家との関係から GIS を活用しながらみていくことにする．

Ⅱ．京都都心の京町家の変遷

これまでの 3 回の京町家まちづくり調査から，各時期の現存する京町家の 1 件 1 件の精確な位置とその状況（構造，外観意匠，建物状態，事業活動，空き家状況など）を詳細に把握することができる（第Ⅲ期調査では，すべての京町家の外観写真も DB 化）．さらに，それぞれの調査時を比較することができる（Seto et al. 2010）．都心 4 区を対象とした第Ⅰ・Ⅱ期と，京都市全域を対象とした第Ⅲ期では，調査範囲が異なることから，ここでは，第Ⅰ・Ⅱ期の調査範囲に絞り，3 つの時期の京町家の変遷を明らかにする（図 1）．

第Ⅱ・Ⅲ期の京町家まちづくり調査では，前回の調査時に京町家であったものが滅失した場合の，その後の用途を調査している．京町家の空間的分布は，都心の田の字地区[2]に囲まれた範囲で少ない．この都心部の京町家は，高度経済成長期，バブル経済期に多くが消滅し，田の字地区の大通り面した京町家は高層ビルに，田の字の内側の地区の京町家は低層の新しい建造物に建て変わった（河角 2007）．

3 つの調査の京町家 GIS データを活用することによって，京町家の空間的分布の変遷，滅失と空き家の関係，滅失した後の用途などを明らかにすることができる．バブル経済崩壊後の 3 つの時期の都心の京町家の空間的密度分布は，図 2 のようである．具体的には，第Ⅰ期京町家まちづくり調査（1995-1998）で 28,566 件，第Ⅱ期調査（2004-2005）で 25,599 件，第Ⅲ期調査（2008-2009）で 23,047 件の京町家が確認されている[2]．

京町家密度の空間的分布は，京都御所，二条城，西本願寺，東本願寺などの大規模な空間を除くと，田の字の大通りや都心部の田の字に囲まれた地域で低い．これらの地域では，バブル経済期までに京町家の多くはすでに立て替えられており，現存している京町家は保存状態の良いものが多いといえる．一方で，西陣産業の中心である上京区や，花街であった東山区の祇園地域で，多くの京町家が残

36

図1 対象地域

図 2-a) 第Ⅰ期京町家まちづくり調査 (1995-1998)

図 2-b) 第Ⅱ期京町家まちづくり調査 (2003-2004)

図 2-c) 第Ⅲ期京町家まちづくり調査 (2008-2009)

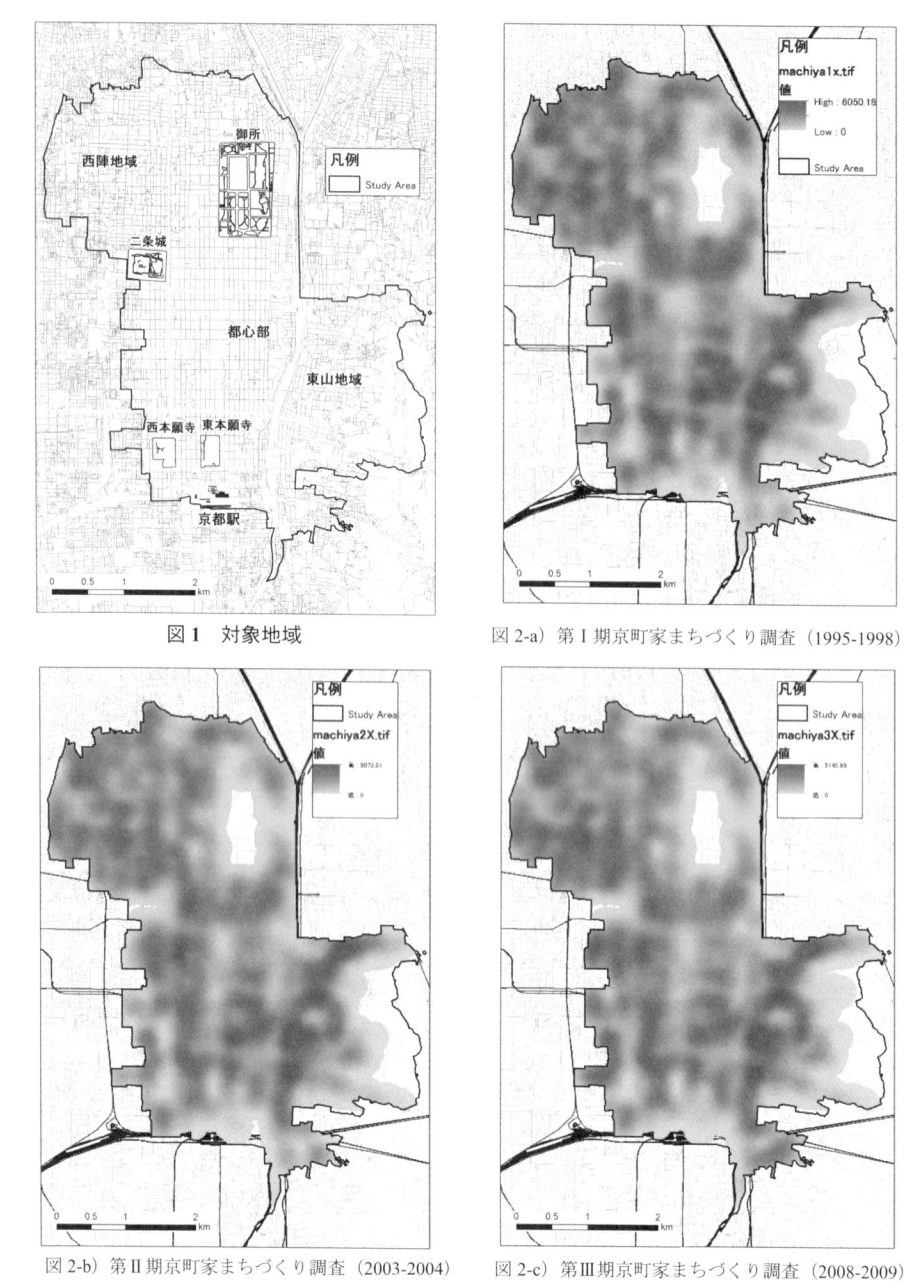

図2 京町家の密度分布

a）第Ⅰ期から第Ⅱ期 　　　　　　　　　b）第Ⅱ期から第Ⅲ期

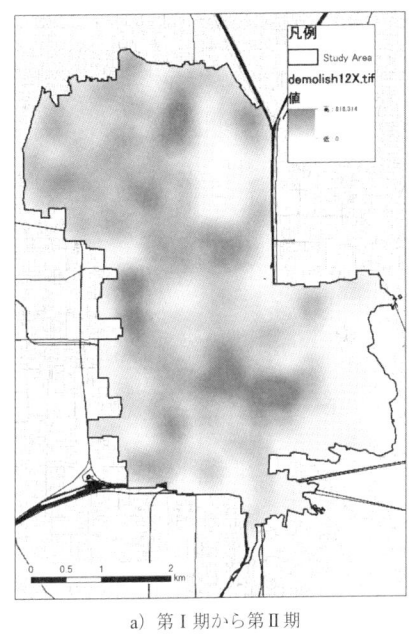

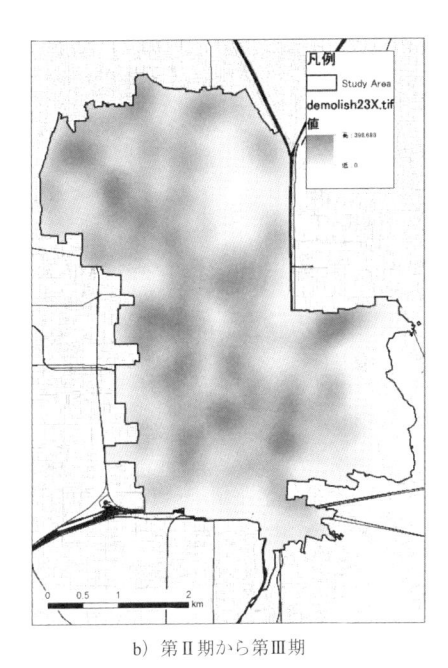

図3　滅失した京町家の密度分布

存していることがわかる．

　しかし一方で，図3でみるように，そうした京町家の密度の高い地域で京町家の滅失が多くみられるのも事実である．次章では，京町家のGISデータを活用することで，京町家の滅失後の用途や，滅失と空き家状態との関係などを見ていくことにする．

Ⅲ．京町家の滅失

　3つの調査時期の京町家GISデータを比較すると，第Ⅰ期から第Ⅱ期では，3,931件の，そして第Ⅱ期から第Ⅲ期では，2,552件の京町家の滅失が確認された（表1）．

表1　京町家の残存数と滅失率

	京町家	滅失
第Ⅰ期京町家まちづくり調査（1995-1998）	28,566	
第Ⅱ期京町家まちづくり調査（2004-2005）	25,599	3,931 (13.8%)
第Ⅲ期京町家まちづくり調査（2008-2009）	23,047	2,552 (10.0%)

表2　滅失した京町家のその後の用途

1) 第Ⅰ期から第Ⅱ期での変化

		(%)
1 戸建住宅	2101	53.4
2 共同住宅	301	7.7
3 オフィス・商業ビル	410	10.4
4 立体駐車場	13	0.3
5 露店駐車場	542	13.8
6 空地・売地	316	8.0
7 その他	117	3.0
8 不明	131	3.3

2) 第Ⅱ期から第Ⅲ期での変化

1 戸建住宅	1198	46.9
2 共同住宅	354	13.9
3 オフィス・商業ビル	120	4.7
4 立体駐車場	1	0.0
5 露店駐車場	443	17.4
6 空地・売地	258	10.1
7 その他	137	5.4
8 不明	41	1.6

　母数を前回調査の京町家総数とすると，第Ⅰ期から第Ⅱ期では13.8％，そして第Ⅱ期から第Ⅲ期で10.0％の京町家が滅失したことになる．平均すると年間で約2％の京町家が滅失してきたことになる．滅失した京町家密度の空間的分布は，第Ⅰ期から第Ⅱ期と第Ⅱ期から第Ⅲ期では異なるが，西陣地区や東山地区など特定の地区に滅失密度の高い地域がみられる．

　滅失した京町家のその後の用途は，表2のようである．滅失後の用途の大半は一般的な戸建住宅であり，既存不適格な京町家から建築基準法を満たした一般住宅への変換である．また，マンションなどの共同住宅やオフィス・商業ビルへの変換がみられるが，その多くは，大型の京町家や長屋の京町家を解体する事例がみられる．また，街中には間口が狭く奥行きの長いうなぎの寝床の形状を残したままでの露店駐車場（コインパーキング）が散見される（宗田 2009）．

　こうした京町家の滅失は，従前の京町家の空き家状況とも大きく関係している．図4は，第Ⅰ期と第Ⅱ期調査時における，京町家の空き家密度の空間的分布を示している．図2と比較すると，東山区や上京区の空き家密度の高い地域で，滅失する京町家の密度が高い傾向が看取される．

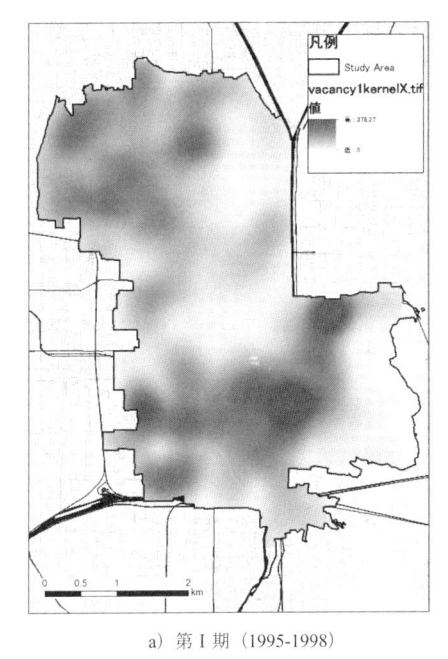

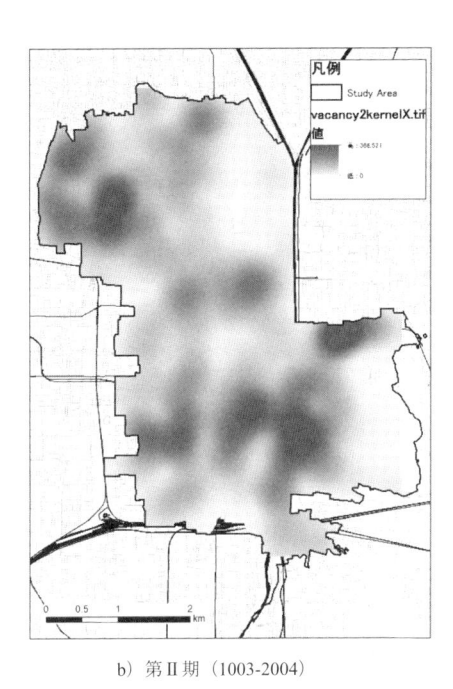

a) 第Ⅰ期（1995-1998）　　　　　　b) 第Ⅱ期（1003-2004）

図4　空き家の京町家の密度分布

　第Ⅰ期から第Ⅱ期の間の京町家の滅失率は13.8％であった．そのうち，第Ⅰ期に空き家でなかった京町家の滅失率は13.0％であるが，空き家の京町家のそれは約2倍の26.6％であった．また，同様に，第Ⅱ期から第Ⅲ期の間の滅失率は全体で10.0％であったが，空き家でなかった京町家の滅失率は8.7％で，空き家の京町家のそれは23.2％と同じく約2倍以上の比率を示していた．このように京町家の滅失のプロセスには，空き家の状態が大きく影響していることがうかがえる．

　京町家の滅失には，京町家の所有者の意思が大きく影響するが（松本ほか2010），京町家が既存不適格な建造物であることから，修繕や改修を施しながら住み続けるあるいは事業を継続するという意思がなければその存続は困難となる．そうした際に京町家を解体して新たな用途に展開すれば，空き家の京町家は減少すると考えられる．しかし，細街路に面した長屋の京町家などでは単独の世帯だけでの改築は難しく，必然的に空き家となる傾向が高くなる．また，持ち家か借家かといった京町家の所有形態も，京町家の空き家の発生に大きな影響を与

表3　京町家の空き家と滅失の関係

1) 第Ⅰ期から第Ⅱ期での変化

	合計	空き家でない	空き家	不明
合　計	28.566	26,202	1,566	798
存続京町家	24,635 (86.2%)	22,784 (92.5%)	1,150 (4.7%)	701 (2.8%)
滅失京町家	3,931 (13.8%)	3,418 (86.9%)	416 (10.6%)	97 (2.5%)

2) 第Ⅰ期から第Ⅱ期での変化

	合計	空き家でない	空き家	不明
合　計	25,599	23,248	1,454	897
存続京町家	23,047 (90.0%)	21,223 (92.1%)	1,116 (4.8%)	708 (3.1%)
滅失京町家	2,552 (10.0%)	2,025 (79.3%)	338 (13.2%)	189 (7.4%)

える可能性がある．

Ⅳ．京町家の保全に向けて

　1990年代中ごろ以降に実施された3回の京町家まちづくり調査によると，歴史都市京都には，戦前からの京町家が約4万8千件（都心4区で2万3千件）も存在している．これらの京町家は，京都の景観を構成する重要な要素の1つとして認識され，2007年の新景観条例においてもその保全と継承が課題とされている．しかし3回の調査を通して，この間には年間約2%の比率で京町家が滅失していることが判明した．

　本研究では，これらの京町家まちづくり調査で作成された京町家の詳細なGISデータ用いて，現存する京町家の空間的分布に加え，滅失した京町家の位置やその現在の用途，さらには滅失した京町家は空き家の割合が高いという状況を明らかにした．今後は，京町家の密集の度合いや隣接する道路特性，特に細街路との関係，用途地域や高さ規制，さらには所有形態などとの関係から，京町家の滅失や空き家の状況を細かにみていく必要がある（花岡ほか2009）．

注
1) 職住共存地区とは，都心商業地の幹線道路（東西：御池通（一部夷川通）・四条通・五条通，南北：河原町通・烏丸通・堀川通）沿いの街区に囲まれた内部地区で，容積率の上限が400%に指定されている区域（いわゆる『田の字』のあんこの部分）を指す（京都市景観・まちづくりセンター編2009）．
2) ここでの京町家の総数は，前回調査ではみつけられなかった新たに発見された京町家も含む．

参考文献

河角龍典 2007．空中写真による京町家の変遷．矢野桂司・中谷友樹・磯田弦『バーチャル京都－過去，現在，未来への旅』ナカニシヤ出版，40-43．

京都市・財団法人京都市景観・まちづくりセンター・立命館大学 2011．『平成20・21年度「京町家まちづくり調査」記録集』京都市．

京都市景観・まちづくりセンター編 2008．『京町家の再生』光村推古書院．

京都市都市計画局 2007．『新景観政策：時を超え光り輝く京都の景観づくり』京都市（http://www.city.kyoto.lg.jp/tokei/cmsfiles/contents/0000023/23991/shinkeikanseisaku.pdf）．

宗田好史 2009．『町家再生の論理－創造的まちづくりへの方途』学芸出版社．

花岡和聖・中谷友樹・矢野桂司・磯田　弦 2009．京都市西陣地区における京町家の建て替えの要因分析．地理学評論 82：227-242．

松本文子・瀬戸寿一・飯塚隆藤・矢野桂司 2010．京町家居住者に対する意識調査結果の地域傾向についての考察．（『地理情報システム学会講演論文集』地理情報システム学会，第19巻，2010年10月，4頁．（CD-ROM））

松本文子・飯塚隆藤・瀬戸寿一・矢野桂司 2011．京町家調査とGIS．矢野桂司・中谷友樹・河角龍典・田中覚編『京都の歴史GIS』ナカニシヤ出版，149-168．

Seto, T., Iizuka, T., Matsumoto, A., Kirimura, T., Yano, K., Nakaya, T. and Isoda, Y. 2010. Transition of Urban Landscape with Kyo-machiya in Virtual Kyoto. *Proceedings of International Conference of Digital Archives and Digital Humanities 2010*.

▶ 4章

若者の居住行動と空き家

中澤高志

I. 賃貸住宅の空き家研究序説

　空き家増加のプロセスを検討した研究は，これまでのところ持家の卓越する過疎地や郊外住宅地の事例に偏ってきた．持家に関しては，入居世帯の世代交代にともなって空き家化することが多い．そのため，似通った年齢層が一斉に入居した住宅団地などでは，短期間のうちに空き家が増加する．そうした地域で事例研究を進める限りでは，空き家の増加を現象として把握し，説明することは比較的容易である．しかし，紋切り型の説明を超えて空き家が発生する要因の多面性に迫ろうとするときには，あるいは空き家問題をより広い文脈に位置づけて構造的に分析しようとするときには，少し違った視点から，空き家問題を見つめてみることが必要である．

　人口減少と高齢化は，空き家の増加に関する研究やレポートの枕詞となっている感がある．これらの言葉を目にすると，社会経済的文脈に目配りした議論が繰広げられると期待するのが人情だろう．しかし実際には，人口減少や高齢化が空き家の増加とどのような関係にあるのかに分け入った労作は少ないようである．そもそも，空き家のストックと空き家率は，高齢化率の低い人口増加局面においてもほぼ単調に増加してきたのではなかったか．過度に一般化された概念は，分析概念としてはあまり役立たない．空き家の増加は，人口減少と高齢化による需要減少と供給過剰といった単純な需給の論理では説明できないのである．

　本章では，東京圏の賃貸住宅における空き家について簡単な分析を試みたい．賃貸住宅はそもそも入居者が入れ替わることを前提としているため，多くの入居者にとって終の棲家である持家と同じ論理では，空き家増加の要因を説明することはできない．本章では，住宅市場固有の特性を意識しながら，賃貸住宅におい

て空き家が増加してきた要因を探ってみたい．そのことを通じ，持家を念頭に置いて空き家の増加を論じてきたがために，私たちがこれまで見落としがちだった論点に光が当たることになればと願う．

手始めに，住宅・土地統計調査のウェブサイト（http://www.stat.go.jp/data/jyutaku/）にアクセスしてみる．すると，お知らせの欄に「共同住宅の空き家についての分析」とある．そこでは賃貸住宅における空き家のうち81％を民営借家が占めていることをはじめとして，建築時期や床面積，都道府県別の集計によって，賃貸住宅における空き家のスケッチが一通り披露されている．しかし，賃貸住宅における空き家発生の要因に関する分析や考察は含まれていない．

2013年住宅・土地統計調査によれば，民営賃貸住宅の世帯主のうち，41.4％は40歳未満であり，同割合が8.3％である持家とは好対照をなしている．このことから，賃貸住宅における空き家の発生は，移動性の高い若者の居住行動と強く関連すると仮定して分析に取り掛かる．そして，現代の若者の居住行動についても，やはり社会経済的文脈のなかで理解することを心掛けたい．

II．賃貸住宅は供給過剰なのか？

2013年時点で，東京70 km圏における賃貸住宅の空き家は135万戸であり，そのうち腐朽・破損していないものは110万戸である．この範囲の賃貸住宅のストックは635万戸であるから，空き家率は21.2％（腐朽・汚損していないものでは18.2％）と，全国（24.7％）に比べれば入居者には恵まれている．しかし，人口の集中が指摘される東京圏においてすら，5戸に1戸は空き家である．

この数字から，東京圏においても賃貸住宅は供給過剰であると結論付けたくなるが，それは早計であると筆者は考える．図4-1は，東京70 km圏における未婚者数（15歳以上）と居室面積別の賃貸住宅戸数を距離帯別に表したものである．以下では15歳以上の未婚者を包括した乱暴な議論を行わざるをえないため，留保が必要であることをあらかじめ断っておきたい．いずれの距離帯においても，賃貸住宅戸数は未婚者数をかなり下回っている．専有面積のうち居室部分が2/3であると仮定すると，19.8 m²の物件の専有面積は約30 m²となるので，居室面積19.8 m²以下の物件は単身者向けの物件であるとみなしてよいであろう．このカテゴリーの賃貸住宅は未婚者数に比べて供給がかなり少なく，その傾向は特に郊外

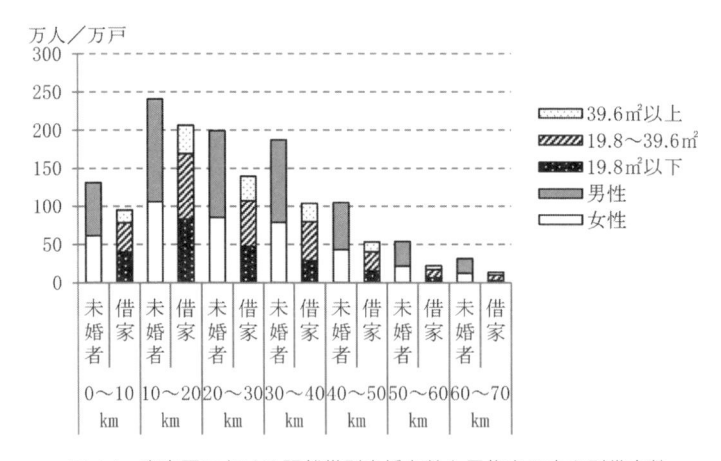

図 4-1　東京圏における距離帯別未婚者数と居住室の広さ別借家数
資料：2010 年国勢調査，2013 年住宅土地統計調査により作成．
注）居住室とは，玄関，台所，トイレ，浴室，廊下，農家の土間および営業用の室を除いた居住用の空間であり，ダイニング・キッチンは流しや調理台などを除いた広さが 3 畳以上の場合には居住室に含む．居住室の広さは，2 畳 = 3.3 m² に換算した．

で著しい．晩婚化・非婚化によって未婚者数が増加しているのにもかかわらず，賃貸住宅の空き家が増加しているのはなぜであろうか．

　ほとんどの若者が就職した時点で経済的に自立した主体となり，一人暮らしを始める社会であれば，賃貸住宅市場はひっ迫しているであろう．日本でも，未婚期間の長期化にともなって，未婚の単独世帯数は増加の一途をたどっている．昨今，郊外で働く若者が増えている事実（谷 2005）に照らせば，郊外における単身者向けの賃貸住宅は，かえってその不足が問題化していてもおかしくはなかったとさえいえる．しかし，そうした事態は起こらなかった．

　晩婚化・非婚化が進んでいるにもかかわらず，十分な賃貸住宅需要が発生していないのは，未婚期に単独世帯へと移行する確率が相当に低いためである．つまり，未婚の若者の多くは，教育期間を終えたのちもなお「世帯内単身者」として親元に留まっている．2010 年国勢調査によれば，東京圏（1 都 3 県）の 20 〜 39 歳について，親と同居していると考えられる人（2 人以上の世帯で世帯主との続き柄が子）の割合は，男性で 60.0％，女性で 70.6％に達する．ここから東京圏外の出身者を除けば，親との同居が可能な若者の多くが，実際に同居しているといってよいであろう．この割合は，年齢が上がっても大きくは変わらず，30 歳代後

半になっても，男性の57.7％，女性の64.3％が親と同居している．

　すでに成人し，就職しているとしても，親と同居していれば何かと制約が多いはずである．親と住むことで得られる利便性や安心感がそれを上回るほど大きく，それゆえ親との同居を主体的に選んでいる若者もいるであろう．また，さまざまな理由から，親の側が子どもに対して同居し続けることを望んでいる事例もあるに違いない．残念ながら，本章がさしあたって依拠している統計資料では，そうした主観的要因に踏み込むことができない．そこで以下では，若者に親との同居を余儀なくさせていると思われる経済的要因について，客観的な指標を基に検討してみたい．

III．賃金と賃料

　図4-2は，東京都区部の25〜29歳の平均月間賃金と東京都区部の賃料（延床面積30㎡あたり）について，消費者物価指数を用いて2010年の価格に換算して

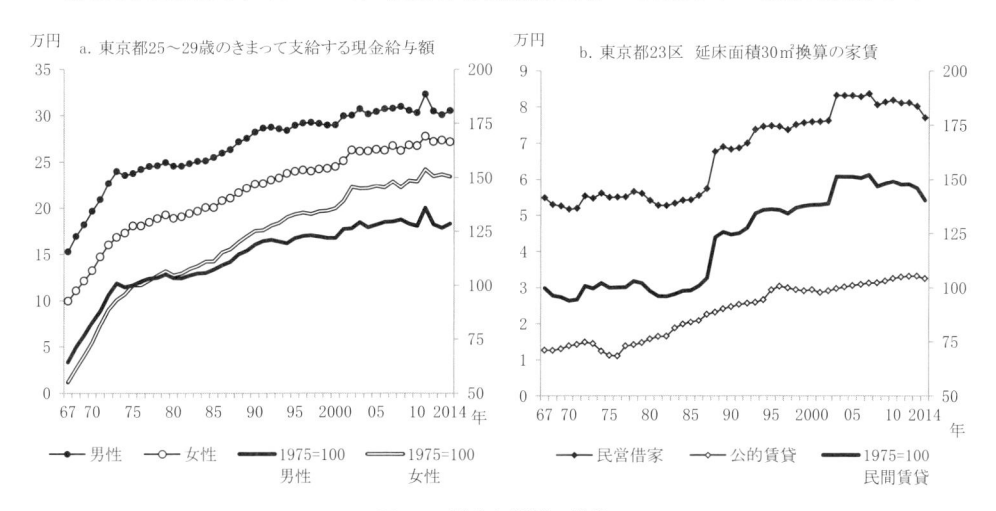

図4-2　賃金と賃料の推移

注）賃金，賃料共に，2010年基準の消費者物価指数（東京都区部，持家の帰属家賃を除く総合）を用いてデフレートとしている．賃金は，平均月間きまって支給する現金給与額である．延床面積30㎡換算の家賃は，小売物価統計調査から得られる3.3㎡あたりの家賃から算出したものであり，公的賃貸とは，公営住宅および都市再生機構住宅を指す．家賃にみられる不連続な変化の一因は，小売物価統計調査において家賃調査を実施する地区にしばしば変更が加えられたことによるものと思われるが，ここではその調整は行っていない．

注）賃金構造基本統計調査（2008年以前は東京都統計年鑑を利用），小売物価統計調査，消費者物価指数時系列データにより作成．

示したものである．東京都のデータに関しては 1967 年からしか得られなかったが，全国的にみて若者の賃金は高度成長期を通じてうなぎ上りであった．物価を勘案すると，賃金はオイルショックを境に停滞し，バブル期にやや上昇基調を強めたのち，再び停滞期に入っている．賃料の水準は，1980 年代半ばまでほとんど変化がみられなかったが，1980 年代後半に跳躍的に上昇する．その後も緩やかに上昇を続け，再び 2000 年前後に跳躍をみせた後，現在は停滞から漸減期にあるといえる．高度成長期以降の変化をわかりやすくするため，1975 年の値を 100 として標準化すると，2014 年の 25 〜 29 歳の男性 126.4 であるのに対し，民間賃貸住宅の賃料は 140.2（公的賃貸は 289.3）である．男女雇用機会均等法以降，賃金の男女格差が縮小したため，女性の賃金ではこの値が賃料を上回る 150.4 を示しているが，絶対的な賃金水準は現在でも男性をかなり下回る．民間賃貸住宅の賃料は 2000 年代の前半を境に低下傾向にあり，空き家の発生による賃料への押し下げ圧力が働き始めているようである．それでも男性の賃金を基準にする限り，物価一般と比較して賃料は高水準にあるといえる．

　賃貸住宅における空き家がこれほど増加しているにもかかわらず，家賃が高止まりしていること，つまり家賃が硬直的であることは，賃貸住宅市場には自由市場とかなり異なるメカニズムが働いていることを意味する．日本では，賃貸借契約の更新の際に賃料の変更が行われる確率が他国に比べて著しく低いといわれている（清水・渡辺 2011）．賃料の改定が行われるとすればもっぱら新規契約の時であるが，それでも前の賃料を踏襲することが多いため，供給過剰であっても賃料はなかなか下がらない．

　若者は，賃貸相場をどう見ているのか．2013 年末から 2014 年初にかけて行われた意識調査（全国宅地建物取引業協会連合会・全国宅地建物取引業保証協会 2015）によると，一人暮らしの賃料として妥当な水準として，回答者の 39.9％は月収の 20％，39.4％は月収の 30％と答えた．図 4-2 の 25 〜 29 歳の平均月収に当てはめてみると，20％ならば男性では 6 万円台前半，女性では 5 万円台前半，30％ならば男性では 10 万円弱，女性では約 8 万円が妥当な水準となる．ここで基準にしたのは平均月収であり，中央値を基準にすれば，妥当な賃料水準はより低くなるであろう．いずれにせよ，今日の東京都の住宅市場は，若者が妥当とみなせる賃料の住宅に入居できる環境では必ずしもないようである（図 4-3）．

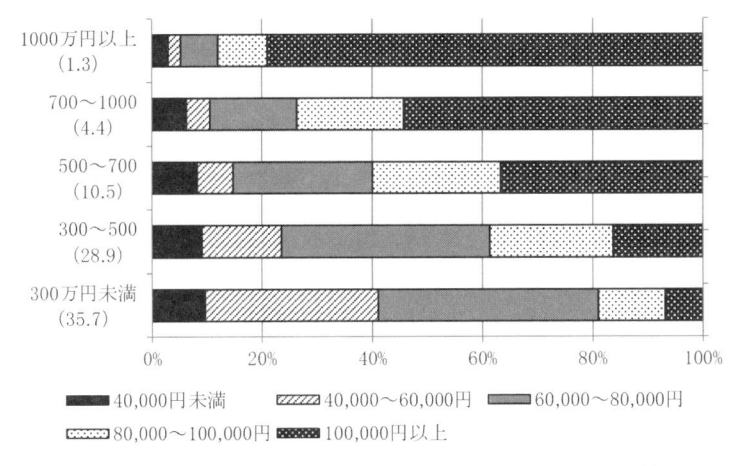

図 4-3 東京都における世帯年収と家賃（世帯主 20 〜 34 歳）
注）家賃 0 円と不詳は除いた．カッコ内は各年収階級に属する世帯数（万世帯）．
注）「住宅・土地統計調査（2013 年）」により作成．

　20 〜 34 歳の世帯主についてみると，世帯年収と家賃は極めて強い相関関係にあり，家賃が 60,000 円以下の物件に居住する層と 100,000 円以上に居住する層に二極化している．住宅・土地統計調査の世帯年収は税込である．単独世帯で年収 300 万円，手取りが月 20 万円とすると，できれば家賃は 60,000 円以内に抑えたいところである．しかし，年収 300 万円未満の世帯でも，約 60％は家賃が 60,000 円以上の賃貸住宅に入居している．同様に年収 500 万円の単独世帯で考えてみても，月収の 30％を超える家賃を負担している例が少なくないと推測される．

　団塊の世代の大都市圏出身者比率は 35.1％であるが，団塊ジュニア世代ではこれが 52.3％に上昇する（中澤 2014a）．一世帯一住宅が達成された 1968 年以降に生まれた世代には大都市圏出身者が多く，彼／彼女らの多くは，わざわざ賃貸住宅を借りなくても，十分に親元から通学・通勤することができる．住み続けられる実家があるにもかかわらず，妥当とは思われない家賃を払って一人暮らしを始めることや，賃料は安いけれども快適性において実家に劣る住宅になけなしの給料をつぎ込むことは，少なくとも経済的にみて合理的な選択とはいえない．未婚の若者の一人暮らしは，ライフサイクルに沿った自然な成り行きというよりは，

非大都市圏の出身者や故あって実家に住むことができない大都市圏出身者の消去法による結果か，高い賃料であってもそうする価値があると考える若者が，思い描いたライフスタイルを実現するために選択したものである．

デザイナーズマンションといった物件は，ライフスタイルにこだわりを持つ高所得の若者にターゲットを絞って供給され始めたものである．そうした若者は，「キッチンの設備について『カウンター』，『コンロ』といった一般的な表現はせず，『ガラストップのコンロ』，『ルクレーゼを置いて似合う色調』と具体的に回答する（倉上 2008：25）」のだそうである．この逸話が示唆するように，予算の制約からかなり自由に，少々時間をかけてでも，お気に入りの住まいを探索する若者の需要は確かにある．しかし，とある日本人ノーベル文学賞候補者の作中を髣髴とさせるようなこだわりの住まいは，けっして現下の若者の平均像を映し出すものではない．

IV．賃貸住宅市場の複雑性

本章で示したのは，大都市圏において賃貸住宅の空き家が増加してきた要因の一端に過ぎないが，さしあたってこれを図式化して整理しておく意義はあるだろう（図 4-4）．

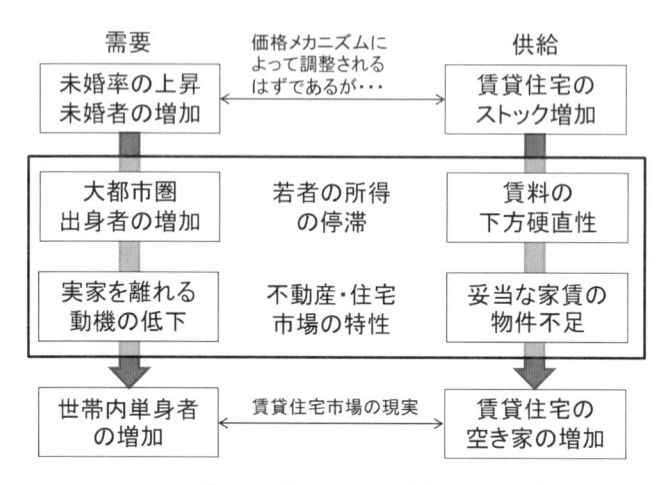

図 4-4　賃貸住宅における空き家増加のメカニズム
著者原図．

空き家増加の背景には，たしかに賃貸住宅のストックが戦後を通じて一貫して増加してきたことがある．しかし，未婚率の上昇にともなって，未婚者数もまた増加してきた．図4-1から確認できるように，東京圏の単身者向けの賃貸住宅数は15歳以上の未婚者数をかなり下回っている．住宅市場において価格メカニズムが「正常に」機能していれば，入居者の入れ替わりにともなって常に存在する水準を超えて空き家率が上昇した場合，賃料は低下する．それに応じて親と同居する未婚者の一部が新たに賃貸住宅市場に参入し，需要と供給はどこかでバランスするはずである．しかし，日本の住宅市場においては，賃料が極めて硬直的であった．ここへきて風向きが変わりつつあるとはいえ，空き家の増加という供給過剰の状態にあっても賃料は長らく高止まりを続けてきた．

　賃貸住宅の主要な入居者である若者に目を移すと，高度経済成長が終わりを告げて以降，賃金が長期的に停滞しているという実態がある．加えて，非大都市圏出身者の割合が高かった親世代に比べ，今日では大都市圏出身者の比率が高まり，進学や就職といったライフイベントに際して一人暮らしを始める必然性が薄れている．需要減少をもたらすこうした構造的な要因があるにもかかわらず，所得の低い若者でも入居可能な賃料の物件は依然として不足している．

　高所得の若者が追及するこだわりの物件についても，一般的な価格メカニズムは働かないであろう．こうした物件は個別性が強く，立地条件や物件のブランド性も相まって，間取りや広さ，駅徒歩〇分等々の客観的条件の積み上げによって適正な賃料の水準を定めることが通常の物件以上に難しい．骨董品と同じで，高いと思えば高いし，安いと思えば安いとしかいえず，借り手がつかないリスクもそれなりに高い．

　結局，論点は，日本の賃貸住宅市場が非市場的な力学の強い影響下にあることに尽きる．その論点にもう一歩踏み込んで，日本において賃料の更新が緩慢である理由を知りたいところであるが，管見の限りでは有力な説明は得られなかった．仮説としては，住宅市場に関する情報が極めて非対称であり，借り手は不動産業者やメディアの提供する情報をうのみにせざるを得ないため，カルテル的な賃料相場が形成されていることなどが考えられる．

　賃貸住宅において空き家が増加してきたことと，2000年代半ばから賃料の下落傾向が明確化しつつあることとの関係を分析することが，今後の研究の最重要

課題であることは言うまでもない．賃貸住宅において需給のミスマッチが存在することは事実であり，それがどのようなプロセスを経て調整され，賃料にどのような影響を与えるかが注目される．その前提として，住宅市場で取引される商品が「不動産」であり，それゆえ経済地理学的な分析視角が不可欠であることを再確認しておきたい．すなわち，輸送によって需給の空間的ミスマッチを解消することができないこと，すべてが異なる商品であり，近隣の環境も含めて多分に主観的な評価にさらされるものであること，市場が地域的に細分化されているため，多数の売り手と買い手がいるという状況にないことを認識すべきである．また，日本では地主が節税や相続対策のために建設した賃貸住宅が多い点も，賃料形成に影響するであろう．そうした賃貸住宅の経営は，住宅市場における需給関係では必ずしも説明できないからである．

V．データの不在に関する蛇足

　賃貸住宅における空き家に関してさらに分析するにあたり，筆者が重要であると考える事実と，それに接近することの難しさについて記して本章を閉じたい．先に紹介した「共同住宅の空き家についての分析」には，「賃貸用等空き家の446万戸について，所有の種類別にみると，民営の空き家が360万戸で，81％，民営以外（公営，公社，給与住宅等）の空き家が72万戸で，16％となっており，民営の空き家が民営以外に比べ5倍の大きな値になっています」と記されており，民営賃貸住宅の問題が焦点化されている．確かに民営賃貸住宅の空き家率は24.7％と全ストックの1/4に迫りつつあり，それ自体が大きな問題であることに異論はない．しかし，民営以外の賃貸住宅においても，空き家率が18.3％に達していることは見逃せない．

　民営以外の賃貸住宅の71.5％は，公営住宅や都市再生機構（UR）の賃貸住宅などの公共住宅が占める．2000年代後半の数値ではあるが，所得の停滞と高齢化の進行によって，公営住宅の入居倍率は全国平均でも10倍，東京圏に関しては20倍程度に達している（中澤 2014b）．公営住宅について，単身での入居が認められるのは高齢者などに限られる．そのため，低所得であるが公営住宅には入居できない単身者にとっては，築年数のかさんだUR住宅が事実上の受け皿となっている．そうした公共住宅を含む民営以外の賃貸住宅の空き家率が2割に迫

るというのは，どうしたことだろうか．公営住宅，都市再生機構の賃貸住宅，給与住宅といった所有形態ごとに，空き家の分布を分析することが，民営以外の賃貸住宅の空き家の発生要因を明らかにするための第一関門であろう．ところが，住宅・土地統計調査のウェブサイトからは，市区町村別，都道府県別はおろか，全国についても，空き家と所有形態をクロスさせたデータが得られない．

「共同住宅の空き家についての分析」は，「住環境問題として，空き家対策の重要性は年々高まるものと考えています．今後とも住宅・土地統計調査において，我が国の空き家に関する状況が適切に把握できるよう取り組んでいきたいと考えております」という文言で締めくくられている．しかし，分析のなかで示されていた，民営の賃貸住宅と民営以外の賃貸住宅とに区分した集計すら，誰もがアクセス可能なデータからは，依然として再現できる状態にない．このことは，筆者が空き家に関する直接的なデータをほとんど使わずに，空き家に関する本章を進めてきたことの言い訳でもある．

参考文献
倉上卓也 2008．首都圏域における賃貸住宅市場の動向と需要者の特徴．都市住宅学 62：21-27．
清水千弘・渡辺　努 2011．家賃の名目硬直性．フィナンシャル・レビュー 106：52-68．
全国宅地建物取引業協会連合会・全国宅地建物取引業保証協会 2015．『一人暮らしに関する意識調査』全国宅地建物取引業協会連合会・全国宅地建物取引業保証協会．
谷　謙二 2005．東京大都市圏における 1990 年代の通勤流動の変化と若年男性の就業行動－埼玉県上尾市居住者の事例－．埼玉大学教育学部地理学研究報告 25：20-30．
中澤高志 2014a．郊外第 2 世代．藤井　正・神谷浩夫編著『よくわかる都市地理学』ミネルヴァ書房：180-181．
中澤高志 2014b．住宅政策の転換．藤井　正・神谷浩夫編著『よくわかる都市地理学』ミネルヴァ書房：172-174．

▶5章

地方都市の郊外住宅団地における空き家の発生

呉市昭和地区の事例

由井義通

I．人口減少期の住宅問題

　2014年8月の集中豪雨による広島市北部の安佐南区，安佐北区における甚大な被害のニュース映像は記憶に新しい．土石流が山麓斜面にある住宅団地を襲い，住宅地内の道路を滝のように濁流が流れる様子は，急斜面の住宅開発の問題を示すと同時に，被害者に高齢者が多かったことからわかるように郊外住宅団地における高齢化の問題を浮き彫りにした．丘陵地や山麓斜面に宅地開発が行われたのは，広島都市圏だけの特徴ではなく，地価の高い平坦地にくらべて安価に土地が取得できたために，これらの丘陵地に大量に宅地開発が行われたのである．

　戦後日本の住宅システムは持ち家取得を優先し，住宅所有の普及によって持ち家社会が発達した．持ち家社会では多数の人々が「住まいの梯子」を登り，住宅所有によって暮らしのセキュリティを得るというライフコースを歩むが，20世紀末から持ち家社会は再編期に入っている（平山2009）．これは，少子高齢化社会に入った日本の住宅市場において，持ち家を優先した政策によって多くの国民が持ち家を取得したものの，人口減少によって従来の持家優先の住宅システムが変容せざるを得ない状況にあることを示している．

　人口減少期にある日本の住宅市場では，人口減少によって住宅需要が落ち込むことに加えて，高度経済成長期以降に大量に購入された持ち家取得層が高齢化し，彼らの子どもたちが親の家から独立するために，継続して居住されることのない空き家が増加している．もはや住宅ストック数が世帯数を超える状況となっており，新たに住宅建設をするよりも，既存の住宅ストックを活用する必要性が高まっている（米山2011）．

　もともと過疎地域や農山村地域を対象とすることが多かった空き家の研究は，

近年は大都市圏の内部や郊外住宅団地を対象として数多くなされた．片山ほか（2006）は名古屋大都市圏郊外地域において放置・未利用の空き家の割合が多いことを明らかにしており，西廣ほか（2005）は，埼玉県坂戸市の老朽化した住宅団地では借家として利用されていた住宅が空き家になりやすく，借家としての利用は空き家に至る前の段階として考えらえることを指摘している．

大都市および周辺地域の空き家の実態調査から，米山（2012）は無居住化した地域の空き家が犯罪や非行に使われたり，居住地域が近接していて放火された場合危険だということがあれば，空き家を除去する必要があるかもしれないが，そのような特別な事情がない限り，無居住化した地域の空き家は放置されたまま，朽ち果てていく可能性が高いことを指摘している．そのため，大都市郊外地域にある多くの自治体では空き家問題の対策が急がれている（池田ほか 2013）．

わが国における大都市圏郊外の住宅団地の開発は，大都市における住宅難を解消するという喫緊の課題への対処の必要性から行われたものが多い．そのために短期間に大量の住宅が供給されたにもかかわらず，都市計画で検討されるべき，将来における住民の年齢構成への配慮はほとんどなかった．その結果として，開発当初においては働きざかりの 30 ～ 40 歳代の夫婦と彼らの子どもからなる世帯を中心に入居者が偏り，入居者の年齢階層に著しい偏りがみられた．しかし，開発から 30 ～ 40 年を経過した住宅団地では，偏った年齢層の世帯主夫婦は高齢化し，彼らの子どもたちが独立したことにより高齢者夫婦のみと高齢の単独世帯が中心の住宅地へと変容している（福原 1998，由井 1998，宮澤 2010）．そのため，郊外住宅団地では団地内のスーパーマーケットの閉鎖によるフードデザート問題や小学校の閉校などがみられるようになり，活気がなくなって衰退地域となっているところもみられる．

II．呉市昭和地区の概要
1．住宅開発の状況

研究対象地域は，広島県呉市昭和地区である．これは広島大学地域貢献研究の一環として，呉市から昭和地区の活性化事業に関わるように要請を受けたものであり，地区センターの担当職員や地域住民の方々からの協力がえられたためである．

呉市では 1960 年代以降，住宅需要の高まりに対して，市街地から北西に約 5 ～ 7km 離れた昭和地区の丘陵地や山麓斜面に住宅開発が行われた．昭和地区で

は1962年に小規模な板丘団地が開発されて以降,1964～1973年の10年間に,桜ヶ丘団地(359区画)などの中小規模の9つの住宅団地と,1,000区画規模の大規模団地(宮が迫団地と第三労住協団地)が開発され,昭和地区の人口は急激に増加した.転入世帯は,呉市内にある造船所などの大企業の社員が多く,呉市以外の出生者が多かった.1980年代に入ると,熊野トンネルの開通によって広島市へのアクセスが改善され,昭和地区北部で開発された住宅団地には,広島市への通勤者が多く転入してきた.

2. 高齢化と世帯の小規模化

昭和地区では宅地開発の増加によって人口は1965年の約5,000人から1975年には約25,000人に急増した.1980年代以降においても5つの住宅団地が開発され,人口増加は継続されたものの,2005年の約36,000人をピークに人口は減少へと転じた.

呉市昭和地区の住宅団地の老年人口率をみると,表5-1に示すように,2010

表5-1 呉市昭和地区における住宅団地の開発推移

開発年次 (年)	団地名	分譲区画数 (戸)	空き家率 (％)	高齢化率 (％)(2010年)
1962	桜ケ丘団地	359	7.0	36.2
1966	此原団地	142		21.9
1968	第2団地(労住協)	342		42.0
1968	宮が迫団地	990		31.6
1971	政畝・日立団地	224	15.2	42.9
1971	松ヶ丘団地	260	7.7	33.6
1971	泉ヶ丘団地	315	4.1	26.3
1972	第3労住協団地	1,000	1.6	32.5
1973	西小屋団地	114		
1973	ひばりヶ丘団地	283		31.8
1973	東明ハイツ	121	4.1	29.2
1977	本庄ハイツ	670	5.3	30.2
1988	南ハイツ	652	1.1	8.3
1992	夢が丘	224	3.1	
1993	のぞみヶ丘	192		20.0
1996	ゆめが丘	489	0.8	3.8
1998	宮ヶ迫ニュータウン	310		5.7

注)呉市資料により作成.

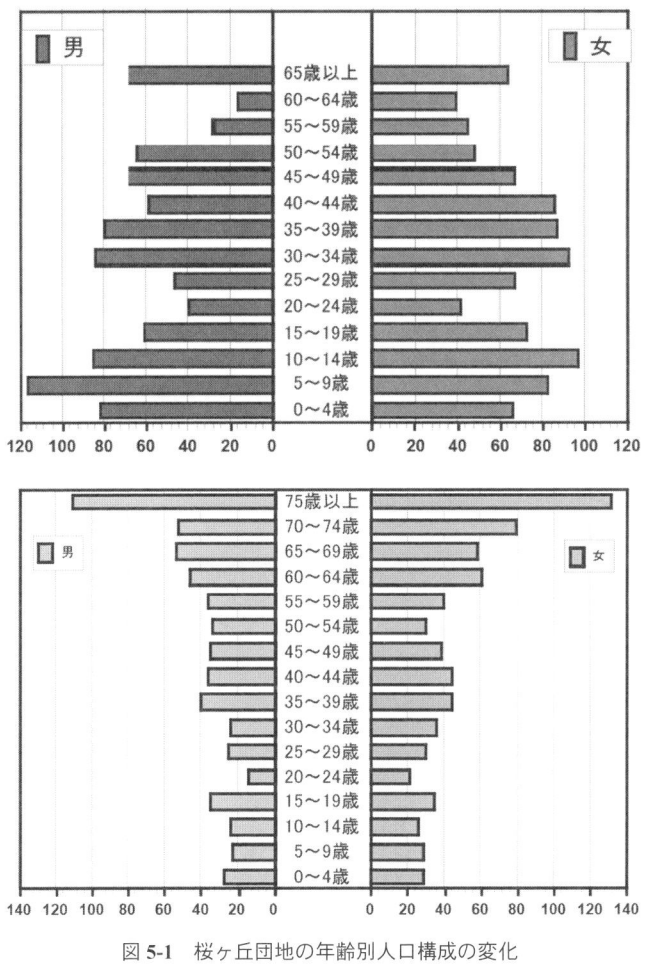

5章 地方都市の郊外住宅団地における空き家の発生　55

図 5-1　桜ヶ丘団地の年齢別人口構成の変化
注）「国勢調査（1990・2010年）」により作成．

年国勢調査では政畝団地の42.9％，労住協第2団地の42.0％などのように，30年以上経過した住宅団地の大部分で30％以上の著しい高齢化の進行となっている．なかでも地区内では最も古い1962年から開発が始まった桜ヶ丘団地では，1980年の国際調査では，30〜40歳代の夫婦と就学期や未就学期の子どもからなる世帯に対応した年齢階層の比率が高くなった人口ピラミッドを呈していたが，

2010年には多くの子どもたちの独立によって若年層の年齢階層が少なく，60歳代以上に加齢した親世代の年齢階層が突出している．このような人口ピラミッドの変化（図5-1）は，昭和地区内の多くの住宅団地でみられ，特に戸建て住宅だけからなる住宅団地では高齢者が単身もしくは夫婦のみの世帯が多くなっている．それに対して，民間賃貸の集合住宅・共同住宅が混在している住宅団地では，若年世帯の入居がみられ，20～30歳代の年齢階層も混在して年齢構成の偏りが小さい．これは，多様な住宅を混在させるミックスデベロップメントの方法を採用するか否かによって，居住者の年齢構成が異なってくることを示しており，住宅団地の高齢化は戸建の住宅のみを行った住宅団地の開発方法の問題を示唆している．

III．空き家の発生と地域問題
1．空き家の実態

　本研究では，自治会の協力により呉市昭和地区内の住宅団地の空き家の所在地をリスト化し，現地調査により空き家の管理状態を調べるとともに，空き家の隣接住宅への聞き取り調査によって，空き家になった時期や所有者の属性などについて調べた．その結果，空き家の発生と高齢化は密接に関係していることが明らかとなった（表5-1）．最も空き家の比率が高かった住宅団地は，1971年に開発された政畝・日立団地の15.2％であった．当団地は老年人口率が高い住宅団地であり，高齢者の転出や死去にともなう空き家が多かった．それに対して開発時期の新しい住宅団地では空き家率が低く，1988年以降に開発された南ハイツや夢が丘団地では，空き家率は1％台で著しく低かった．

　空き家の増加は，写真5-1，写真5-2のように，住宅や庭の管理が不十分になり，近隣住民に迷惑をかけることになっていることも多い．昭和地区においても，長期間の空き家の放置によって，屋根が崩壊して瓦が台風時に隣家に飛んで被害を出したり，屋根の上の古いTVアンテナが隣家に倒れかかったところがある．また，庭木の手入れが行われないために，隣家に迷惑をかけている空き家も数多くみられた．さらに，空き家の存在は，不法侵入者の危険性を危惧する人も多く，素行不良の若者が庭に集まっていることを心配する住民もいて，治安面での不安感を生み，このような状況はますます空き家の資産価値を下げている．

写真 5-1　放棄されている空き家
由井撮影.

写真 5-2　手入れが不十分な空き家の庭
由井撮影.

　住宅や庭木の管理では，空き家の所有者が隣家に鍵を渡して管理を委託したり，定期的に窓を開けるために訪問しているところもある．しかし，高齢者が亡くなったために生じた多くの空き家では，資産を引き継いだ子ども世代と近隣住民とのつながりは必ずしも良好ではないことが多い．

　大都市郊外の住宅団地では，中古住宅として不動産市場で取引されることも多く，必ずしも空き家とはならない．しかし，地方都市の郊外住宅団地のなかには公共交通機関や生活利便施設が十分ではない地域もあり，中古住宅として売りに出されたとしても購入者がなかなか見つからないため，長期間にわたって空き家となることが多い．また，なによりも空き家住宅の増加はコミュニティ維持の担い手を失うことになり，地域の衰退に直結するため，自治体では空き家住宅への

入居促進に取り組まざるを得なくなっている．

2. 空き家発生の要因

　住宅団地における空き家は，住民の高齢化の進行にともなって近年急激に増加した．空き家に隣接して居住する住民からの聞き取り調査から，空き家の発生時期をみると，1年未満と3年未満を合わせると約40％を占めていることがわかった．これは，団塊の世代に偏った住民の高齢化が急激に進行したことと深く関係する．

　近隣住民からの聞き取りによる空き家になった理由として，「所有者の死去」を理由としたものが34.3％と最も多く，次に「別の家を購入などでの転出」が27.0％，その次には「転出後や入院・老人ホーム入居」による空き家が18.9％であった（表5-2）．これらの理由はいずれも高齢化と関連しており，2番目に多かった理由も，昭和地区の住宅団地が急勾配の丘陵地に開発され，坂道や階段が多く，体力が衰えた高齢者が生活するには厳しい状況であったためと思われる．

　そこで，空き家に直前まで居住していた住民の特性について，近隣住民から聞き取りをしたものをまとめると，最も多かったのは単身高齢者世帯で40％弱を

表5-2　空き家になった理由

団地名	転勤で一時的転出	入院・老人ホーム入居	別の家を購入などで転出（別宅有りも含む）	所有者が死去	親族世帯との同居（介護等）	売却・貸出するため（財産処分を含む）	不明・その他	総計
桜ケ丘		1	1	12		1	7	22
松ヶ丘		4	5	1	1	1	8	20
焼山東		3	4	2	3		4	16
政畝	2	5	3	9	1	5	8	33
泉が丘	1	4		1			6	12
第3団地		1	2	4	1		5	13
東明ハイツ			1			1		2
南ハイツ			1	1			4	6
本庄ハイツ	1	3	12	8	6	2	6	38
夢が丘	2		1			2	1	6
総計	6	21	30	38	12	12	49	168

　注）現地調査により作成．

表 5-3　空き家直前の世帯状況

団地名	高齢者と親族	高齢単身	高齢夫婦	不明	夫婦	夫婦と子ども	母子世帯	総計
桜ヶ丘	1	14	1	6				22
松ヶ丘	1	6	1	10	1	1		20
焼山東		4	6	4	2			16
政畝	1	14	3	9	1	3	2	33
泉が丘	1	5		6				12
第3団地		6	1	4	1	1		13
東明ハイツ						2		2
南ハイツ				3		3		6
本庄ハイツ		16	7	6	2	7		38
夢が丘				4		2		6
総　計	4	65	19	52	7	19	2	168

注）高齢者と親族の世帯には，高齢者姉妹の親族世帯を含む．
注）現地調査により作成．

占めていた（表5-3）．単身高齢の居住者が病院や介護施設への入院・入居，あるいは死去によって空き家が生じやすい．特に，丘陵地の斜面に建設された住宅団地では，急な坂道や長い階段は，体力が衰えた高齢者にとって多大な労力を要するものとなっており，買い物などの日常生活行動への負担が大きいため，高齢者が転出する原因となっている．

平山（2009）によると，ベビーブーマー（出生率が上昇した1940年代後半に生まれたコーホートとその構成員）とベビーバスター（出生率が低下した1950年代後半と1960年代前半に生まれたコーホートとその構成員）の住宅歴の比較分析から，ベビーブーマーが住まいの「梯子」を登る時，住宅市場には大量の「正の需要」が発生し，これに続いて「負の需要」が大量に発現する．ベビーブーマーに続く世代であるベビーバスターは，ブーマーの持ち家需要によって加熱した住宅市場のなかで住宅を取得し，ブーマーによる住宅取得の沈静を一因として，住宅資産のデフレにみまわれている．このメカニズムは，少子高齢化とともに未婚者や非婚者の増加による単身世帯の増加などの世帯の多様化などによって，「住宅余剰」に移行させた．また，持ち家の大量化により住宅資産を保有する世帯の増加は，子世代の住宅相続を増やす．しかし，相続された住宅は必ずしも有効に利用されるとは限らず，利用されない住宅の増加は「住宅余剰」を膨らませて，

空き家を発生させるのである．

　また，中澤（2010）による指摘のように，団塊ジュニア世代は未婚化・非婚化による単身者の増加などの世帯形態の多様化により，住宅の種類や居住地に対するニーズは異なり，都心回帰で特徴づけることは難しく，社会階層に規定された分散化した居住行動とみることができる．そうすると，団塊世代がマイホーム取得のために郊外へと移動した傾向を団塊ジュニア世代に見出すことはできず，居住地選好も分散したものとなる．

IV．郊外住宅団地の活性化に向けて

　郊外住宅地における空き家の発生は，従来，住まいを郊外に求めた世帯の都心回帰現象の増加などの居住地選好の変化や居住地選択先の多様化とともに，単身世帯の増加に対応したコンパクトマンションの供給（久保・由井 2011）や超高層集合住宅の供給の増加（小泉ほか 2011）など，市街地中心地域における居住空間の創出という住宅市場の変化による影響が大きい．米山（2011）による指摘のように，既存の住宅ストックを活用する必要性が高まっている．他の先進国の住宅市場のように，良質な住宅が社会のなかで循環して使われる「循環型」の住宅市場への転換が求められているのである．

　東京圏に居住する団塊ジュニア世代の居住地移動を調べた中澤ほか（2012）によると，少産少死世代は都心周辺に値頃感のあるマンションが供給されている状況下においても郊外に居住する者が多く，親と近居する傾向がみられる．同様に，千里ニュータウンにおいても親子の相互サポートを考慮した近居の傾向がみられる（香川 2011）．これらの研究成果から，郊外住宅団地における空き家発生を抑えるには，郊外第二世代による親世代との近居がキーワードとして考えられる．

　本来，郊外住宅地は子育て中の若い核家族向けの居住地として供給されたものなので，子育て世代にとっては，豊かな自然環境へのアクセスや学校への近接性などの優れた教育環境は魅力的である．子育て環境の充実によって，若年層を郊外地域に呼び込むことも必要である（西廣ほか 2006）．今後の空き家対策としては，対象を居住地域に限定し，そのうえで空き家を有効に活用しながら，まちづくりを行っていく必要性がある（米山 2012）．

付記

本稿は,「都市地理学」9号（2014年）掲載の「地方都市の郊外住宅団地における空き家の発生－呉市の事例－」を加筆修正したものである．現地調査では，阪上弘彬氏，杉谷真理子氏，森玲薫氏に手伝っていただいた．記して感謝いたします．

参考文献

池田大樹・柴田　祐・澤木昌典 2013．大都市郊外の自治体における空き家問題に対する取り組み．公益社団法人日本都市計画学会都市計画報告集 11：138-141．

香川貴志 2011．少子高齢社会における親子近接別居への展望－千里ニュータウン南千里駅周辺を事例として－．人文地理 63：209-228．

片山直紀・海道清信・村上　心・前田幸栄 2006．空き地・空き家実態からみた郊外住宅団地の持続性についての考察－名古屋都市圏・可児市と多治見市における事例調査より－．都市住宅学 55：70-75．

久保倫子・由井義通 2011．東京都心部におけるマンション供給の多様化－コンパクトマンションの供給戦略に着目して－．地理学評論 84：460-472．

小泉　諒・西山弘泰・久保倫子・久木元美琴・川口太郎 2011．東京湾岸部における住宅取得の新たな展開－江東区豊洲地区の超高層マンションを事例として－．地理学評論 84：592-604．

中澤高志 2010．団塊ジュニア世代の東京居住．季刊家計経済研究 87：22-31．

中澤高志・川口太郎・佐藤英人 2012．東京圏における団塊ジュニア世代の居住地移動－X大学卒業生の事例－．経済地理学年報 58：181-197．

西廣大輔・小山雄資・吉田友彦 2005．郊外戸建住宅団地における空家の借家歴に関する研究－埼玉県坂戸市 K 団地を事例として－．都市住宅学 51：47-52．

平山洋介 2009．『住宅政策のどこが問題か　＜持ち家社会の＞の次を展望する』光文社新書．

福原正弘 1998．『ニュータウンは今－40年目の夢と現実－』東京新聞出版社．

宮澤　仁 2010．郊外ニュータウンの現状と将来－多摩ニュータウンの事例から．季刊家計経済研究 87：32-41．

由井義通 1998．郊外住宅団地の成熟－広島市を事例として－．森川　洋編著『都市と地域構造』64-92．大明堂．

米山秀隆 2011．『少子高齢化時代の住宅市場』日本経済新聞出版社．

米山秀隆 2012．『空き家急増の真実　放置・倒壊・限界マンション化を防げ』日本経済新聞出版社

▶6章

地方都市における空き家の分布と地域特性

宇都宮市の事例

西山弘泰

Ⅰ．地方都市における空き家の問題

　2012年頃から全国的に空き家に対する関心が高まっている．そのようななか，空き家増加に関する議論が，都市で起こっている問題なのか，地方で起こっている問題なのか，さらには大都市や地方都市のどこで起こっている問題なのかがまったく整理されていない状況に，いささか違和感を覚えてきた．

　筆者は2012年4月から2年間，栃木県の宇都宮市に居住し，宇都宮市をフィールドに研究を行ってきた．後述するように宇都宮市は全国でも屈指のクルマ依存地域であり，いまだに郊外に人口が流出している．それを目の当たりにしたとき，空き家の問題は個々の空き家の問題ではなく，都市全体を蝕む病理としてとらえる必要があることに気づかされる．

　東京や大阪などの都心では，投機資金の流入も相まってマンション需要が好調だという．郊外の人口は高齢化とともに減少し，空き家が増加することが懸念されている．では地方都市ではどうだろうか．筆者が全国の地方都市を回りそこで感じることは，札幌や仙台，福岡などの地方中枢都市を除く地方都市においては，押しなべて中心部の衰退が著しいということである．確かに地方都市でも2000年代中ごろにマンション建設が活発だった時期もあるが，近年は往時の勢いはない．中心市街地の商店街は元気を失い，その周辺の既成市街地では高齢化，人口減少が続く．若年ファミリー世帯は，新築一戸建てを求めて地価が安く，生活インフラが整った郊外に住まいを求める．それによって市街地は際限なく広がり，財政コストは増えるばかりである．都市規模や立地，雇用環境の差こそあれ，地方中枢都市を除く地方都市では，多かれ少なかれこうした悩みを抱えている．

　将来の財政コストの軽減や高齢化への対応，地域経済の活性化，地域コミュニ

ティ再生などの観点から，コンパクトシティを推進しようとする自治体は多い．しかし現実は中心部の人口が減少し，そこには空き店舗や空き家，空き地，駐車場が残される．将来的に人口増加を期待できない地方都市では，都市のスリム化で財政難や都市機能の非効率化を食い止めようとするが，それを阻害しているのが空き家であり，これこそが地方都市の空き家増大による最も大きな問題だと筆者は考える．人間が効率的に住むことができるはずの都市中心部が，空き家という何の生産性もない空き箱で占められ，都市経済や市民生活の非効率化の元凶となっている．地方都市の空き家問題は，将来的な都市経営や都市の持続可能性にどのような悪影響を及ぼすのかということを真剣に議論していく必要がある．

II．地方都市の空き家問題を浮き彫りにする方法

地方都市では中心部で空き家が多くなっていると指摘した．しかし，それが1つの都市のなかでどの程度かを示すのは容易なことではない．国土交通省が実施している『空家実態調査』は，大都市圏のみが対象である．しかも市区町村ごとの分析がなく，空き家の空間的分布を把握することが難しい．総務省の『住宅土地統計調査』は市町村レベルの数が示されているが，自治体内部のどこで空き家が多いのかを明らかにすることができない．学術研究においても，都市内部の一部の地域を事例にしたものがあるが，広域の空き家の分布やその状況について把握はできていない．

そこで本章では，栃木県宇都宮市を事例に，都市内部のどのあたりで空き家が多いのかを明らかにし，地方都市における空き家増加の原因を論じていく．今回利用したデータは，宇都宮市が2013年に実施した「空き家実態調査」の一部である．当調査は，宇都宮市に存在するすべての空き家を詳細に調査したということからも，これまでの学術研究にはない調査方法として価値がある．当調査の詳細な調査方法については，表6-1を参照されたい[1]．

まず，宇都宮市全域の空き家を把握するために，市が管理する水道栓の閉栓データ[2]を利用し暫定的な空き家と認定した．また，水道栓の位置データと家屋台帳をマッチングさせ，家屋（戸建）の状況を把握した．

次のステップとして，暫定的な空き家8,119戸に対して現地調査を実施した．調査員が調査票に空き家の状況を記録し，写真等も撮影した．その過程で509戸

表 6-1　宇都宮市空き家実態調査の調査方法

調査	期間	詳細
調査の目的		2013年度に制定した宇都宮市の「空き家の適正管理及び有効活用に関する条例」に向けた基礎的研究を目的に，宇都宮市生活安心課を中心に実施した．
空き家の抽出		本市全体の空き家の位置を把握するため，上下水道局の水道栓データと，家屋台帳のデータをGIS上でマッチングさせ，閉栓している居宅（戸建）を暫定的な空き家（8,119戸）とした．
空き家の現地調査	2013年5月8日～6月13日	暫定的な空き家すべてについて現地調査を行い，「空き家等判別基準」（本市作成）を設けた上で4,635戸を空き家とした．その際，新たに509戸を空き家として加えた．現地調査では，上記の判別基準に基づいて，建物の腐朽破損度（建物全体，外壁，屋根，窓ガラス，出入り口の状況），対象物の構造（表札，木造，非木造，階数），敷地の状況（雑草・樹木，塀，郵便ポストの状況等），その他周辺環境（接道状況，売却・賃貸募集看板の有無等）について外観目視により調査を行った．建物の腐朽破損度については状態の良いものからA判定（売物件や入居者募集の状態（（看板広告がある））になっているもの），B判定（建物に目立った腐朽破損はないが，空き家の状態となっており，区分Aに該当しないもの），C判定（外壁や屋根，窓・玄関に腐朽破損が認められるが，緊迫性までは認められないもの），D判定（建物の傾きが著しく，倒壊の恐れがあるもの．また，外壁や屋根，窓・玄関の腐朽破損程度により，緊迫性が認められるもの）A～D以外のもの（建物の腐朽破損は無いが，空き家だと思われるもの）の5つに分類した．
空き家所有者へのアンケート調査	2013年7月16日～8月9日	空き家と判定されたもののなかから，登記簿等で所有者の住所を特定し，住所が判明した1,511世帯に郵送によるアンケート調査を行い，62.4%の回答を得た．

注）西山（2014：57）表1の一部を改編．

の新たな空き家を発見し，あらかじめ決めておいた基準に従い空き家かどうかを判定していった．その結果，4,635戸を空き家と認定し，これらを調査対象とした．

最後に登記簿を使って所有者が判明した1,511人に郵送によるアンケート調査を行い，914人から回答を得た．本章では空き家4,635戸のデータを中心に話を進め，アンケートの結果は7章で論じることとする．

III．宇都宮市の概要

1．宇都宮市の郊外化

宇都宮市は東京から北方約100kmの距離にある，人口約50万人の中核市である．東京までは東北新幹線を使えば50分程度でアクセスできる．既知のように当市は餃子の消費量が多いことで有名であり，毎年11月に開催される宇都宮餃

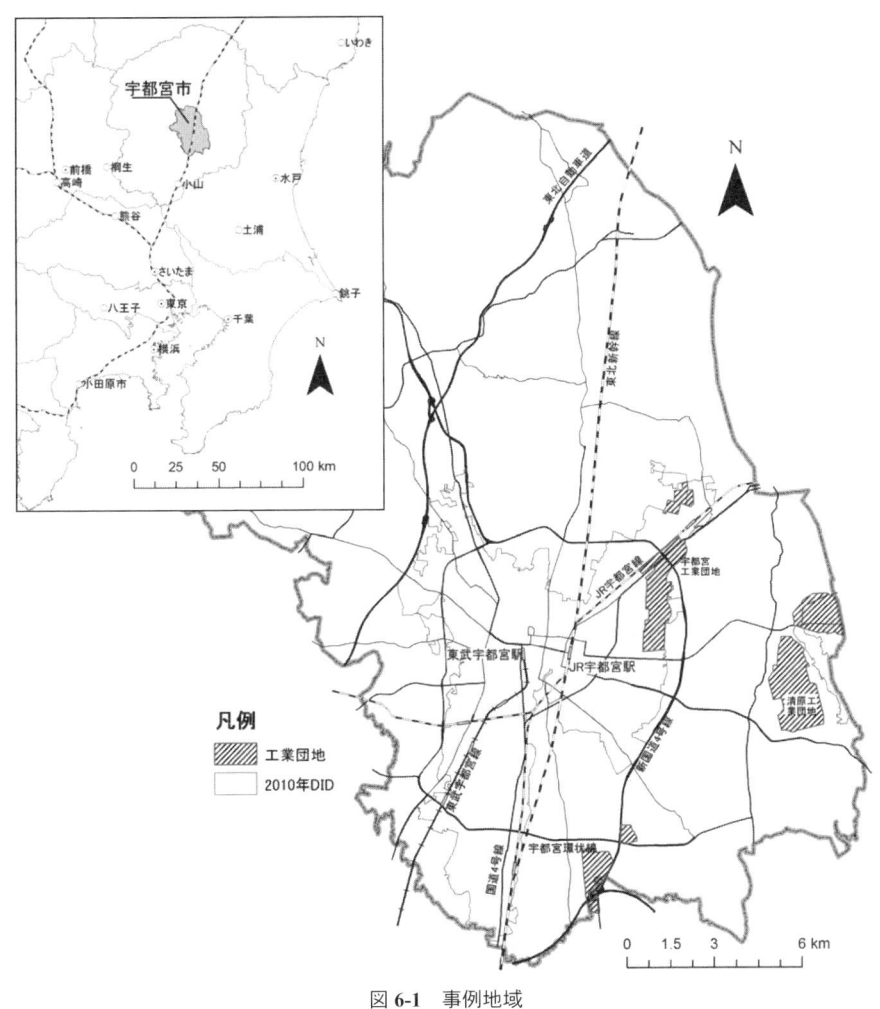

図 6-1 事例地域
注）西山（2015：59）第1図より引用.

子祭りには，首都圏を中心に全国から多くの観光客が訪れる．

　宇都宮市の中心市街地は，おおむね JR 宇都宮駅と東武宇都宮駅の間に広がっている．市域の多くが平野や緩やかな丘陵地であることから，市街地は中心市街地を中心に北西，北東，南西，南東の4方向に広がっている（図 6-1）．戦前の市街地は二荒山神社を中心に，そこからせいぜい半径 1 〜 2km ほどの範囲で，

現在のような市街地を形成するのは戦後のこととなる．宇都宮市の人口は 1965 年から 1980 年に 12 万人増加し，この間に都市化が急激に進んだ（西山 2013a）．

宇都宮市では，中心部から放射状に広がる幹線道路と，それらを結ぶ宇都宮環状線（環状道路）が整備されている．特に，宇都宮環状線は，放射状に広がる幹線道路と交わる箇所が高架になっていて市民生活と物流を支える大動脈である．

宇都宮市は北関東工業地域の中核的な工業都市でもある．市内には宇都宮工業団地（1966 年造成完了）や清原工業団地（1976 年造成完了）といった大規模な工業団地が立地している．特に，清原工業団地は内陸に立地する工業団地としては国内最大規模であり，大手の食品や精密機器，医薬品メーカーなどが事業所を構えている．総面積は 387.6ha あり，30,226 人（2012 年）の従業者を抱える[3]．

宇都宮市は市域の多くが平地であり，都市化において地形の制約を受けにくい．そのため郊外には大規模な住宅地のみならず大規模なショッピングセンターやスーパーマーケットなどが多数立地している（西山 2013a）．一方，中心部には月極や時間貸しの駐車場が多く，県庁所在地の中心部としては何ともさびしい景観が広がっている（写真 6-1）．かつて百貨店は中心部に 5 店舗立地していたが，現在は撤退や廃業，郊外への移転によって 1 店舗のみになってしまった．さらに，昔賑わっていた商店街は通行者がまばらとなり，空き店舗が目立っている．

以上のように，宇都宮市は中心部から活気が失われている一方で，人口は郊外に流出し続けている．図 6-2 は二荒山神社を中心に半径 2km ごとの人口を示したのである．0 ～ 2km，2 ～ 4km ではほとんど増加していない．一方，4km

写真 6-1　宇都宮市中心部に広がる時間貸し駐車場
2014 年 11 月西山撮影．

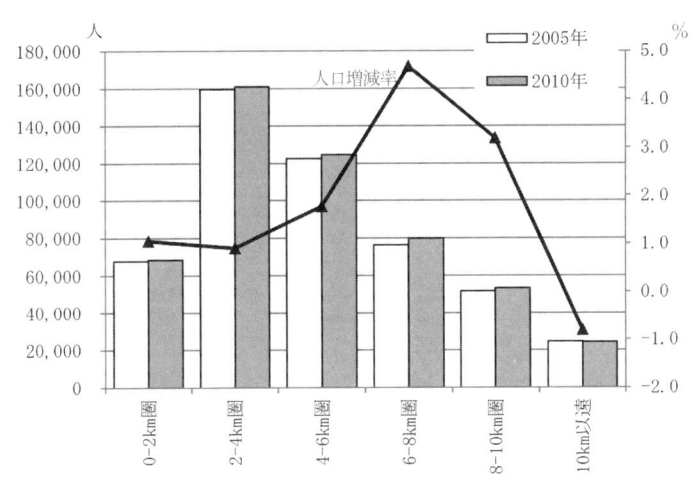

図 6-2　宇都宮市における距離帯別人口の変化
注）距離帯の中心は二荒山神社とした．国勢調査のデータは基本単位区別集計データから GIS を使って筆者が独自に集計した．
注）「国勢調査（2005・2010 年）により作成．

より外側の地域では，2000 年以降も大規模な住宅地開発が続くと同時に，小規模な住宅地開発も市街地のフリンジで活発である（西山 2013b）．その結果 6 〜 10km，すなわち郊外で人口増加が著しい．特に中心地から 6 〜 8km の地域では人口が約 5％も増加している．

2．宇都宮市の居住特性

宇都宮市は，他の地域に比べ持家戸建住宅や民営の共同借家が多い（表 6-2）．持家共同住宅は相対的に地価が高く人口が密な大都市圏で多いが，中核市の値と比べてもその割合は低くなっている．なお，持家共同住宅の割合は，水戸市で 5.5％，前橋市で 2.8％，高崎市で 2.5％などとなっており，北関東の県庁所在地やそれに準ずる都市と比べても低い（2008 年住宅土地統計調査）．

次に宇都宮市民の住宅の取得方法である．2008 年の住宅土地統計調査の結果からも宇都宮市における中古住宅の住宅取得は少ない（表 6-3）．また，相続・贈与の割合も低い．その一方で持家住宅の入手方法で最も多いのは「新築」で，全体の 4 割以上を占めている．わが国では，不動産業者が販売目的で住宅（共同

表 6-2 住宅の種類別にみた住宅数

	宇都宮市 実数	宇都宮市 割合 (%)	全国 実数	全国 割合 (%)	関東大都市圏 実数	関東大都市圏 割合 (%)
持家戸建	99,850	52.2	24,129,200	50.0	5,706,300	38.0
持家共同	6,180	3.2	4,658,100	9.6	2,442,700	16.2
民営借家（戸建）	8,190	4.3	1,666,300	3.5	370,300	2.5
民営借家（共同）	55,590	29.1	11,014,700	22.8	4,122,300	27.4
公的借家	5,880	3.1	2,088,200	4.3	940,700	6.3
給与住宅	7,090	3.7	1,371,200	2.8	461,000	3.1
その他	8,450	4.4	3,353,300	6.9	993,000	6.6
総数	191,230	100.0	48,281,000	100.0	15,036,300	100.0

注）「住宅・土地統計調査（2008年）」により作成．

表 6-3 持家住宅の入手方法

	宇都宮市 戸数	宇都宮市 割合(%)	中核市 戸数	中核市 割合(%)	全国 戸数	全国 割合(%)	関東大都市圏 戸数	関東大都市圏 割合(%)
分譲（公団）	810	0.7	54,020	1.4	472,600	1.6	184,600	2.2
分譲（民間）	17,370	15.5	715,200	18.5	5,598,400	18.5	2,459,900	29.7
中古住宅	8,870	7.9	518,220	13.4	3,847,100	12.7	1,342,400	16.2
新築	46,380	41.5	1,392,940	36.1	9,856,500	32.5	1,907,600	23.0
建替え	29,340	26.3	754,860	19.5	6,529,600	21.5	1,672,800	20.2
相続・贈与	5,420	4.9	295,060	7.6	2,881,100	9.5	436,000	5.3
その他	3,540	3.2	132,880	3.4	1,130,800	3.7	276,400	3.3
総数	111,730	100.0	3,863,180	100.0	30,316,100	100.0	8,279,700	100.0

注）「住宅・土地統計調査（2008年）」により作成．

住宅を含む）を建設し，建設後に購入者を募って販売する「分譲」が，地価の高い大都市圏を中心に住宅取得の主流となっている．その理由は，業者が一括して土地を購入し，決められた規格の住宅を建設することで建設コストを抑えたり，土地と建物をセットで販売することで利幅を大きくするためである．一方，「新築」は住宅購入者が自ら土地を購入し，建設業者を選び住宅を建設する方法をいう．

　以上の結果から，宇都宮市においては，大都市圏や全国の値に比べて新築の戸建を求める傾向にある．「土地を取得し新たに家を建てて居住する」とか，「従前の住宅を取り壊して新たに住宅を建て直す」という居住スタイルが他の地域と比べても特に強い．よって宇都宮市は空き家が中古住宅として再利用される可能性が低い地域といえる．

IV．宇都宮市における空き家の空間的特徴
1．宇都宮市における空き家の分布

　宇都宮市における空き家の分布を示す前に，既存統計から宇都宮市の空き家の状況を確認していきたい．2013年の住宅土地統計調査によると，宇都宮市の空き家は39,800戸で，総住宅戸数に占める割合は15.9％である（図6-3）．ちなみにこの空き家数や空き家率は，集合住宅の住戸も含まれている．戸建住宅の空き家数に絞ると10,800戸で，戸建住宅総数に占める割合は8.2％である．

　次に空き家の推移をみていく．宇都宮市の空き家は1993年から2003年まで急激に増加している．これは1990年前後の好景気の時期に，当市において賃貸住宅が大量に供給され，ストックが急激に増加したためと考えられる．一方，2003年から2008年にかけていったん減少するが，2008年から2013年にかけて再び2ポイントも上昇している．

　宇都宮市の空き家の状況を他の地域と比べてみる（図6-4）．図6-4の各地域の右側に示されているパーセンテージは，各地域の空き家率である．空き家率をみると，宇都宮市は全国や関東大都市圏よりも高い値となる．しかし，空き家の用途に分けてみると，宇都宮市においては「賃貸用」が68.4％（21,840戸）と多く，「その他」は24.2％（7,740戸）と少ない．なお，栃木県では二次的住宅が多いが，その理由は那須や日光で別荘が多いためである．米山（2012）が「外部不経済の問題は『その他』に分類される空き家において，深刻な問題になると考えられる」と指摘している．すなわち宇都宮市では，空き家の割合が15.9％と高いが，「その他」に分類される空き家が少ない．よって米山が指摘する外部不経済[4)]

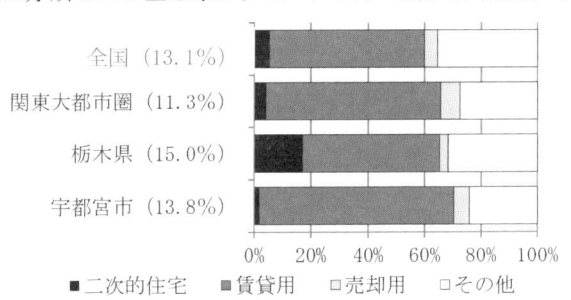

図6-3　用途別にみた空き家の割合
注）「住宅・土地統計調査（2013年）」により作成．
注）カッコ内の各地域の空き家率を示している．

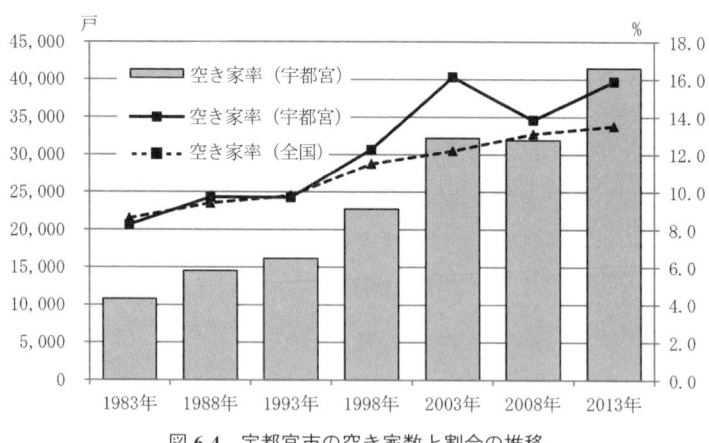

図 6-4 宇都宮市の空き家数と割合の推移
注)「住宅・土地統計調査（1983〜2013年）」により作成.

は今のところ少ないといえる．

ここから宇都宮市の空き家の分布をみていく．図 6-5 は宇都宮市全域の空き家の分布を示したものである．黒い点が 1 つ 1 つの空き家の分布地点であるが，おおむね市街化区域全体に万遍なく広がっているような印象を受ける．そのため空き家を 500m 四方のメッシュに加工し，各 500m メッシュに何戸の空き家があるかを集計した．さらに宇都宮市の市街地が急拡大を始める前の 1970 年の市街地（1970 年 DID）を重ねてみた．その結果，空き家が多く分布する地域は 1970 年 DID の範囲とほとんど同じだった．なお，本研究では，1970 年以前に都市化していた地域（1970 年 DID）を既成市街地と呼ぶ．また 1970 年以降に都市化した地域を郊外とする．

図 6-6 は，DID に指定された時期別に地域区分した範囲の空き家数と空き家率を示したものである．空き家は早く都市化した地域ほど割合が高い．特に 1970 年以前に都市化した地域（1960 年に DID だった地域，および 1960-70 年の間に DID になった地域）において空き家率が急激に上昇している．この結果から，空き家は，都市化してから 40 年から 50 年ほどで増加してくることが指摘できる．日本では結婚し家族を持つと，持家を 20 歳代後半から 40 歳代前半で取得するのが一般的である．例えば持家を 35 歳で購入したとする．そこに 45 年住み続けると 80 歳になる．個人差はあるが，80 歳になると介護が必要になることもある．

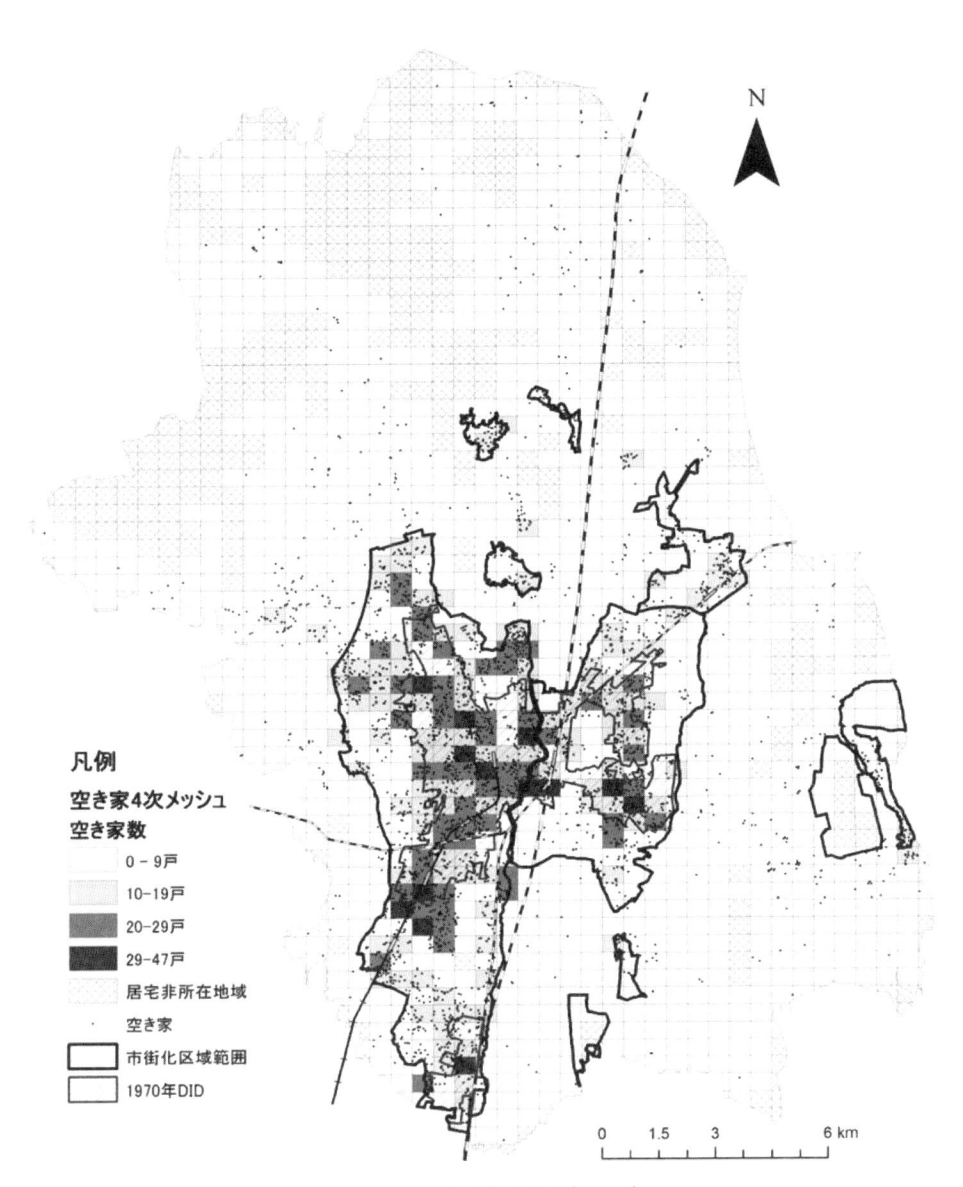

6章　地方都市における空き家の分布と地域特性　71

図 6-5　宇都宮市の空き家の分布
注）西山（2015：61）第3図より引用.

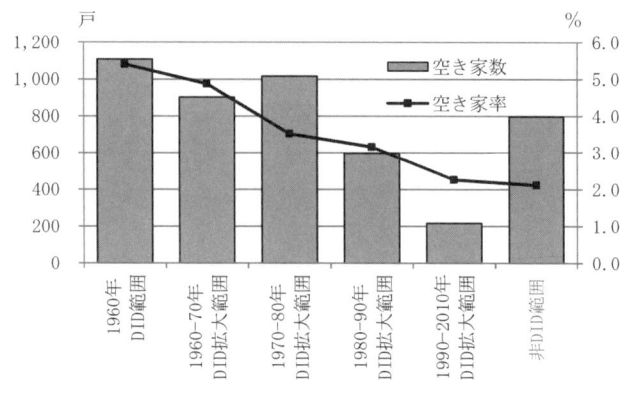

図 6-6　宇都宮市の空き家数と割合の推移
注）西山（2014：8）図 5 より引用.

親族のもとに身を寄せるか介護施設に入居することもあるだろう．なかには寿命を迎える人もいる．わが国では，住宅を購入してから転居することが少ない．そのため都市が老いることは，住民も老いることを意味し，さらには空き家を増加させることになっていく．

2. 空き家が多い地域の地域的特徴

　では，1970 年以降に都市化したか，それ以前の都市化したかということが，空き家の多寡に影響してくるのはなぜだろうか．第 1 に道路幅の問題が指摘できる．これらの地域に足を運んでみると，道路幅が 4m に満たない狭隘道路が多い．建築基準法上，前面道路幅が 4m に満たない場合，セットバックを試みない限り再建築は難しい．「宇都宮市空き家実態調査」より空き家の接道状況をみていくと，1960 年 DID 地域では，52.9％が 4m 未満，さらに 2m 未満のものも 11.3％と他の地域に比べると突出して高い．つまり，売りたくてもそのままでは再建築不可能であるため市場流通が困難になる．また解体すると税制上の特例が受けられず，固定資産税が 6 倍に跳ね上がる．さらには，解体しようにも道路が狭いために重機が直接入らず，解体コストが嵩んでしまう．これらの要因が重なり，「そのまま放置」というケースもかなり多いものと考えられる．写真 6-2 は東武宇都宮駅に隣接する住宅地のものである．当地域は，戦前の都市化にともない無計画

写真 6-2　狭隘道路の奥の空き家
2014 年 9 月西山撮影．

に住宅地となった場所で，4m に満たない道路が多く，そうした道路から 1m ほどの通路が延び，奥に住宅が一戸から数戸が建っている．

宇都宮市の既成市街地やその周辺に空き家が多くなってと考えられる要因は，接道条件以外にもある．1 つは，既成市街地内の空き家が古いうえに居住スペースが狭く，中古住宅として流通が難しいこと，第 2 に既成市街地は，価格が高い割に生活が不便なことなどが指摘できる．

図 6-7 は，空き家の建築年代ごとの割合を示したものである．全般的に空き家は，1979 年以前に建設されたものが多い．DID 拡大範囲ごとにみてみると，既成市街地において空き家の建築年代が経過しているものが目立つ．また DID 拡大時期の範囲ごとに延べ床面積をみてみると，1969 年以前に建設された空き家が平均で 73.9 m^2，1970-79 年が 74.1 m^2，1980-89 年が 99.6 m^2，1990 年以降が 114.8 m^2 であった．既成市街地の古い空き家は 100 m^2 前後が中心の新築一戸建て住宅と比べると狭く，仮に中古住宅として流通させることができても，買い手がみつからない．

では郊外の中古住宅はどうか．表 6-4 は国土交通省が公表している不動産取引価格情報[5]のデータから，地域ごとの中古住宅の平均取引価格と取引率を示したものになる．既成市街地ではそもそも取引率が低いが，平均取引価格も 2,000

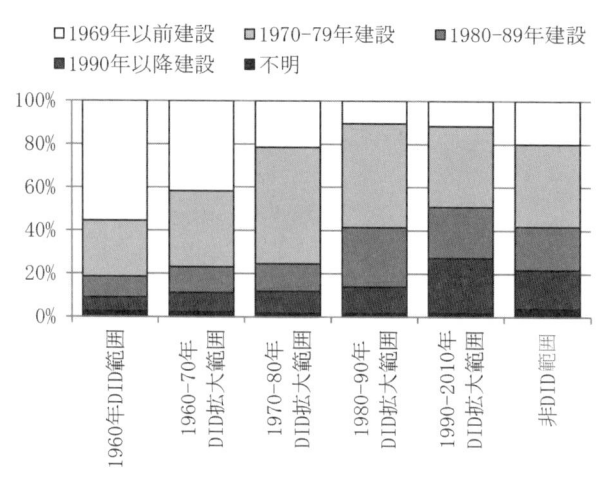

凡例: □1969年以前建設　□1970-79年建設　■1980-89年建設　■1990年以降建設　■不明

図6-7　DID拡大範囲ごとの空き家の建築年代の割合
西山（2014：9）図6より引用.

万円を超えている．一方で，郊外は取引率が高いだけでなく，価格も1,000万円以下と安価な物件が多い．しかもこれらの地域は大規模開発の住宅地であり，計画的な街区で道路も広い．自家用車が主な移動手段となっている地方都市居住者にとって好都合の環境といえる．さらにこれらの住宅は建築年が1980年以降のものがほとんどで，耐震補強などの大規模な修繕なしに居住できる．

また既成市街地はスーパーマーケットやホームセンターなど生活利便施設が少なく，郊外は自動車さえ保有していれば複数の店舗を短い時間で効率的に回ることができる．さらに宇都宮市は工業都市としての側面が強く，それらの事業所は郊外に立地するため，郊外の就業者がかなり多い．

以上のように既成市街地が郊外に比べて不便な割に，地価が高いといったことも既成市街地の中古住宅が敬遠される要因となっている．筆者は写真で紹介した空き家が多い地域に居住していた．ところがあろうことか，自動車を使って約2km離れた郊外のスーパーマーケットに買い物に出かけていたのである．便利なはずの既成市街地に住みながら，なぜか日用品を求めて郊外に出ていく．「これは都市住民本来の行動なのだろうか．いやこれが地方都市の現実だ」と自問自答を繰り返す．

表 6-4　中古戸建流通率が高い地域の取引額

		流通率 (%)	中古住宅の取引価格		
			1,000万円未満	1,000万円以上 2,000万円未満	2,000万円以上
中古戸建住宅の流通が高い地域	立伏町	2.1	61.3	38.7	0.0
	豊郷台	1.5	0.0	23.5	76.5
	西の宮	1.5	80.0	10.0	10.0
	竹林町	1.4	16.7	50.0	33.3
	横山	1.4	35.7	57.1	7.1
	清原台	1.4	30.3	51.5	18.2
	江曽島	1.3	23.1	53.8	23.1
	富士見が丘	1.3	45.5	40.9	13.6
	山本	1.3	50.0	30.0	20.0
	西川田南	1.2	30.8	46.2	23.1
1960年DID内地域		0.7	17.0	46.0	37.0

注）流通率とは家屋台帳による各地区の居宅（戸建住宅）100戸に対する2007-2012年までの中古住宅の取引数から算出したものである．
注）西山（2014）表1より引用．

V．地方都市の空き家問題とは何か

これまでの結果により，宇都宮市では既成市街地において空き家が数，割合ともに多くなっていることが確認された．本節では，地方都市である宇都宮市でなぜ空き家が増えているのか，宇都宮市で空き家が増えることはどのような問題が起こるのかを述べていく．

1．中古住宅流通の問題

宇都宮市において既成市街地で空き家が増加する要因は，第1に住宅の老朽化である．前節で明らかになったように，空き家の多くは築年数が経過していた．そうした戸建住宅は，既成市街地に多い．先述のように日本の住宅は，木造だと30年ほどで陳腐化する[6]．特に第二次世界大戦後から1974年ごろまでの住宅は特に性能が低い．そのため，現在の居住ニーズをまったく満たすことができない．リノベーションを行い住む方法があるが，リノベーションを手掛ける業者がまだ少なく，中古住宅の情報が十分買い手に伝わらない．買い手も中古住宅に対する不信感とともに，新築への信奉が強い．このように中古住宅流通は意識的・制度的な問題を抱えている．だから仮に空き家となり，中古住宅として市場に流通し

たとしても買い手がみつからない．また，宇都宮市における既成市街地の空き家は延床面積が狭い．さらに既成市街地は，狭隘道路が多く流通させたくても道路幅などの影響で売却すらままならないものも存在する．

　また，既成市街地に限らず，宇都宮市では中古住宅市場が発達していないことが，空き家が流通しない1つの要因となっている．すでに指摘したように，宇都宮市の住宅市場は新築戸建の人気が他の地域に比べて高い．そのため，中古市場の市場規模が小さいことが予想される．著者が地元の不動産鑑定士に行ったヒアリング調査[7]では，「宇都宮市を含めた栃木県では，中古住宅の流通がそもそも少なく，流通しているのは築年数が経過しているものばかりで，買い手のニーズと合致していない」ことが問題点として指摘されていた．そのため中古市場に本格的に参入する事業者が少なく，いつまでも中古住宅市場が活性化せず，老朽化した空き家が増加しつづける．

　以上のように，地方都市においては中古住宅市場自体が十分機能していないことが，空き家の増加をもたらしている．確かに東京大都市圏では，地価や建築費用の上昇によって新築価格が上昇し，集合住宅を中心に中古住宅市場が活性化している．しかし，地方都市はそもそも地価が安いため，地価が高い既成市街地でニーズに合わない中古住宅を購入するくらいなら，地価が安い郊外で新築住宅を購入する方が経済的である．近年，空き家の増加が懸念されるなかで，政府も中古住宅流通活性化に力を入れている．しかし中古住宅活性化はあくまで住宅価格が高い大都市圏の場合であり，地方都市は新築戸建が中心の住宅市場となっている．地方都市において新たな住宅地開発を抑制しない限り，空き家は増え続けることになる．

2．地方都市中心部の求心力低下と郊外の発展

　地方都市において，既成市街地で空き家が増加する要因は，地方都市住民のライフスタイルと都市構造であることも指摘できる．大都市圏は，鉄道ネットワークを中心とする都市構造が確立しており，鉄道駅周辺にスーパーマーケットなどの生活利便施設が多数立地している．そのため多くの居住者は自動車を持たずに生活することができる．また，大都市圏は，中心地が多くの雇用を抱えている．そのため中心部への近接性が住宅取得において重要視される．そのため，都心や

鉄道駅に近い場所ほど需要が高まるのである．

　一方，地方都市は1990年以降，中心地から百貨店などの集客施設が次々と撤退，廃業，移転した．1970年ごろから地方都市の中心部に次々と支店を出店させた大手の銀行や証券会社なども，1990年以降不景気の影響で支店の統廃合を進め，オフィス機能が低下している．総合病院や県庁や市役所などの公的かつ地方において最も集客，雇用吸収力のある施設も郊外に移転していった．大都市圏とは異なり，地方の中心部は都市が小規模であるほど求心力を失っている．

　郊外はどうであろうか．宇都宮市の郊外には幹線道路が整備されているが，現在でも新規建設や拡幅が進んでいる．地方都市はますます自動車交通の利便性が高まっている．2010年の国勢調査によると宇都宮市に住む15歳以上の通勤・通学者のうち，自動車で通勤・通学を行うものは6割以上に達する．高校生は実質自動車での通学は不可能である．そのため，通勤のみに絞るとその割合はさらに増加するだろう．また，自動車は通勤のみならず日常の買い物や余暇にも利用される．こうした自動車依存の生活は宇都宮市に限ったことではなく，大都市以外の地方の多くでみられる．

　宇都宮市では，郊外と中心部を結ぶ放射道路を環状道路が結んでいる．公共交通もバスや鉄道があるが，すべて郊外から中心部に向かっているために，アクセスできる場所は限られている．しかも交通渋滞も発生することから，路線バスの運行は定時性を欠いている．バス事業者は事業の拡大が見込めないために行政の助けをあてにして，営業努力を怠っている．つまり，公共交通は負の循環に陥り，日に日に利便性が低下している．

　一方，郊外では，自動車を利用すれば放射道路と環状道路を通って市内のどこへでも移動することができる．スーパーマーケットなどの店舗も，環状道路と放射道路の交差する場所に立地している．中心部には買回り品の店舗はあるが，食料品などを購入する場所は限られている．つまり，地価の高い既成市街地に居住するよりも，郊外に居住する方が生活するのに便利である．しかも，宇都宮市では郊外に工業団地も多数立地している．そのため就業の場が中心部とは限らない．上述のように1990年以降，オフィスや店舗は撤退や廃業，郊外への移転を行っている．そのため中心部は就業地として，またサービスや小売りの場として魅力を低下させている．

以上のように，地方都市では自家用車の普及にともなって郊外が生活と就業の中心的な場所になりつつある．逆に都市の中心部は生活，就業の場として魅力が低下している．中心部に居住する人は，食料品を購入するために自動車で郊外まで出かける．郊外が繁栄する一方で，中心部の魅力が低下し，それが既成市街地の空き家の増加に拍車をかけている．既成市街地における空き家の増加は都市の中心部やその周辺の空洞化を進め，都市を中心部からむしばんでいく．これが地方都市の空き家問題である．

注
1) 本資料は，筆者が宇都宮市総合政策部政策審議室うつのみや市政研究センター在籍時に情報の提供を受け，分析した結果である．
2) 水道の水栓形態が「一戸建て」のもののみを対象とし，上下水道の契約が3カ月以上前から休止になっているものと，開栓であっても4カ月以上使用が認められないものを暫定的に空き家と定義した．
3) 一般社団法人清原工業団地 HP．http://www1.ocn.ne.jp/~kiyohaip/（最終閲覧日：2014年10月21日）．
4) 久保（2014）によると空き家が増加することによる地域の問題として，ゴミの不法投棄やコミュニティの衰退，治安の悪化，倒壊や損壊による人的被害，防災上の不備，地域住民の精神的な負担，税収の低下などをあげている．
5) 「不動産取引価格情報」の調査方法等の詳細については，http://www.land.mlit.go.jp/webland/ を参照．
6) 近年建設された住宅は，構造上長寿命化が進んでいる．また，メンテナンスさえ行えば十分長持ちする住宅も存在する．よって，一概に日本の住宅は寿命が30年とは言い切ることはできない．
7) 2015年3月に約2時間のヒアリング調査を実施した．

参考文献
久保倫子 2014．空き家増加は過疎地域だけの問題ではない！．地理 59-10：4-11．
西山弘泰 2013a．居住者属性からみた宇都宮市の地域構造．都市経済研究年報 13：193-208．
西山弘泰 2013b．宇都宮市における住宅地開発の動向と住宅市場の方向性に関する研究．市政研究うつのみや 9：64-73．
西山弘泰 2014．地方都市の空き家問題をどうとらえるべきか－宇都宮市の事例から－．地理 59-12: 4-11．
米山秀隆 2012．『空き家急増の真実－放置・倒壊・限界マンション化を防げ－』日本経済新聞出版社．

都市の空き家問題

どうする？編

岐阜郊外の住宅地におけるコミュニティ
上：地域の祭りに登場した子どもみこし．
下：地域主催の餅つき．

▶7章

空き家所有者アンケートからみた空き家の特徴と発生要因

宇都宮市の事例

西山弘泰

Ⅰ. 自治体が実施する空き家実態調査

1. 増える自治体の空き家実態調査

　近年の動きとして注目されるのは，自治体等による空き家に関する条例の制定が相次いでいることである．自治体による空き家関連の条例制定数は，2012年ごろから急激に増加し，国土交通省によると2014年4月時点で，355の自治体が空き家の適正管理や指導，撤去などを盛り込んだ条例（以下，空き家条例）を制定し，うち234の自治体は2013年以降であるという．自治体のなかには空き家条例制定に先駆けて，自治体による空き家実態調査が実施されている．たとえば，豊島区のように区内数カ所の地域に絞って空き家調査を行う事例がみられる（豊島区都市整備部住宅課 2012）．

　また最近では，自治体の範囲内すべての空き家を把握しようとするものが多くなってきた．東京都青梅市は2012年から13年にかけて，市内全戸の住宅を現地調査し，外観目視による悉皆調査を行っている（青梅市生活安全部住宅課 2013）．新潟県燕市では，自治会に簡易的な空き家調査を依頼し，その後市職員が空き家の判定作業を行うという方法をとっている（燕市都市整備部都市計画課 2014）．さらに兵庫県明石市では，市が保有する水道栓の閉栓のデータを使って空き家を絞り込み，その後調査員が目視によって空き家の判定を行うという手法をとっている（明石市都市整備部建築安全課 2014）．

　空き家実態調査は，膨大な費用が必要となる．そのため実施に踏み切れない自治体が多いが現状である．とはいうものの，国土交通省が2012年6月に「地方公共団体向け空家調査の手引き」[1]を自治体向けに公表し，自治体が空き家実態調査を実施しやすい環境が少しずつ整備されているのも事実である．今後はより安

価で容易に空き家調査を実施できるシステムを提示していくことが課題となる.

以上のように，空き家に関する条例の増加とともに，それに付随して行われることが多い空き家実態調査が各自治体で行われている．しかしながら，上記を含めた空き家実態調査の多くは，空き家の分布を単純に示したものが多く，住民属性などの地域特性と関連付けた分析は不十分で，空き家発生のメカニズムなどは十分に明らかになっていない．また，多くの空き家実態調査では空き家所有者へのアンケート調査も実施しているが，回答結果の単純集計に終わっているものが多い．そこで本研究では，2013年に栃木県宇都宮市が行った空き家所有者アンケートの結果を利用し，空き家やその所有者の特徴から空き家の発生要因を明らかにする.

2. 宇都宮市の空き家所有者アンケート

6章で利用した「宇都宮市空き家実態調査」では，空き家所有者に対するアンケート調査も実施している．本章では，主にアンケート調査の結果から空き家所有者の状況や空き家発生の要因などを明らかにする.

アンケート調査の対象は，「宇都宮市空き家実態調査」の現地調査により空き家の腐朽破損状況がBからDと判定された1,511件である（腐朽破損状況の基準については6章，表6-1を参照）．それらに郵送によるアンケート調査を行い，914件（回収率65.2%）の回答を得た．なお，法人や海外在住者，住所不明な者にはアンケートの配布は行っていない．また，複数の空き家を所有している者は，1通のみ郵送した.

質問は全12問ある．質問内容は「空き家になった時期」「空き家になった理由」「空き家の建設時期」「空き家の土地所有者」「空き家の管理状況」「空き家の改修状況」「空き家で困っていること」「今後の空き家の活用方法」「支援の要望」「所有者の年齢や職業，世帯構成」となっている．これら12問はすべて選択式であり，最後に自由記述欄を設け空き家に関する要望や意見を書き込めるよう記入欄を設けてある.

II. 宇都宮市における空き家の状況

1. 「空き家」に対する定義の問題

既述のように，空き家に関する社会的な関心は2010年以降，急激に高くなった.

その一方で，「空き家」という言葉に対する定義が曖昧なままであり，人によってその捉え方がさまざまであることが本アンケート調査より明らかになった．宇都宮市空き家実態調査のアンケート調査では，アンケートに記入する前に，空き家の所有者が「空き家でない」と認識している場合に備え（実際に空き家ではない場合も存在する），「空き家であるか」「空き家ではないか」を最初の設問としている．その結果，回収された914件中282件が「空き家ではない」と回答している[2]．

この結果からは，調査を行う側と調査を受ける側での「空き家」に対する認識にズレがあることがわかる．調査をする側（宇都宮市役所）は，水道栓の利用状況など一定の定義（空き家の定義は6章を参照）に基づき「空き家」と認定しアンケートを郵送している．ところが調査を受ける側は「空き家ではない」と判断している．確かに宇都宮市の誤りによって本来空き家ではない家屋を「空き家」と認定したものもないとは言えない．とはいうものの，宇都宮市ではある一定基準をもとに現地調査まで行っているわけだから，その多くは空き家であると判断できる．

「空き家ではない」と回答した者のなかには，自由記述欄で以下の内容が記されている．「アンケートと書きながらの質問で『空き家』連発．発信が防犯課からという所で，一方的で違和感を感じながらも返信させていただきます．尚，現在海外在住中の為返信が遅れました事をご了承ください」（60代会社員），「どなたが何を根拠に空き家と思われると確認したのでしょうか．とても不愉快な思いをしています」（年齢不詳，職業不詳）．

以上のように，行政から所有している家屋が「空き家」として認識されていることに対して不快感を顕にするものもみられる．アンケートの内容から前者は，一時的に海外に居住しているようである．つまり「一時的に留守にしている住宅は空き家ではない」という認識である．確かに所有者は一定期間，海外赴任のため家族とともに住まいを空けているだけである．しかしながら行政が画一的に定義した「空き家」とされ，それに対し語気を強めて「空き家ではない！」と所有者が不快感を抱く気持ちもわからなくない．

その他，「空き家ではない」と回答した者で「現在，隣に親類が住んでおり，管理してくれています」（60代自営業）や「毎年4～5回草むしり，植木の剪定

を実施していて1回7〜15日位宿泊，又夏は保養の為宿泊している」（70歳以上無職）というものもみられる．これら所有者の回答からは「適切に管理されているものは空き家ではない」とか，「たまに利用しているものは空き家ではない」と判断している．つまりこれまでの結果からは「空き家」に対する定義が所有者によって異なっていることがうかがえる．

　では，なぜ宇都宮市のアンケートにみられるように，回答者の約4分の1が「空き家ではない」と回答しているのだろうか．それは行政と所有者側の「空き家」に対する意識の差があるからである．行政は所有する行政データをもとに画一的に空き家であるか否かを判断するが，多くの一般市民は感覚的に空き家であるか否かを判断している．特に，近年マスコミ等で空き家の問題がクローズアップされることが多くなり，マスコミが取材する空き家は，押し並べて管理が不十分で無残にも朽ち果てたものばかりである．つまり視聴者（一般市民）は，空家対策特措法でいうところの「特定空家等」＝「空き家」と認識している場合が多いと思われる．

　このように「空き家」に関する定義は，いまだ共通した認識が示されているとは言い難い．国はようやく空家対策特措法の施行に伴い「建物が1年間にわたって使われない」ものを「空き家」とはじめて定義した[3]．そして特措法の制定で地域の住環境を脅かす空き家を「特定空家等」とした．では「特定空家等」に含まれない「空き家」は，増加しても問題がないのだろうか．「空き家」に対する認識のズレもまた1つの「空き家問題」といえよう．

2．「特定空家等」はどれほど存在するのか

　既述のように2015年の空家対策特措法の施行により，地域環境に重大な危険を及ぼす可能性がある空き家が「特定空家等」と定義された．しかしながら「特定空家等」は，どの程度存在するのかは十分明らかになっていない．ここでは宇都宮市空き家実態調査に基づく空き家の腐朽破損状況について，その結果を示していく．

　国土交通省が2012年に自治体を対象に行った「空き家の有効活用等の促進に関するアンケート調査」によると，管理水準の低下した空き家や空き店舗が周辺に与える影響として，「風景・景観の悪化」「防災・防犯機能の低下」「ゴミなど

の不法投棄等を誘発」「火災の発生を誘発」が突出して多い．また，近年増加している空き家に関連した条例においても，家屋の適正管理を条例の中心に据える自治体が多い．このことからも空き家問題の中心は空き家がそのまま放置され，腐朽破損が進み，結果として地域の安心・安全，住環境を損なうことである．

　宇都宮市における空き家の腐朽破損状況を示す前に，水道栓の閉栓時期のデータから空き家の期間をみてみたい．水道栓の閉栓が空き家になった時期と仮定すると，空き家状態が5年未満のものが2,996戸（64.6％）でもっとも多かった．2年未満のものに絞っても1,618戸（34.9％）と全体の3分の1を占めている．逆に10年以上経過したものは649戸（14.0％）と少なかった．この結果から，宇都宮市においては長い間空き家となっているものが少ないということがわかる．

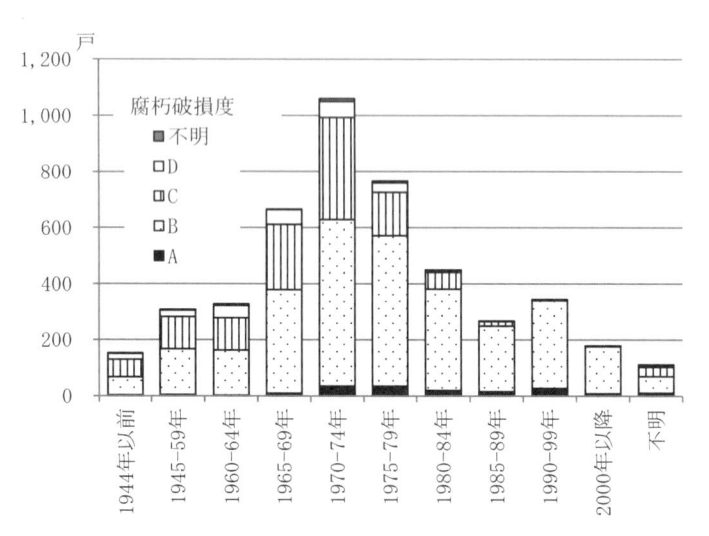

　次に宇都宮市における空き家の腐朽破損状況をみていく．D判定（建物の傾きが著しく，倒壊の恐れがあるもの）だった空き家は247件（5.3％）であった．C判定（外壁や屋根，窓・玄関に腐朽破損が認められるが，緊迫性までは認められないもの）を含めると1,404戸でA判定（売物件や入居者募集の状態（看板広告がある）になっているもの），B判定（建物に目立った腐朽破損はないが，空き家の状態となっており，区分Aに該当しないもの）が大半という結果となった．

図 7-1　空き家の不朽破損状況と建築年代
注）宇都宮市空き家実態調査により作成．

表7-1 宇都宮市における空き家の相談事案内訳

年度	件数	空き家の状況					
		雑草繁茂	樹木繁茂	建物損傷	害虫	防犯	その他
2009	95	58	48	13	3	2	2
2010	90	71	61	4	2	1	6
2011	84	36	39	16	3	0	1

年度	件数	雑草樹木繁茂		建物損傷	蜂の巣	防犯	その他
		隣地はみだし	道路はみだし				
2012	181	42	69	21	4	20	32

注）2012年度途中から，相談受付の様式を変更したため，従来の集計項目とは異なる．
なお相談には重複がある．
注）宇都宮市提供資料により作成．

　空き家の建築年代と腐朽破損状況の関係を示したものが図7-1である．古い住宅ほどC，D判定が多くなるが，特に1974年以前と1975年以降で大きな差がみられる．このような差が生じる要因については，1965年から1974年は宅地開発ブームを背景に住宅の粗製乱造が横行した時代であったことなどから，比較的低質な住宅が大量に供給されたため陳腐化が著しいものと思われる．

　表7-1は，2009年度から2012年度までの間に，市民から宇都宮市役所に寄せられた空き家に関する苦情や相談件数とその内訳を示したものである．確かに，空き家問題が社会的に認知され始めた2012度年ごろから相談件数が急増している．ところがその内訳をみてみると「草木の繁茂」や「道路はみ出し」が大半を占めている．筆者も相談があった空き家の状況の確認に同行したが，人的被害を及ぼすような緊急性の高い空き家は確認できなかった．宇都宮市の空き家は，マスコミなどで報道されるような「管理が不十分な危険な建物」というものは少なく，大きな問題となっているとは言えないようである．

III．宇都宮市における空き家の発生要因

1．空き家はどのように発生するのか

　空き家は，居住者が転出または死亡することによって発生する．戦後日本の急激な都市化は，ベビーブーマーを中心とする多産世代が，経済成長を背景に1960年代後半から80年代にかけて持家を取得することによってもたらされた．ところが近年は，住宅取得層である若年層が減少しているとともに，非婚化な

どの影響による持家を取得する世帯の減少によって住宅余剰となり，その結果空き家が増加している．また，人口が減っているにもかかわらず新たな住宅が大量に供給され続けていて，空き家の増加に拍車をかける要因になっている（平山 2011）．

こうした住宅の余剰は，2009年に国土交通省が行った『空家実態調査報告』においても確認できる．上記の調査では空き家所有者に空き家になった原因を聞いているが，「別の住居へ転居した」や「相続により取得したが入居していない」という回答が最も多かった．その2つのなかでも「相続により取得したが入居していない」という回答からは，「相続したが自らも持家を持っているので，住む必要がなく，活用方法がなくそのままになっている」といった状況がうかがえる．

空き家の発生については，平山（2011）が指摘する人口動態や住宅システムといったマクロな要因が存在すると同時に，それに付随した個人や地域的な問題も指摘されている．久保ほか（2014）では，聞き取り調査の結果から「空き家化が進む要因は，①高齢化や相続に関係する要因，②経済的要因，③制度上の問題，④地域的課題，⑤その他に分類される」としている．

以上のように空き家発生や増加，さらには管理不全といった問題は，人口動態や住宅システム，法制度などのマクロな問題と，それに付随して個人の経済問題や地域的課題などが複雑に絡み合って起こるといえ，こうした構造が空き家問題を複雑化させ，対応を困難にしている．

2. アンケート調査からみた空き家発生のきっかけ

空き家所有者に空き家になったきっかけについて尋ねたところ，最も多かったのが「賃借人等の入居者が退去した」であった．次いで「居住していた親族が亡くなった」「自分が別の住居に転居したため」の順に多く，これまでも指摘されてきたように居住者の転居や死亡によって空き家が発生していることがわかる（図7-2）．しかしながら，空き家がしばしば問題視されるのは，長期間にわたって空き家状態が続き，さらには放置され管理不全の状態になることである．すなわち「なぜ長期にわたって空き家になっているのか」を明らかにすることが重要となる．以下では，長期的に空き家となる理由を宇都宮市空き家実態調査の空き家所有者アンケートからみていく．

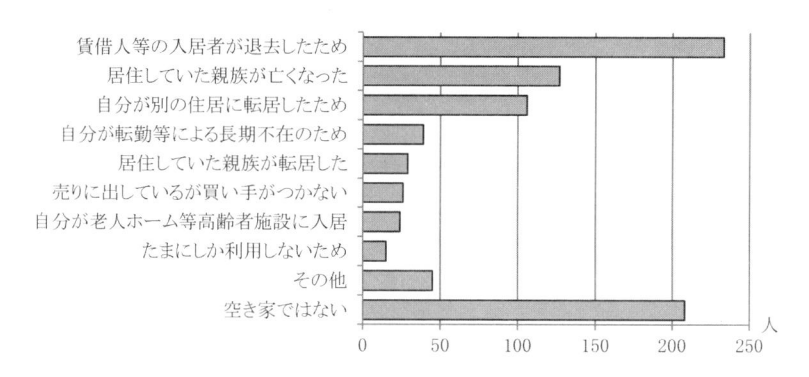

図 7-2　空き家になったきっかけ
注）宇都宮市空き家実態調査アンケートにより作成．

表 7-2　所有している空き家について困っていること

	実数（人）	回答率（％）
不法侵入や放火がないか心配	281	44.5
近所に迷惑をかけていないか心配	249	39.4
貸したり売却したりする相手が見つからない	174	27.5
遠方に住んでおり管理が難しい	147	23.3
更地にすることで固定資産税が高くなる	146	23.1
掃除や草刈りをするにもお金がかかってしまう	138	21.8
特に困っていることはない	126	19.9
取り壊したいが費用が不足している	119	18.8
リフォームをしたいが費用が不足している	63	10.0
誰に相談したらいいかわからない	44	7.0
できれば管理を誰かに任せたいと思っている	34	5.4
家屋や土地の権利問題が解決できない	23	3.6
法的規制等により建替えができない	18	2.8
その他	60	9.5

注）複数回答による．
注）宇都宮市空き家実態調査アンケートにより作成．

「空き家について困っていることや感じていることはありますか」という質問に対して，住環境上の悪影響を懸念するものが目立って多い（表 7-2）．

一方，「遠方に住んでおり管理が難しい」といった管理上の手間や，「更地にすることで固定資産税が高くなる」「掃除や草刈りをするにもお金がかかってしまう」「取り壊したいが費用が不足している」といった労力や経済上の負担をあげ

ているものも多い．特にここで注目すべき点は，1章でも指摘されているように経済的な問題である．

　遠方に居住していて管理を代行してくれる親族や知り合いがいない，または体力的・時間的に所有者自らが空き家を管理できないなどといった場合，空き家管理を代行する業者に管理を委託するほかない．近年，空き家の増加や空き家の管理が問題となり，不動産業者や建設業者，警備会社等が空き家管理代行サービスを全国各地で提供し始めている[4]．とはいうものの，価格は地方都市で月 5,000 円から 10,000 円，大都市部だと 10,000 円以上と負担が大きい[5]．さらに家屋の修繕や除草，樹木の剪定などを加えると負担はさらに増すことになる．

　またアンケートで多かった「不法侵入や放火がないか心配」や「近所に迷惑をかけていないか心配」といった問題は，空き家を解体して更地にすればある程度解決するが，解体するということになるとその費用が大きな負担になる．アンケートの最後に自由記述欄を設けてあるが，そのなかで取り壊し費用の捻出に苦慮していることや，自治体による取り壊し費用の助成を訴える意見が多い．

　解体費用の捻出が空き家の放置につながっているとして，老朽化した空き家の解体に補助を設けている自治体もある．例えば呉市では倒壊や外装材等の落下の危険性があり，倒壊等が起こった場合に近隣および道路等に大きな損害を及ぼす危険性がある建築物を対象に上限 30 万円の補助を行っている（篠部・宮地 2013）．しかし，毎日新聞の調べでは，撤去費用の補助を実施しているのは，空き家関連の条例を制定している 317 自治体のうち，96 自治体にとどまっている（毎日新聞 2014 年 9 月 21 日朝刊）．同紙によると自治体のなかには補助金が撤去を促す効果を評価する自治体がある一方で，公金を個人の所有物の処分に充てることに対するためらいや，所有者が補助金の対象となるまで空き家を放置しておくといったモラルハザードを懸念する自治体もあるという．

　解体費の問題以上に空き家放置の元凶とされているのが，固定資産税による優遇措置である．これは 200 ㎡未満の小規模宅地において住宅が建っていれば，土地の固定資産税評価額が 6 分の 1[6]になるというものである．空き家の解体が費用面で可能であったとしても，更地になることによって固定資産税の減額措置がなくなってしまう．そのため所有者は，税負担の増大を嫌って空き家の放置を選択する．

宇都宮市空き家実態調査アンケートにおいても，23.1％が「更地にすることで固定資産税が高くなる」ことを困りごととしてあげている（表7-2）．また，アンケートの自由記述欄にも，「更地にした時の税金免除をお願いしたい．空き家を壊したくても税金が高くなるのでは費用がかさんで実行できない」（40代会社員），「取り壊すと固定資産税が年間10万円以上高くなるとのことですので，壊すにも壊せない状況です」（70歳以上無職）などという意見がかなり多く，固定資産税の減額措置が空き家撤去という選択に踏み切れない主因になっている．

2015年5月より「空家等対策の推進に関する特別措置法」が全面施行され，管理が不十分となり地域に悪影響を及ぼすと判断された空き家には，除却や修繕，立木竹の伐採などの指導，勧告，命令が可能となった．また同法は固定資産税の減免措置の適応から除外するなどの措置を講じることもできる．しかし，金銭的事情から，上記の対応が困難な所有者はどう対応すればよいのだろうか．こうしたケースにも対応した政策の実行が求められる．

IV．空き家所有者の実態

1．空き家所有者はどこに住んでいるのか

これまでも述べてきたように，空き家増加によってもっとも問題となるのは，空き家の管理不全である．空き家が管理不全に陥る理由としてイメージされるのは，所有者が遠方に居住し，労力的・金銭的等であろう．そこで宇都宮市における空き家所有者の住所を表7-3に示してみた．

空き家所有者の住所を知る手立てとして，家屋台帳による所有者情報を用いたが，住所が不明なものが1,138戸（24.6％）存在した．住所が不明な1,138戸を除く3,497戸のうち，宇都宮市内に住所を置くものが2,736戸（78.2％）であった．この結果から，ほとんどの空き家の所有者は宇都宮市内に居住していることになる．また日光市（32戸）や鹿沼市（16戸），さくら市（16戸）などの近隣自治体にも多かった．以上のように関東を含めると95.5％は日帰り圏内に住所を置いていることがわかった．一方で，このデータはあくまでも家屋台帳による住所であり，所有者のなかには，病院への入院，介護施設への入居，子どもや親せきのもとでの居住など，住所を変更していないものも含まれることに留意が必要である[7]．

表7-3 空き家所有者の居住地と腐朽破損状況の関係

	A	B	C	D	不明	総数	C・Dの割合（%）
宇都宮市	91	1,721	742	162	20	2,736	33.0
栃木県	13	136	42	12		203	26.6
関　東	16	300	65	18	1	400	20.8
東北・北海道	3	10	6	1		20	35.0
中　部	2	19	5			26	19.2
近畿以西	2	41	2			45	4.4
海　外	3	60	3		1	67	4.5
不　明	44	734	292	54	14	1,138	30.4
総　数	174	3,021	1,157	247	36	4,635	100.0

注）宇都宮市空き家実態調査により作成．

次に所有者の住所と空き家の腐朽破損状況の関係を表7-3から確認する．腐朽破損が進んでいるC判定やD判定の空き家数は，宇都宮市が908戸と最多で，割合でみても33.0％と2番目に高かった．一方，中部や関西以西，海外より遠方に居住する所有者はむしろC・D判定が少なかった．空き家所有者の居住地と腐朽破損状況の関係では，居住地が遠くなるにしたがって腐朽破損状況が悪化するという傾向がみられる．空き家の所有者は意外にも近くに住んでいて，住まいとの距離が，空き家の管理状況を規定する要因にはなっていないことが明らかとなった．

2．所有者の年齢や職業

前述のように，空き家の所有にはそれを維持するための費用や労力が必要になってくる．表7-4に空き家所有者の年齢と職業を示した．所有者の大半は60歳以上であり70歳以上が最も多くなっている．それを反映して，職業も無職（年金受給者など）が最多であった．また，空き家の腐朽破損状況と年齢の関係をみるとC，D判定が最も多かったのは，70歳以上のグループであった．また，同様に腐朽破損状況と職業の関係においても，無職（年金受給者など）のグループが最も多かった[8]．このように空き家所有者に高齢・無職が多かった背景として以下の2点が指摘できる．

第1に高齢による管理意識や管理能力の低下である．そうしたことをうかがわ

表 7-4　空き家所有者の年齢と職業

	自営業	会社員	公務員	アルバイト・パート	無職（年金受給者など）	不明	総数
39歳未満	5	5	1	1	2	1	15
40-49歳	6	30	1	3	2	2	44
50-59歳	10	28	4	2	7	3	54
60-69歳	38	42	3	13	108	12	216
70歳以上	34	3		3	217	13	270
不　明	12	30	7	2	7	257	315
総　数	105	138	16	24	343	288	914

注）宇都宮市空き家実態調査アンケートにより作成．

せる内容が自由記述欄に記載されていたので紹介したい．「夫の死亡後7年になりますが，膝関節（両膝共）が悪く介護です．更地以前に室内の整理がされておらず，家具など自分一人での処分に無理がある」（70歳以上無職），「高齢（86歳）の為片付ける気力もなくただそのままになっている」（70歳以上無職）．

　以上のように所有者が高齢になればなるほど，身体的な衰えとともに自力による空き家の管理が難しくなる．その他，自由記述のなかには，所有者の子どもが記入しているものもあり，親が介護施設や病院に入っており，親が亡くなるまで空き家の取り壊しを躊躇する内容もみられた．さらには「私の亡き後子供がどうにかすると思います」（70歳以上無職）という記述からは，自らが空き家の処分を行うことは考えていない様子がうかがえる．

　第2に空き家を維持管理する金銭的な余裕がない世帯の存在が指摘できる．2014年の家計調査によると，60歳以上・無職世帯の平均貯蓄残高は2,000万円を超えている．その一方で，2009年全国消費実態調査によると世帯主の年齢が65歳以上の世帯において，30.5％が貯蓄残高600万円未満の世帯である．高齢・無職の所有者のなかには空き家を管理したり取り壊したりするだけの十分な貯蓄や収入がなく，空き家を放置しているケースも少なくないと考えられる．さらには「自分も病気の為何もできない．また生活保護を受けているのでどうする事もできない」（60-69歳無職）や「家を壊すお金はありません．弟も平成20年に脳出血で倒れて母の年金で2人の生活は苦しいくらいです」（年齢職業不詳）というように，高齢や病気が原因で金銭的に余裕がない状況となってしまい「空き家の処分どころではない」といった回答もみられた．

3. 空き家の利用形態

　図7-2をみると空き家になった理由として最も多かったのが,「賃借人等の入居者が退去したため」であった. つまり, この結果から空き家に占める一戸建ての賃貸住宅 (以下, 貸家) の割合がかなり高いことがわかる. 広島県呉市の郊外住宅地の空き家を調査した由井ほか (2014) では, 空き家になった理由を調査対象地域住民への聞き取りから明らかにしている. その回答として「所有者の死去」が最も多く,「別の家を購入などで転出」「入院・老人ホーム入居」と続いた. 宇都宮市空き家実態調査と由井ほかの結果を比較すると, 後者には「賃借人等の入居者が退去したため」が含まれていなかった. この理由は, 本調査が市内すべてのエリアの空き家を調査対象にしているのに対し, 由井ほか (2014) は持家が大多数を占める大規模開発の住宅地を対象にしているためである. また調査方法上「賃借人等の入居者が退去したため」という選択肢をそもそも設けていないのも理由の1つであろう.

　図7-2の空き家になった理由別に, 空き家の腐朽破損状況を確認した. 空き家になった理由が「賃借人等の入居者が退去したため」と回答した空き家の41.2％がC判定, D判定のどちらかであり, 他の理由[9]よりもC判定, D判定の割合が高かった. さらにこれらの空き家は築年数が経過したものが多く, 58.8％は築40年以上経過していた. 個人情報等のデータの制約上, 具体的な地域を取り上げることはできないが, 例えば宇都宮市南部の空き家が多い地域では, 数戸連なった空き家群が多くみられる (写真7-1). 連担して空き家になっているものは, 所有者名が同じである場合が大半であった. また現地調査時に撮影した個々の空き家の写真を確認すると, そのほとんどは写真7-1に示された空き家と同じように平屋で, いかにも一戸建ての貸家といった住宅である. 同じように, 市北西部においても同様の状態を確認することができた. これらの空き家の所有者は, 農家や元農家を中心とした大規模土地所有者であると考えられる. 彼らは1970年前後の住宅需要が旺盛な時期に, 節税や農外収入を得るために貸家を建設したが, 陳腐化のために借り手がみつからず放置しているものと推察できる.

　表7-5は, 一人の空き家所有者が宇都宮市内に何戸空き家を所有しているかを示したものである. 一戸の所有がほとんどであるが, 複数所有している者も305

写真 7-1　放置されている貸家（宇都宮市南部某所）
2014 年 9 月 6 日西山撮影.

表 7-5　空き家所有者一人あたりの空き家所有数

一人の所有者が宇都宮市内に所有する空き家数	所有者数	戸　数
1	2,599	2,599
2	190	380
3	50	150
4	26	104
5	18	90
6	8	48
7	3	21
8	4	32
9	1	9
10	1	10
11	1	11
12	1	12
13	1	13
22	1	22
所有者不明	—	1,134
総　数	—	4,635

注）宇都宮市空き家実態調査アンケートにより作成.

人と少なくない．また，複数所有の空き家戸数は 902 戸で，所有者がわからない 1,134 戸を除く全空き家の 25.8％を占めている．複数所有者すべてが貸家であるとは言えないが，図 7-2 からもわかるように貸家が宇都宮市の空き家のかなりの量を占めていることが指摘できる．

空き家になったきっかけについて「賃借人等の入居者が退去したため」と回答した空き家所有者の自由記述のなかからは,「3軒貸家（同じ敷地）になっており，1軒はまだ入っています．3軒とも空いたら取り壊して駐車場にでもしたいと思っていますが現在は2つ空いたままの状態です．もうかなり古いのでリフォームしても入らないと思われるので何もしていません」（70歳以上無職）や「同敷地内の5棟中2棟を賃貸している．住居している人が退去するまでは現状維持の予定」（70歳以上職業不詳）と記されている．この記述からは，貸家数棟のうち1棟でも入居者がいると取り壊して売却や建て替えなど他の用途に変更ができず，そのままにしているという状況がうかがえる．また,「空き家が7軒あり，環境悪化も心配で，以前より取り壊しを計画しております．相当の費用が必要ですが（見積済）調達に苦慮しております」（70歳以上自営業）というように，棟数が多くなるとそれだけ取り壊し費用が高額になり，その費用の捻出が難しいという記載もみられた．

　これまでの自由記述の内容からは，築年数が経過し，居住者が一世帯また一世帯と退去するなかで，空き家となったものは積極的な入居者募集を行うことなくそのままになっているという様子がうかがえる．このように空き家が数戸から数十戸単位で分布している場合，今後より空き家の傷みが激しくなり，地域の住環境に悪影響を及ぼすことが懸念される．

　以上，これまでの調査は大規模開発の住宅地が中心となり，持家戸建の空き家が主な対象になっていたため，空き家の全体像をとらえきれていなかった．米山（2012）は「売却用」「賃貸用」の空き家に関して「貸し手・借り手がつかない場合でも，貸し手・借り手がそれによって不利益を被るにとどまっている限りにおいては，空き家が増えること自体が問題とはいえない」としているが，宇都宮市の事例からは賃貸の一戸建て住宅が空き家の数を大きく押し上げている．そしてそれらが長期間にわたり放置され，周辺環境に悪影響を及ぼす恐れがある．宇都宮市の一事例をもっては論拠として不十分であるが，自治体やそれを超える範囲すべてを見渡すと，空き家の問題は持家戸建に限ったことではないことが指摘できる．また今回，調査関係上対象とはならなかったアパートや賃貸マンションを含め，賃貸住宅に対する空き家の調査や対策も進めていく必要がある．

V．今後の空き家対策

　本章で浮かび上がってきた空き家増加の背景は，固定資産税などの税制上の問題に加え，維持管理や家屋の解体にかかる費用の問題，すなわち1章でも指摘されている金銭的課題である．これらの結果から，著者は一抹の不安を抱いている．現状では自力で空き家を管理できたとしても，将来管理できる者がいなくなったとき，もしくはいたとしても管理できる能力（健康や金銭面）がなくなったとき，空き家はどうなっていくのだろう．いくら空家対策特措法によって空き家の管理を義務付けても，空き家の管理が継続されなければどうすることもできない．多くの地域，特に地方都市においては地価の値下がりが止まらない．土地の価格よりも家屋の除却費用の方が割高になることもある．そうした場合，空き家と土地は財産とはみなされず，相続が放棄されてしまう可能性もある．

　このような事態に備え，著者は「家屋除却保険」の創設を提案したい．これは新築戸建住宅を購入した者が，住宅の購入代金に上乗せし，除却費用をあらかじめ掛けておくものである．個人の努力義務とした場合，普及しないことが予想されるので，新築の戸建住宅には原則義務とする必要がある．保険金は購入者ではなく，住宅に付与される．そのため，その後売買されても保険は継続される．保険金額は，住宅の広さや構造によって算出され，除却時に利用できる．「家屋除却保険」をすべての新築住宅に義務付けることによって，たとえ所有者が除却費用の捻出が難しくなっても除却が可能となると同時に，所有者が不在になっても行政が除却費用を負担する必要がなくなる．

　以上のように，現状の特措法の内容をみる限り，同法はあくまでも空き家増加に対して一時しのぎの対応だといわざるを得ない．今後は，「家屋除去保険」を含め，管理が継続されない場合を想定した法制度の構築が必要となってくるだろう．

付記
　本稿は，「駿台史学」第153号（2015年）掲載の「宇都宮市における空き家の特徴と発生要因─宇都宮市空き家実態調査の結果から─」をもとに，加筆・修正したものである．

注
1) 手引きでは，空き家を絞り込む方法として，水道栓データ，地域住民からの情報提供，現地調査の3つをあげている．空き家の特定方法についても，チェックシートを作成し判断基準にばらつきがないよう配慮した内容となっている．
2) 「空き家ではない」と選択したものは，基本的にその後の設問には回答していないが，一部は回答しているケースもある．
3) 朝日新聞デジタル［http://www.asahi.com］（2015年2月26日検索）．
4) （株）価値総合研究所の資料による．本資料は国土交通省 HP［http://www.mlit.go.jp/］（2014年10月28日検索）に掲載されたものを取得した．
5) 各空き家管理代行サービス業者の HP による．例えば，大東建託（株）の管理部門である大東建託建物管理が行っている空き家管理サービスでは「外部巡回サービス」として4つのサービス（庭木の確認，メンテナンス確認，郵便物の整理，玄関前簡易除草，掃き掃除）が月 5,000円で，空き家内部の巡回（通水や水漏れの確認，通気・換気のサービスが付加される）を含めると月 10,000 円となっている．他の HP をみても，同様のサービスで月 10,000 円前後であった．なお，本内容は2014年10月28日時点のものである．
6) 敷地面積が 200 ㎡以上であっても，家屋が建っていれば固定資産税評価額が3分の1に減額される．
7) 空き家実態調査のうち空き家個別調査では，賃貸などの空き家は所有者が重複している場合が多い．所有者が判明している 3,497 戸のうち，603 戸は所有者が重複している．
8) 空き家の不朽破損状況と年齢のクロスでは，C，D 判定の割合が 39 歳未満で 20.0％，40-49歳で 29.5％，50-59 歳で 27.8％，60-69 歳で 26.4％，70 歳以上で 35.9％であった．また，空き家の不朽破損状況と年齢のクロスでは，アルバイト・パートで 25.0％，会社員で 18.1％，公務員で 25.0％，自営業で 31.4％，無職で 33.2％であった．
9) 「居住していた親族が転居した」が 37.9％，「たまにしか利用しないため」が 33.3％，「売りに出しているが買い手がつかない」が 30.7％などとなっている．

参考文献
明石市都市整備部建築安全課 2014．『明石市空き家実態調査結果報告書』明石市．
青梅市生活安全部住宅課 2013．『空き家実態調査報告書』青梅市．
篠部　裕・宮地敬士 2012．空き家解体除去施策の現状と課題－西日本の自治体を事例として－．日本建築学会技術報告集 18：709-714．
燕市都市整備部都市計画課 2014．『燕市の空き家・空き地の現状について』燕市．
豊島区都市整備部住宅課 2012．『空き家実態調査報告書』豊島区．
平山洋介 2011．『都市の条件－住まい，人生，社会持続－』NTT 出版．
由井義通・杉谷真理子・久保倫子 2014．地方都市の郊外住宅団地における空き家の発生－呉市昭和地区の事例－．都市地理学 9：69-87．
米山秀隆 2012．『空き家急増の真実－放置・倒壊・限界マンション化を防げ－』日本経済新聞出版社．

▶8章

空き家問題を「全体」でとらえる

地理学的研究の枠組み

益田理広・久保倫子

Ⅰ．地理学の総合性

　都市における空き家の増加という問題は，地理学の扱う事象が常にそうであるように，勝れて総合的かつ複合的である．それは空き家という一建築物にとどまらず，それを擁する地域の内外と関連する問題であり，その原因を考慮するばかりでも，地形や気候等の自然条件から，生活基盤や交通網の整備といった人工物に関する条件，各種産業の特性および居住者の属性といった社会経済的条件，またそれらに対する居住者の認識のような心理的条件など，枚挙に暇のない程の要素が想定される．それでは，それらの要素1つ1つについて逐一検討すべきかといえば，必ずしもそうではない．このような高度に総合的な現象には，計測や比較はおろか，その存在の想定さえもかなわぬような要素が往々にして付随するためである．もし仮に，それら潜在的要素を無視した上で，総合的な現象を還元主義的に分解し再構築するならば，私達は現実の現象とはまったく異なる何かを対象に議論を進めかねないのである．

　そこで，具体的な実態調査となる9章の記述に先立って，こうした普通には想定も計測も困難な要素が，空き家問題に何らかの影響を与えている可能性を示唆する例を示し，本章の採用する方法論を明確にする．すなわち，空間概念という極めて抽象的，哲学的な文化要素に着目し，その地域的な相違が空き家問題に与え得る影響を考察することによって，この現象の総合的かつ地理学的である点を明らかにし，地誌学的な方法論を以て空き家問題に臨むべきことを述べるのである．

Ⅱ．東洋と西洋における空間概念の根本的相異

　空間という概念は，雲をつかむような，という表現では言いつくせぬほどにわ

かりにくい．普通，空間はあらゆる意味で認識不能である．のみならず，いかなる計測も対比も許容しない．ところが，空き家問題を考えるうえで，このような哲学的な空間概念の地域的相異が関係する場合がある．具体的にいえば，日本と欧米の相違，つまり，現在私達が問題にしている日本を含む漢字文化圏に伝えられる中国哲学的空間概念と，欧米において受け入れられた西洋哲学的空間概念の根本的な相異が，空き家の管理に関して一定の影響を及ぼすのである．もちろん，ここで問題とされるのは，東西両地域の住民の観念を陰に陽に規定し，あるいは代表していると考えられる伝統的な空間概念であって，現代科学の諸分野において細々と論じられているような専門的な学説ではない．そして実際に，中国哲学と西洋哲学の両者は，古来より性質を異にする空間概念の祖型と呼ぶべきものを継承している．これらの伝統的な祖型が両文化圏の住民の空間観を体系化したものであるのか，はたまたその祖型となる概念が流布して両者の相異を形成したのかは審らかではないが，少なくともそこに相異が認められることは事実である．そこで，いささか煩瑣ではあるが，以下に両地域における空間祖型の存在を述べ，それが空き家問題に影響を与え得る潜在的要素であることを論証する[1]．

1. 西洋哲学における空間概念

西洋における空間概念の祖型は，アリストテレスに求められる．アリストテレスは，『自然学』（アリストテレス 1968a）において，空間を具体的な物体の存在する場所と定義する．これは，物体の輪郭，その隣接境界面の延長そのものであり，物体とは区別されながらも，決して物体から断絶されないものである．しかし，一物体を一空間が常に囲繞するのではなく，例えば河川においては，恒常的に一空間を占める物体である水が，その内部において交替を繰り返すとされた．また，この空間論は，同様にアリストテレスの主唱する形相質料論とも深い関わりがある．形相と質料という概念は空間というよりも物質存在について言うもので，ごく簡単な例を挙げれば，円形の青銅器は，幾何学的な図形である円という形相によって，青銅という質量が規定され形成される，とするものである（アリストテレス 1968：241-242）．

一見して理解できる通り，こうした意味での形相はアリストテレス的空間概念とよく似た，物質の輪郭あるいは形状としての性質を有している．また，形相に

対する質料の従属という関係からもわかるように，輪郭や形状は物質存在の基本性質であり，他の性質，例えば色彩や重量に先行するものともされる．以上を総括すれば，アリストテレスにおける空間概念は物質の輪郭あるいは形状であり，それと近似した定義を持つ形相は他のあらゆる物質の性質を包含する質料に先行する，ということになる．ここで空間と形相の関係について論ずる余裕はないが，アリストテレスはこれらの概念の裏面には，ユークリッド幾何学の影が見受けられる．物体の表面積や体積を示し，それを囲む線分や球面を考慮するかの幾何学は，まさに，いかなる性質にも先行して，物体の輪郭と形状を求めるものである．この幾何学における輪郭と形状の偏重が，そのまま，全物質に先行する形而上の存在として形相，あるいは空間の名を与えられたと考えるのは，無理からぬことであろう．そして，この物体の「輪郭あるいは形状」として定義こそ，西洋哲学における空間概念の祖型と呼ぶべきものとして，以後継承されてゆくのである[2]．

例えば，近代哲学に先鞭をつけたデカルト（1964：107）は，空間を物質そのものと定義するが[3]，それは宇宙全体に充満する普遍的な物質を想定し，物質そのものの総体的な輪郭，すなわち物理的な延長を空間とみなすもので[4]，その根底にはアリストテレス的な「輪郭あるいは形状」が見出される．また，空間を原初的な認識である「単純観念」に還元したLocke（1975：167）も，延長，形状，大きさおよびそれらの運動といった属性を空間の第一性質とし，色や音や味といった要素と区別している（ヤンマー 1980：147）．さらに，西洋において初めて広大無辺にして万物からの独立を保つ絶対空間を提唱したニュートンでさえも，その定義の内にユークリッド幾何学の力学への応用が企図されていることはハーヴェイ（1979：215）も指摘しており，やはりアリストテレス説から完全に離脱したものであるとはみなし難い．これは「アプリオリな感性の形式」なる空間概念を以てニュートン的絶対空間の内面化を行ったカント（犬竹 2002：115）においても，ニュートン力学をその一部として組み込む現代物理学においても同様である．

さらに，現代の哲学者であっても，メルロ＝ポンティ（2011：66-68）はそのラジオ講演において，「まず対象がとる空間性の図式つまり輪郭をデッサンし，それから色彩でその輪郭の内部を塗る」古典的絵画に，「色彩を塗るにつれて，デッサンも進む」と述べるセザンヌを対置し，それを「あらゆる観念のうち何よりも明らかだと思える観念」である空間概念の現代思想における理論的進展に比して

いる．ここに認められる「輪郭」と「色彩」の関係が，アリストテレスの形相質料論をそのまま踏襲しているのは疑うべくもない．それも「輪郭」の先行を否定するセザンヌを空間概念の進展と結びつける発想は，アリストテレス的な空間が常識であればこそ成立するものである[5]．少なくとも，ラジオ講演という平易な表現が求められる場において，それを「あらゆる観念のうち何よりも明らか」とまで言い切ったメルロ＝ポンティは，この2000年来の空間概念が西洋社会一般に受け入れられていると確信していたに違いない．このように，アリストテレスの「輪郭あるいは形状」としての空間概念は，西洋における空間論の基礎として保たれているのである[6]．

2. 中国哲学の空間概念

それでは，中国哲学における空間概念はいかなるものなのであろう．それは「輪郭あるいは形状」とは区別されるのであろうか．その祖型は奇しくもアリストテレスの活躍した紀元前4世紀頃の戦国時代に現れる．それは「宇宙」と名づけられた概念であり，『尸子』の巻下冒頭（汪1877），あるいは『文子』自然篇（李2003），『淮南子』斉俗訓（冨山房編集部1915）といった道家の諸書において「往古來今謂之宙，四方上下謂之宇」，すなわち，「過去から未来への広がりを宙といい，四方上下への広がりを宇という」と定義されている．その文言からも明らかなように，この「宇宙」なる概念は「無際限に拡散する時間と空間」を意味し，そこには「輪郭あるいは形状」といった含意は一切ない．ここに認められる，時間と一体となった「無限の拡散」という定義こそが，西洋におけるアリストテレス説のごとく，中国哲学，あるいはさらに広く東洋哲学中に受け継がれた空間概念の源流である．

もちろん，中国哲学においても空間概念は変転を繰り返している．その複雑さが西洋哲学と同等以上であるのは，「天」「無」「空」といった概念が，儒学，道家，仏教の三教において中心的地位を占めることからも容易に予想できよう．そして，ここでもその祖型が諸説を貫いているのは変わらない．例えば，唐の柳宗元の『天對』にみえる宇宙論は，中心・輪郭・方向といった無限の空間そのものであり（劉1992），古来の「無限の拡散」たる祖型を純化したものと捉えることができる．北宋の張載は，その著『正蒙』大和篇において「虚空即氣」を唱え（湖

1981：97），空間（張載においては「太虚」と呼ばれる）を物質とみなす．その主張は一見すればデカルトの空間物質説と同様であり，他の概念に空間を還元したものと受け取られる．しかし，デカルトが全宇宙に充満する物質の総体的輪郭を空間とするのに対して，張載は「太虚は無形である」として空間が輪郭や形状を持たないことを強調し[7]，むしろ物質の必然的な拡散にその本質を求める[8]．つまり，同じ空間物質説を主張しながらも，張載の空間概念には先秦道家の「無限の拡散」としての性格を継承しているのである．この学説は明・清の方以智や王夫子に受け継がれ（堀池 2002），現代中国でも唯物論的な空間概念として評価されている（劉 1992）．

また，南宋の朱熹は，易経にみえる「天文」および「地理」の語を空間概念と解釈する．朱熹によれば，「天文」とは昼夜の循環と上下の拡散によって生じる無限の時空間であり，「地理」とは南北高深という一定の範囲に広がる有限の空間である（朱 1983）．この定義は単純ながら，認識の可不可による無限と有限の区分，陰陽原理（上下，昼夜，南北，高深はいずれも陰陽の対立と解される）による時空間の生成など，中国哲学上画期的な空間論となっているが，その中核にはやはり「無限の拡散」たる「宇宙」の概念を継承しているのは，「天文」の定義をみても明らかであろう[9]．朱熹の学説は朱子学として東アジア全体を席巻し，日本においても江戸時代に官学として迎えられたため，その影響は広範かつ甚大で，一般的な空間理解の形成にも大いに寄与したと推察される．なお，この「天文地理」は「宇宙」を認識論の上で区分した，一種実証主義的な空間理解と言い得る．このように，西洋的な「輪郭あるいは形状」としての空間に比較して形而上学的な傾向の強い「無限の拡散」としての東アジア的空間は，より現実的な分析に耐え得る具体的な概念へと発展していく．それは，西洋哲学の空間が時代を追うごとに実体性を失ってゆくのと好対照であり，その祖型の相異をより際立たせるものとなっている．中国哲学上の空間概念は，「無限の拡散」という祖型を継承することによって，西洋哲学とは別個の発展を遂げたのである．

III．空間概念の相異の与える空き家問題への影響

以上，中国哲学と西洋哲学における空間概念の内に根本的な相異が存在することを述べた．空間とは，中国哲学においては「無限の拡散」であり，西洋哲学に

おいては「輪郭あるいは形状」であった．この二者は発散拡大する東洋的空間と，制限縮小される西洋的空間という鮮やかな対照を為す．それでは，果たしてこの相違が空き家の増加という現象においていかなる影響を与えるのであろうか．

1. 空間概念と空き家の維持管理

　この東西における空間概念の祖型は，ある種の伝統的な観念として（その厳密な定義や出典は周知されないとしても）一般社会に浸透していると考えられる．あるいは，一般社会の通念的な空間概念を上記のごとく体系化したと捉えることもできるであろう．いずれにせよ，この二祖型が空間概念を統括する限りは，両社会の集団的な地理的認識についても，それを左右しあるいは反映するものであると考えられる．

　まず，「無限の拡散」を空間とみなす東洋においては，第1に世界全体が認識の対象となる．たとえその全体を知ることが不可能で，各個人の認識には限界があろうとも，その世界全体はただ漠然と「無限」とのみ認識されるのである．それは自然科学的には「宇宙」と呼ばれ，人文科学的には「天下」と呼ばれよう．そして，彼らの目には，山河や海洋，国家や自治体のようなものは非本質的で不完全な部分と映る．世界全体が完全な存在としてそれらに先行するためである．こうした世界全体を基準とした地理的認識は現代においても認められ，時には徐（2012）のような，「天下」を基礎概念とする政治学説さえも表明されるに至る．一方で，西洋において最初に認識されるのは境界に囲まれた単位空間，つまりは「輪郭あるいは形状」である．何かしら共通する属性を以て輪郭とするのであれば等質地域が，そうでなければ形式地域が現前する．重要なのは，いずれの単位空間も，確然たる実在として感得されるということである．平原に築かれた城壁であろうと，はたまた地図上に示された幾何学的な国境や州境であろうと，それが輪郭を形成する限りは，そこに1つの空間がはっきりと存在することになる．「天下」のような世界全体などはむしろ虚構であり，そのようなものは単に無数の国家や都市の集合体に過ぎないものと認識されるのである．

　さて，空き家問題を考えた場合，この地理的認識の相異は，その維持管理に関係するものとなる．なぜならば，空き家を擁する地域についての認識が，その維持管理の責任の所在と強く結びつくからである．従前の議論を踏まえれば，空き

家の増加が問題となっている地域は，東洋においては世界全体である「天下」の一部として，西洋においては個別の「輪郭あるいは形状」である単位空間の集合として認識されることになる．想定する対象が同じ一地域であっても，その認識の原理が異なるために，全体に属する場合と個に属する場合とがあるのである．

それでは，その維持管理の責任者についてはどうであろうか．「天下」の一部を管理する者と，個別の単位空間を管理する者は一般に同一であろうか．おそらくは，前者には公的な機関が，後者には私的な個人が考えられるのではなかろうか．例えば10章で述べる「街区の管理」に関しても，欧米では盛んに行われる一方で日本では自ら管理するという感覚自体が欠如しているとされる．しかしこの対照も，「街区（居住区）」が公的であるか私的であるかという認識に帰せられよう．仮に日本人の多くが，「街区」は「天下」の一部として公的な管理に委ねられるべきと考えられているとするならば，居住者による維持管理はほとんど越権行為の如く感じられるのではないだろうか．ところが，現状では個人の資産である空き家は自治体の権限の及ばぬ領域である．となれば，空き家は官民双方にとって管理不能の存在と化す．この矛盾が，現代の都市部における空き家増加の原因の一端となっている可能性は十分にある．これに対して欧米においては，空き家を擁する地域などは私的な単位空間に過ぎない．自ら管理せねば荒れ果てる一方であると，彼らは感覚するのである．

2. 実例からみる空き家の維持管理に対する意識

この議論を実例に照らしてみよう．ここで用いるのは，岐阜大学の平成26年度地域志向学プロジェクトの一環で実施した，岐阜市中心市街地に位置する京町地区における空き家に対する住民意識アンケートの結果である．なお，アンケートは自治会の協力を得て自治会加入の全世帯1638世帯に配布したもので，705世帯から回答があり，そのうち有効なものは702世帯分（42.9％）であった．

2015年2月現在，京町地区では150件の空き家が確認され，そのうち22件が管理不十分と判断された．そのうち特に危険な状態と判断されたものは8件である．なお，ここでの「空き家」とは，居住実態のない住宅のすべてを含み，別荘として居住しているものや，入院等による一時的な転出も含まれる．岐阜市内で最も高齢化率が高い地区であることを反映して，アンケート回答者の約45％は

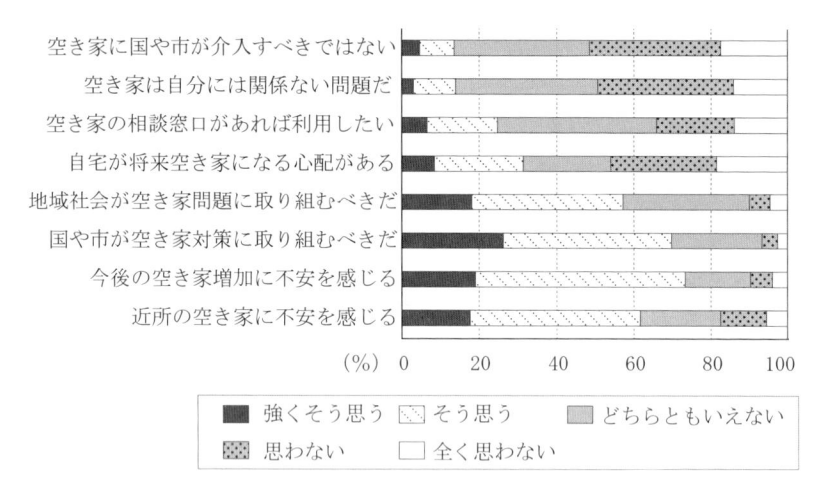

図 8-1 牛久市におけるアンケート回答世帯の空き家に対する認識（2013 年）
注）アンケート調査により作成.

単独もしくは二人世帯であった．

　空き家に対する認識を示した図 8-1 をみると，近所の空き家や，今後の空き家増加に不安を覚える居住者が 60％を超えており，空き家は自分には関係ない問題だと考えている居住者は約 15％に過ぎない．ここから，当地の居住者が空き家の増加を，個人的範囲を超えた地域全体の問題と考えていることが理解できる．しかし，空き家の維持管理主体についてみると，国や市などが取り組むべきとするものが約 70％，地域社会が取り組むべきとするものは約 55％にのぼり，それが公的，準公的な存在の管轄にあるとの認識が優勢である．逆に，そうした公的機関が空き家問題に介入すべきでないと考えている居住者は約 15％と数少ない．つまり，当該地区の居住者にとっての空き家増加という地域的問題は，あくまでも公的主体が管理すべきものなのである．この結果は，まさに本章前半で述べた「天下」の一部としての空間認識と合致する．そして，このような認識が存在する以上，欧米の自主的な「街区の管理」は成立しがたいものと考えるのが至当である．

　そのため，「街区の管理」を日本に導入する場合，ある程度の公共性を備えた機関の主導が必要であると思われる．特に，自治体が直接的に介入できない民事上の問題である空き家に関しては，10 章において提案する，中立的第三者機関

の設置が有効となろう．もし上述の居住者の空き家管理主体に関する認識を無視したままに新システムを導入するならば，空き家化は解消するどころか，その対策自体が問題を助長することにもなりかねないのである．

IV．一現象としての空き家問題

　以上が，空間概念の相異という意外な要素が空き家増加という現象に与える影響の大体である．ここでは，計測も比較も不可能な要素が空き家の増加に関与している可能性を示したに過ぎない．それも，東洋と西洋（中国哲学と西洋哲学）という極めて粗雑な分類によって行った暴論の類ですらある．実際には，空間概念という一事について着目しても，日本国内，各都道府県内，市区町村内においても何かしらの相異が認められるであろうし，個々人の認識までをも考慮するとすれば，それらは決して把握し得ない要素群となって研究者を当惑させるであろう．況や，その他多くの潜在的な分析不能の要素すべて把握することなどは到底不可能である．だからといって，簡明な要素のみを基準に対策を講ずるならば，そこで想定される空き家問題は現実と乖離せざるを得ない．それでは，この複雑極まりない空き家の増加という現象をどのように捉えればよいのだろうか．

　筆者は，空き家問題という現象，あるいはそれを擁する地域を1つの統一された全体として捉える立場を取る．この立場は伝統地理学，特にハーツホーン流の地理学観を踏襲するものであり，地理学の研究対象を「全体として存在する現実 total reality」と見做し，地誌学的方法を重視するものである（ハーツホーン 1975：40）と同時に，Schaefer（1953）の「例外主義」批判に晒された旧来の理論でもある（ガルニエ 1978：6）．「例外主義」とは，地理学が諸科学からは著しく異なる方法によって定義されていることを示す名称であり，端的に言えば，ここでいう地理学の対象たる「全体」の概念的不統一を攻撃するための呼称である．Schaefer（1953：238）はこの「全体」から，幾何学的な「形態論的法則 morphological laws」を分離し，それこそが科学としての地理学の求めるべきものであると主張した．この地理学の定義に論理実証主義的な厳密さを与える試みはBunge（1962）やハーヴェイ（1979）によって整備され，その後さらなる論難を招いたとはいえ，地理学観を一変させる威力を有していた．

　それにもかかわらず，本書においてはここで批判された所の「例外主義」を採

用する．すなわち，空き家問題とそれを有する地域を「全体 (total reality)」としてみる方法を尊重する．なぜならば，空き家問題は（そしてあらゆる地理学的問題についても）決して一要因あるいは顕在する要因のみによって成立するものではなく，過不足ない全要因の集合体に違いないからである．果たしてこの現象に関わる諸要因を，その影響が微小であると見積もられる，一見して把握しがたいなどといった理由で無視することが許されるだろうか．仮にそれを無視したとして，その要因の除外された現象は私達の究明するべき現実と同一の存在といえるだろうか．それは確かに現実に似ているかもしれない．あたかも地図が現実の地形を写し取っているように，いくらかの要素を忠実に再現したものであるかもしれない．しかし，地図上に示されぬ実に多くの要素－気温であれ，治安であれ，当地の支配的な思想であれ－，それが地図の示す地域をただ移動するというばかりでも，深刻な影響を与えるであろうことは容易に想像できる．況や，その地域に居住し，糊口を凌ぐのであればなおさらである．もし，地図上に示される要素の集合が現実そのものとはかけ離れているならば，空き家問題を分析する場合も，直接的に影響を及ぼすと判断された要素のみを考慮していては同様に現実を歪曲しかねないのではないだろうか．それらの要素自体が比較的重要といえようとも，もし学問が現実を扱い，そこに生じた諸問題の解決を目的とするものならば，微細な影響を無視してよいことにはならないのである．

　反面，そういった微細な要素を徒に強調することも慎まねばならない．目指すべきはあくまでも現実の把握である．私達が直面する現実は常にただ1つであって，いかなる要素の強調も無視もなされるべきではない．それは一見すれば要素の複合体に過ぎないかもしれない．しかし，その複合なるものを分離すれば，すぐさまそれは非現実と化す．たとえどれほど厳密でも，それは厳密な誤りでしかない．学者は均しく，厳密な誤りよりも曖昧な正しさを求めねばならないのである．あらゆる要素の複合を想定したところで，それが現実と一致するのはただ1つの場合に限られる．と言う以上に，この現実は一全体としてあらゆる要素から区別される．それは要素の集合体と考えるべきではなく，一個の独立した全体なのである．この現実たる全体は，想像上の要素の集合とは違い，いかなる要素のわずかな強調あるいは無視も決して許容しない．

　この概念は一見すれば「例外主義」的な不統一のようでもあるが，上記のよう

に何らかの全体として実際上統一されている．本書の目的が空き家問題の実体の把握とその対策を目的としているからには，それを端的に表現する概念が見当たらずとも，この「全体」を対象とすることに躊躇してはならない．そしてこれこそが，本研究が地誌学的方法を採用する所以である．続く第 9 章では，地域を「全体（total reality）」としてとらえる地誌学的手法を用いた空き家研究の実践を報告する．

注
1) 本章で扱うのは哲学的・形而上学的な空間概念であって，トゥアン（1993）やレルフ（1991）といった人文主義的地理学や Zhao（1992）にみられるような，ある種の神話的・認識的な世界観を意味する「空間」ではない．地理学や社会学においてはしばしばこうした意味で「空間」なる語が用いられるが，それはある社会集団の有する認識の体系と呼ぶべきもので，本章の主題である空間概念とは区別される．また，こうした「世界観」が空き家問題に影響を与える可能性も十分にあり得るが，本章では，空き家問題という現象の総合性を示すために，一見いかなる影響も与え得ないような要素が現象を左右する一例として哲学的・形而上学的な空間概念の地域的相異を挙げている．要素の潜在という点においては，この概念に及ぶ要素は見出し難いと思われたためである．なお，個人が方角や距離，地形や面積，諸物体の配置といった要素に対する認識を意味するいわゆる「空間認識」とも（その間に何らかの関係が認められようと），この空間概念は区別される．
2) 水津（1978:43）は，アリストテレスからカントに至る西洋近代哲学の空間論を簡潔にまとめ，「これらの諸説の前提には，平行線の公準を認めるユークリッド的な確固不動の空間がある」と述べる．
3) 「空間の（すなわち内的場所の）延長が，物体の延長と異ならぬのは明らかである．」（デカルト 1964;107）なお，デカルトにおいては，物質は延長のみを第一性質として有する．
4) 「全宇宙にはただ一つの物質が存在する，それはすべて，ただ延長しているということだけで確認されるのだから」（デカルト 1964：113）
5) なお，「輪郭」の「色彩」に対する先行が否定された所で，空間概念の定義に内在する「輪郭」が消失する訳ではない．したがって，アリストテレス的な空間祖型はここでメルロ＝ポンティが挙げた双方の空間概念にも含まれることになる．
6) このアリストテレス的な祖型を継承しない例外として，西洋近代哲学の代表者でありながら中国的な空間概念を説くライプニッツがある．ライプニッツは儒学に通じており，空間論に関しては張載の影響を受けた説を展開した（堀池 2002：459）．その論は「同時に把握される事物の存在の秩序」（Alexander 1956：69）を空間概念と為すもので，張載における気の集散としての空間と近似する．さらに，彼のいわゆる『単子論』（ライプニッツ 1951）に至っては，空間論以外の面においても張載や朱熹の説に類似する点が多い．
7) 「太虛無形（太虛は形無し）」（湖 1981：97）
8) 「萬物不能不散，而爲太虛（万物は散ぜざる能はずして太虛となる）」（湖 1981：97）

9) そのほか，朱熹は朱子語類巻94において周敦頤の「無極而太極」を「宇宙」と近しい概念と解釈するなど（朱・黎1962），「無限の発散」としての空間概念を重視している．

参考文献
アリストテレス著，出　隆・岩崎允胤訳 1968a.『アリストテレス全集3　自然学』岩波書店.
アリストテレス著，出　隆訳 1968b.『アリストテレス全集12　形而上学』岩波書店.
犬竹正幸 2002. カントの動力学的空間論. 哲学 53：107-115.
ガルニエ，J. B. 著，阿部和俊訳 1978.『地理学における地域と空間』地人書房.
徐　涛 2012.「中国学派」の登場？－現代中国における国際関係理論の「欧米化」と「中国化」.
　　アジア研究 58：51-68.
水津一郎 1978. 地理学と非ユークリッド空間－トポロジー地理学への道－. 地理 23：42-51.
デカルト，R. 著，桂，寿一訳 1964.『哲学原理』岩波書店.
トゥアン，Y. F. 著，山本　浩訳 1993.『空間の経験－身体から都市へ－』筑摩書房.
ハーヴェイ，D. 著，松本正美訳 1979.『地理学基礎論：地理学における説明』古今書院.
ハーツホーン，R. 著，山岡政喜訳 1975.『地理学の本質』古今書院.
冨山房編輯部編 1915.『漢文大系二十巻　淮南子・孔子家語』冨山房.
堀池信夫 2002.『中国哲学とヨーロッパの哲学者・下』明治書院.
メルロ＝ポンティ，M. 著，菅野盾樹訳 2011.『知覚の哲学　ラジオ講演1948年』筑摩書房.
ヤンマー，M. 著，高橋毅・大槻義彦訳 1980.『空間の概念』講談社.
ライプニツ，G. W. 著，河野与一訳 1951.『単子論』岩波書店.
劉文英著, 堀池信夫・井川義次・菅本大二訳 1992.『中国の時空論－甲骨文字から相対性理論まで』
　　東方書店.
レルフ，E. 著，高野岳彦・阿部隆・石山美也子訳 1991.『場所の現象学－没場所性を越えて－』
　　筑摩書房.
汪　繼培輯 1877.『尸子二巻，存疑一巻』浙江書局.
湖　廣等撰 1981.『性理大全』. 中文出版社.
朱　熹撰・黎　靖徳編 1962.『朱子語類』正中書局.
朱　熹 1983.『原本周易本義』『景印文淵閣四庫全書經部六』625-704. 臺灣商務印書館.
李　德山訳注 2003.『文子譯注』黒龍江人民出版社.
Alexander, H. G. ed. 1956. The Leipniz-Clarke correspondence. Manchester: Manchester Univ. Press.
Bunge, W. 1962. Theoretical geography. Lund Studies in Geography, Ser. C, No, 1, C. W. K.Gleerup,. Lund.
Locke, J. 1975. An Essay concerning Human Understanding. Edited by Niddich, P. H.. Oxford ,Oxford University press.
Schaefer, F. 1953. Exceptionalism in geography: A methodological examination .A.A.A.G.43 : 226-249.
Zhao Zhonshu 1992. Round Sky and Square Earth (Tian Yuan Di Fang) : Ancient Chinese Geographical Thought and its influence. Geojouna. l 26 : 149-152.

9章

東京大都市圏の郊外地域における空き家増加の実態

茨城県牛久市の事例

久保倫子・益田理広

I. 地理学的なアプローチ

　本章では，茨城県牛久市を事例として，空き家増加の実態を地誌学的に検討する．つまり，空き家増加に関係する住宅市場や制度の問題，牛久市や住宅地の地理的特性，住民の社会経済的特性，住宅個別の条件のほか，空き家問題に対する住民の意識や地域と住民の関わり方などを総合的に分析する．

　研究対象となる茨城県牛久市は，人口84,078（2014年6月1日現在，住民基本台帳人口）で，つくば市，阿見町，龍ヶ崎市とその境界を接している．東京都心部までは，JR常磐線の牛久駅もしくはひたちの牛久駅を経由して1.5～2時間圏内にある．牛久市は，牛久沼や細かな河川が存在する低湿地と比較的高台とが複雑に交錯した地域であり，低湿地には土を盛り，高台は削って平らにすることで住宅地が形成されてきた．そのため，地形的バリアとなる小さな崖や坂が無数に存在するとともに，これらの地形的バリアが小さな住宅地区の境界ともなっている場合が多い．このようにして区切られた住宅地区が市内に多数形成されており，国道や県道（バスルートともなる）がこれらの住宅地区とJR牛久駅を結んでいる．

　住宅地区内には，小規模な個人商店やコンビニエンスストアなどが立地している場合もあったが，個人商店のなかには空き店舗となっているものも目立った．そのため，住民の多くは自家用車やコミュニティバスを利用してJR牛久駅やひたちの牛久駅などの周辺や郊外型店舗などで日常の買物をする傾向があった．

　牛久市における戸建住宅の割合を示した図9-1をみると，市内全域において戸建住宅の割合が高いものの，近年マンションや戸建住宅の新開発が行われたひたち野うしく駅周辺や牛久駅北東部の町丁においては比較的低い割合を示してい

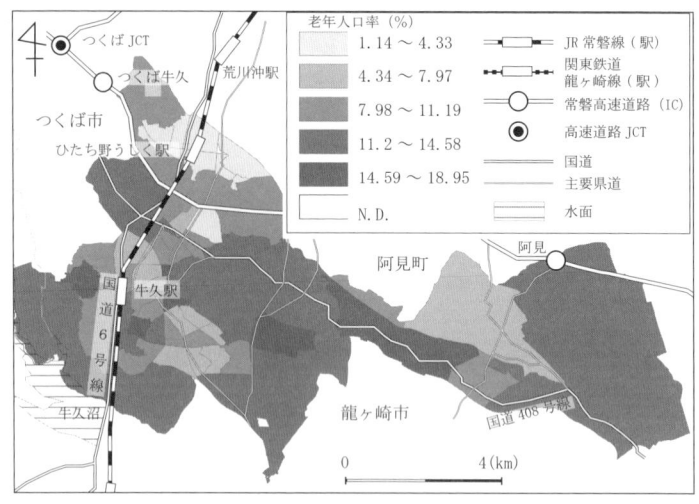

図 9-1　牛久市における高齢化率（2010）
注）国勢調査により作成．

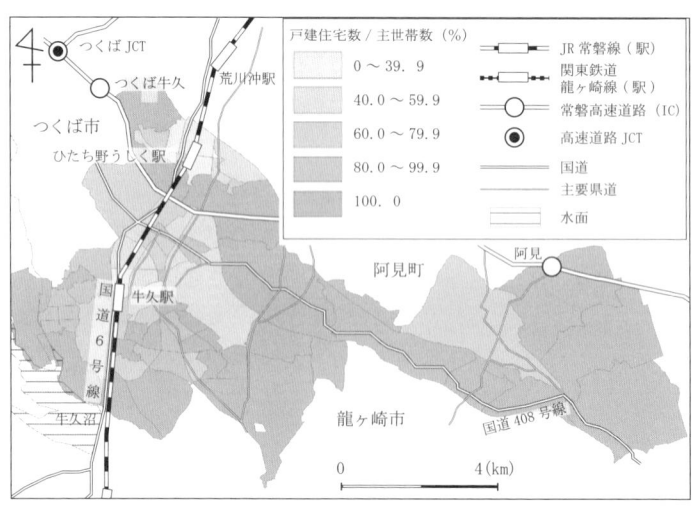

図 9-2　牛久市における戸建住宅の割合（2010）
注）国勢調査により作成．

る．同様に，町丁別の高齢人口の割合を示した図9-2をみると，国道408号線沿線および牛久駅に近接したいくつかの町丁において特に高い値を示している．

牛久市では，空き家等の適正管理および利活用に関する条例（2012年7月1

表 9-1 牛久市における調査の概要（2013 年）

地区	世帯数	空き家数	アンケート回答数	アンケート回答割合 (%)	地区特性
A	1,606	59	392	24.4	牛久駅近接
B	475	35	196	41.3	駅近接，地形的バリア有，敷地中～広
C	360	32	61	16.9	駅までバス利用，敷地小～中程度
D	925	75	172	18.6	駅までバス利用，敷地広，空き地も残る
計	3,366	201	821	24.4	牛久市：東京通勤圏（約 50 km 圏，都心まで電車 1.5 h 程度）

注）現地調査および牛久市資料より作成．

日制定）を設けて空き家対策に取り組んでいる（1 章参照）．2013 年度末で 106 件の相談が市に寄せられ，自治会や所有者との連携を図りながら空き家の適正管理を進めている．相談の多くは，雑草や樹木の繁茂，屋根など家屋の一部損壊・飛散である．空き家の利活用の例は調査時点で報告されていない．

本章では，戸建住宅率および高齢人口の割合が高い町丁について，敷地面積や駅からの距離が異なる 4 地区（以下，A～D 地区）を選定し，現地調査を実施した（表 9-1）．まず，自治会の協力を得て空き家の所在地を確認した後，空き家の周辺に居住する住民に対して聞き取り調査を行い，空き家になった時期，理由，空き家化する前の居住者の特性などの情報を収集した（以下，空き家実態調査）．次に，空き家に対する住民の認識や居住者特性などの情報を得るため，4 地区における市報配布対象の全戸に対しアンケート調査を実施した（以下，住民意識アンケート）．具体的には，世帯主の居住経歴や子の居住地，将来的な住宅の管理の方針，地域にある空き家に対する意識，地域との関わり方などを問うた．

空き家の増加に対する各自治会の対応をみると，A 地区では，前区長が空き家や空き地を駐車場にするよう所有者に呼びかけてきた経緯がある．これを受けて，現区長は管理の行き届かない空き家を増加させないよう，できる限り所有者に連絡を取り更地にするように呼びかけている．しかし，行政区からの文書等での連絡に応じない例や，元の所有者が他界した後に相続した現所有者の連絡先がつかめない例も多く，行政区が対応できる範囲は限られている．B 地区では，行政区の安全部が空き家の実態把握を行っており，定期的に空き家の戸数と現状を調査している．また，C 地区では，民生委員と自治会の連携を図って空き家の実態把握に努めていた．

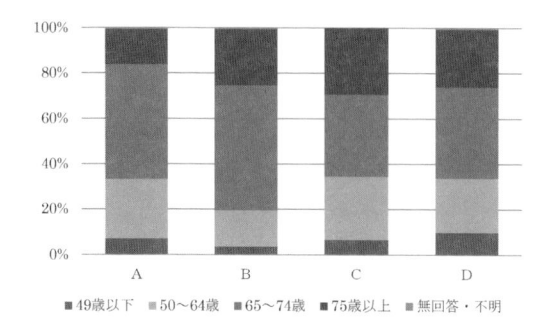

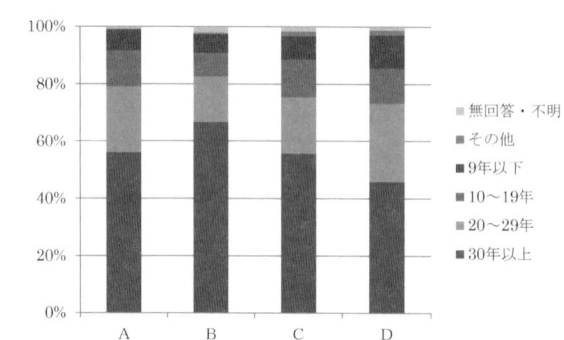

図 9-3 アンケート回答者の年齢および現住地への居住年数
注) アンケート調査により作成.
上) 年齢
下) 居住年数

II. 居住者特性と空き家への意識

1. アンケート回答者の属性

まず，住民意識アンケートをもとに各地区における居住者の特性を検討する．アンケート回答者の年齢（図 9-3a）と現住居への居住年数（図 9-3b）をみると，地区により若干のばらつきはあるものの全体として現住居に 20 年以上居住する世帯が多く，また年齢も 65 歳以上が 80％以上を占めている．現在の世帯構成（表 9-2）は，夫婦のみ世帯が全体の約 50％を占め，夫婦と成人した子（22.7％），単身（11.4％）がこれに続く．次に，現住居への入居理由（図 9-4）および入居時の世帯構成（表 9-2）からは，結婚や子の誕生・成長といったライフイベントを機に住宅所有意識が高まり，牛久市の戸建住宅を購入した世帯が多数であることがわかる．

さらに，世帯主の故郷（中学卒業時点での居住地）および前住居を示した図 9-5 からは，多くの世帯主が非大都市圏の出身であり，進学や就業を機に東京大

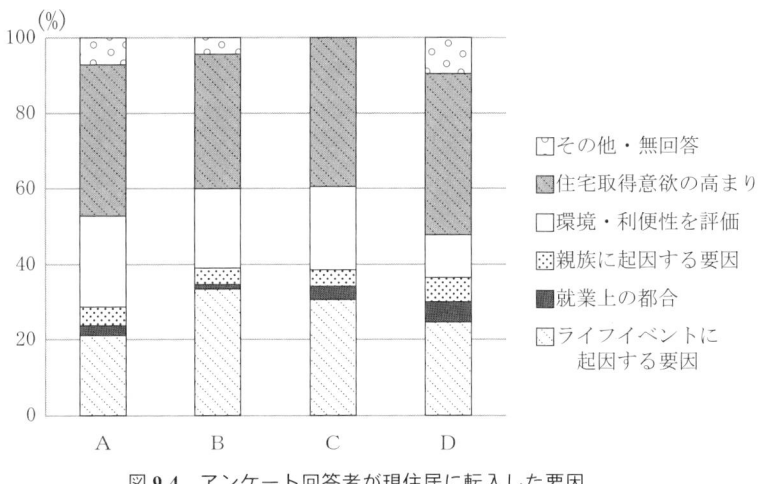

9章　東京大都市圏の郊外地域における空き家増加の実態　113

図9-4　アンケート回答者が現住居に転入した要因
注）アンケート調査により作成．

凡例：
- その他・無回答
- 住宅取得意欲の高まり
- 環境・利便性を評価
- 親族に起因する要因
- 就業上の都合
- ライフイベントに起因する要因

表9-2　牛久市におけるアンケート回答者の世帯構成（2013年）

	A	B	C	D	合計	(%)
夫婦のみ	196	102	27	75	400	48.7
夫婦と成人した子	92	42	15	37	186	22.7
単身	42	22	9	21	94	11.4
夫婦と未成年の子	25	9	4	13	51	6.2
その他	29	13	4	24	70	8.5
無回答・不明	8	8	2	2	20	2.4
合計	392	196	61	172	821	100

注）アンケート調査により作成．

都市圏へ転入したと考えられる．また，前住地での居住形態では，社宅，民間アパート，公営住宅などが多いことから，住宅購入のために都心部や近郊から郊外へ転出していった世帯が多いことがわかる．高度経済成長期以降の居住歴は，「住宅すごろく」と揶揄されることが多い．アンケート回答世帯は，まさに「住宅すごろく」の上りを目指して緑豊かで活気あふれる郊外へ移動したものであった．

居住者の多くは，東京通勤のサラリーマンと専業主婦世帯であるが，公務員や大企業勤務者も多く，世帯主には大卒以上が目立つなど学歴も高い．居住者の社会階層が比較的高い地域であるといえる．

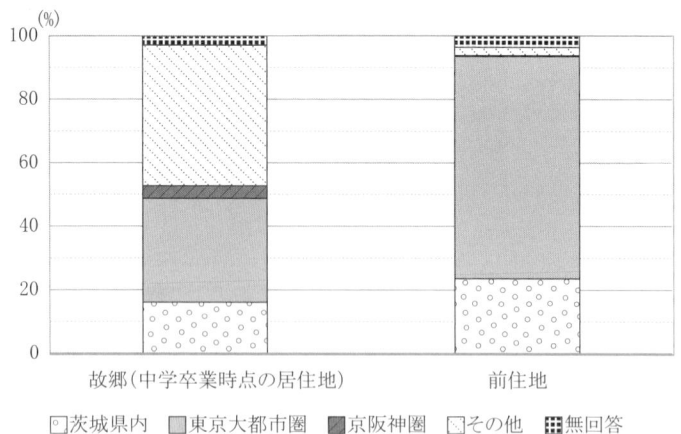

図 9-5　アンケート回答者（世帯主）の出身地と全住地
注）アンケート調査により作成．

2. 将来的な住宅の維持管理に対する考え・意識

　アンケート回答者の80％以上は現住居への永住意識をもっており，将来の入院などを機に自宅の管理に対する問題に直面することは明らかである．では，将来，入院などで長期間自宅を空けざるを得なくなった場合に，自宅の管理についてどのような計画を有しているのであろうか．表 9-3a をみると，自宅を長期的にあける際に管理を頼む相手として，約半数は配偶者もしくは子と回答している．近隣住民に頼むとするものも10％程度いた．また，同様の状況に対して具体的な対応策を尋ねた表 9-3b をみると，過半数は子や親族に任せる（具体的に相談しているわけではなく，「彼らがうまくやってくれるだろう」という認識）と回答し，売却予定（24.3％）がこれに続く．「決めていない，わからない」とする世帯も24.5％にのぼっている．

　将来，自宅の管理を任される可能性が高い子の居住地を示した表 9-4 をみると，牛久市内や近隣市町村に子がいる世帯は約24％である．千葉県（12.9％）など比較的近距離に子が居住している例も多くあることがわかる．しかし，実際に住宅の管理のためだけに訪問することを考えると，「その他関東地方（33.5％）」「その他国内（7.2％）」に居住する子が週に1度～月に2，3度程度，窓の開け閉め

表 9-3 将来的な自宅の管理についての意向（2013 年）

a) 長期不在時に自宅の管理を頼む相手

	回答数	総回答数に占める割合（%）
配偶者	407	49.6
子	443	54.0
近隣住民	85	10.4
親族	51	6.2
友人	28	3.4
業者	25	3.0
頼む人がいない	39	4.8
その他	10	1.2
無回答	24	2.9

注）アンケート調査により作成．複数回答による．

b) 将来的に自宅に住めなくなった際の対応

	回答数	総回答数に占める割合（%）
子あるいは親類に委任	430	52.4
売却	208	25.3
賃貸	29	3.5
わからない	199	24.2
その他	16	1.9

注）アンケート調査により作成．複数回答による．

表 9-4 アンケート回答者の子の居住地（2013 年）

	回答数	総回答数に占める割合（%）
同居している	219	26.7
同地区内	29	3.5
牛久市内および近隣市町村	192	23.4
その他　茨城県	54	6.6
千葉県	106	12.9
その他　関東地方	275	33.5
その他　国内	59	7.2
その他	25	3.0
子はいない	43	5.2

注）アンケート調査により作成．複数回答による．

や庭樹の管理に訪れるのは，大変な労力を要するものであると推察される．

　多くの居住者にとって，適切に管理されていない空き家が増加する状態は，特殊な条件下でおこった出来事であり，ある種「自分には起こりえない問題」として認識されていることだろう．また，多くの世帯は何かあった際にも「子や親せ

きがちゃんと管理してくれるだろう」，もしくは「売買してくれるから大丈夫だろう」と考えていることがうかがえる．そのため，具体的な対応策や相続の際に住宅や家屋をどうするのかについて子や親族と相談したことがない世帯が多い．

しかし，実際には居住者が入院や他界した後に，住宅の管理のためだけに遠方の子が頻繁に訪れることは負担が大きいことが容易に想像できる．特に親の他界後には，子や親せきは心労が大きいなかで様々な手続きなどに追われ，住宅の管理や売却にまで頭が回らないことが多いうえに，親の思い出が詰まった住宅や家屋を訪れること自体が悲しみを増長させる場合や，その住宅の管理や売却をすることで思い出が消えていくように感じる場合なども多いと推察される．高齢化や相続にともない空き家化する場合には，このような様々な状況が重なって不本意ながら管理不全な空き家と化していく事例も含まれる．故意に管理を放棄している悪質な例は別として，良識ある所有者をもつ住宅が少しの行き違いから管理不全な空き家と化してしまうことを防ぐには，事前に子や親族としっかり対応を相談しておくことや，近隣住民や自治会などと子世代のサポート体制を構築しておくことなど，小さな対策を積み重ねておくことが重要であろう．

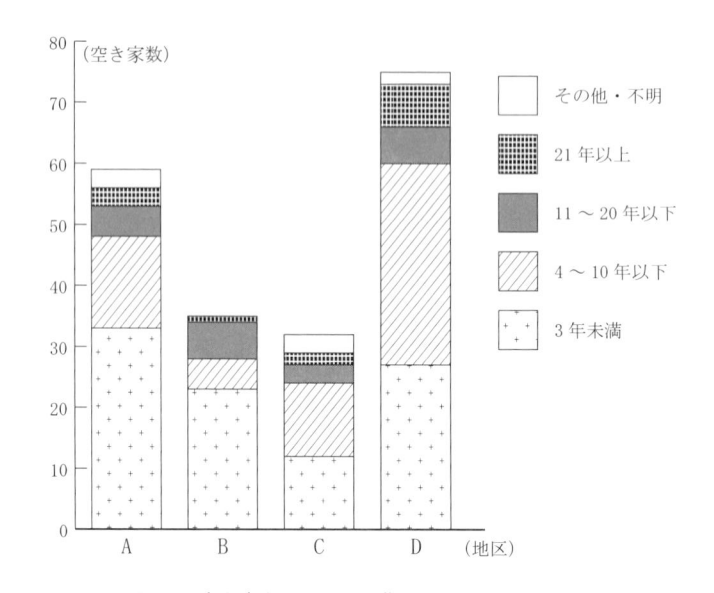

図 9-6 空き家となっている期間
注）自治会・住民への聞き取り調査により作成．

III．空き家発生のメカニズムとその地域差

　ここからは，空き家実態調査の結果に基づき，牛久市における空き家発生の要因を分析する．まず，空き家化してからの期間を地区別に集計した図9-6をみると，全地区において3年未満に空き家状態になったものが多数を占める．これは，東日本大震災の影響が大きく，地震により管理不全な住宅の一部が崩れるなどして問題化した場合のほか，震災を機に子や親族との同居や近居のために転出した世帯が一定数確認されたためである．ただしD地区においては，空き家化して4～10年とするものも多いのが特徴である．20年以上空き家状態にあるものは，すべての地区において一定数確認されているが，これらの多くは入居した実態がないものや入居してすぐに転出しそのまま空き家化しているものである．

　次に，空き家の所有者や代理人が管理のために訪問している頻度では（図9-7），地区によりばらつきがあるものの40～50％の住宅について，「1年以上来ていない，もしくはまったく来ているのを見たことがない」という回答があった．これらの住戸が管理不全な空き家の大半を占めている．一方で，月に1回以上管理のために所有者が訪問している空き家も全地区で20％程度あり，これは一時

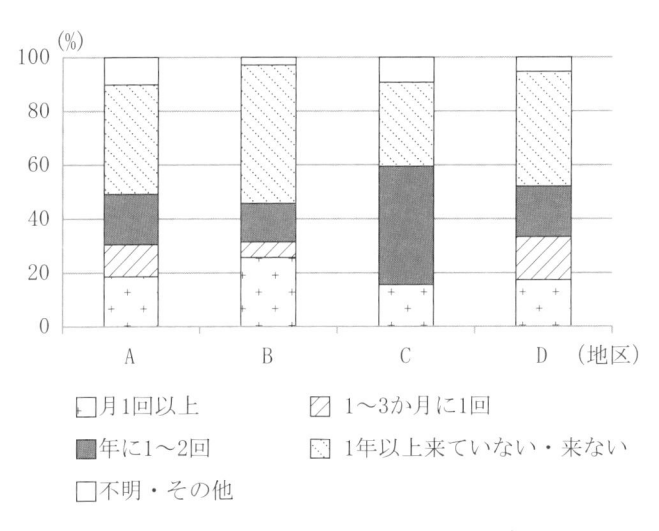

図 9-7　空き家所有者・管理者の訪問頻度
注）自治会・住民への聞き取り調査により作成．

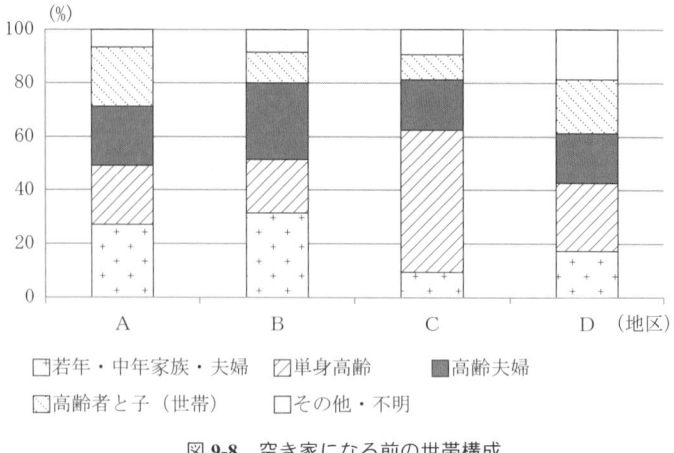

図 9-8 空き家になる前の世帯構成
注）自治会・住民への聞き取り調査により作成.

的な転出であったり，近隣に転出していたりする場合であり，現住居に本人や子，親族が居住する予定のあるものや賃貸や売却を考えているものなどが含まれる.

　空き家化する前の居住世帯の構成では（図 9-8），A・B・D 地区では若年・中年・高齢の夫婦世帯が高い割合を占め，単身高齢世帯は 15％前後である．一方で，C 地区では単身高齢世帯が約半数を占めており，多地区とは傾向が大きく異なった．また，空き家化した要因をみても，A・B・D 地区においては「親族・住宅要因」，つまり親族との同居・近居や新規住宅購入のために転出したものが多数を占めているのに対し，C 地区においては「高齢化要因」，つまり所有者の入院などによる転出や他界による空き家化が半数を占めている．なお，「就業要因」は転勤などの就業上の都合による一時的転出，「資産要因」は投資用としてキープしているなどが含まれる．

IV. 牛久市における空き家増加問題の地誌学的分析

　ここでは，アンケートおよび空き家実態調査の結果を踏まえて，地区の特性と空き家化の要因との関係を検討する．図 9-9 は，各地区の位置を駅からの距離で分類したものであるが，A・B 地区は駅に近接していることから似た傾向がみられたため同類型とした．ただし，B 地区は駅からのアプローチに急斜面という地

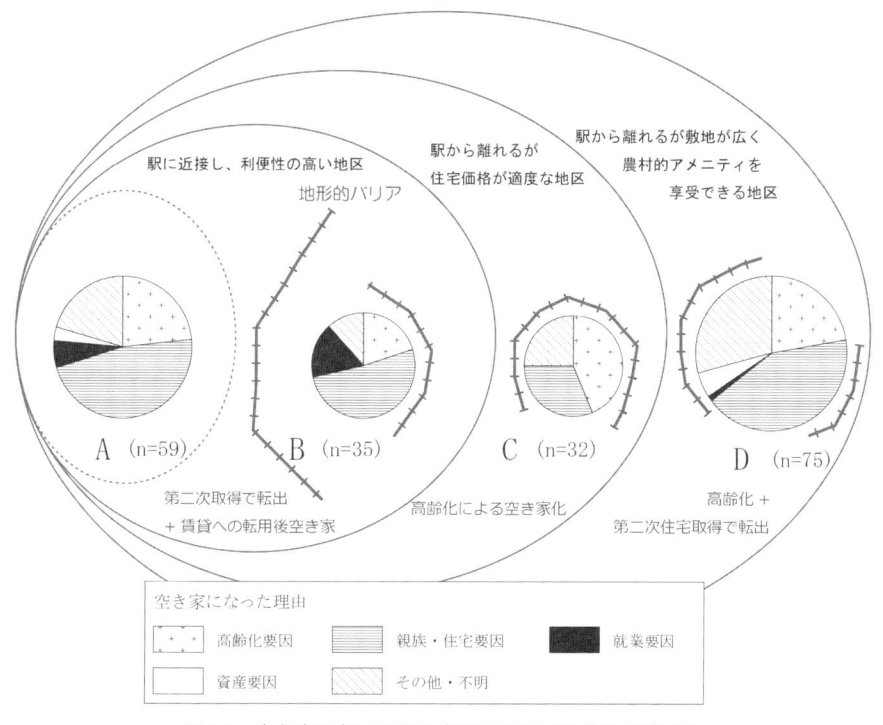

図 9-9　牛久市における空き家発生の地域的差異の模式図

形的バリアがあるため，AとC・D地区との遷移的な特性を有する．A・B地区は，持家第一次取得層が多く居住するため，若年・中年期に第二次取得や親族との近居・同居のために転出する世帯が多い．駅に近接し利便性が高いという特性があるため，転出後の住宅の多くは，賃貸住宅として活用され，その後に空き家化している．これに加え，居住者の高齢化や相続による空き家化も確認される．

次に，C地区には「終の棲家」として転入した世帯が多いため，居住者の加齢と子世代の離家，そして所有者の他界後に空き家化するものが約半数を占めた．

最後にD地区であるが，基本的にはA・B地区と似た傾向を示すものの，それらと比較して農村的アメニティ（広い敷地と自然豊かな環境，家庭菜園などをする敷地が得やすい）に恵まれているために，当初から別荘として購入した世帯もみられた．また，広い敷地や自然環境の豊かさは子育て世帯にとっても魅力に

映ることから，近年でも若年の核家族世帯の転入があり，このなかには親との近居を志向する子世代の転入や，芸術活動などの拠点として広い敷地を利活用する中高年の住民も含まれる．

　空き家化の要因と駅からの距離，各地区において新住民の転入につながる需要との関係についてまとめると，すべての地区で，東京都などと比較して住宅価格が安価であることは大きな魅力となる．A・B地区は，駅に近接し都市的利便性を享受できることが賃貸需要を生み新たな居住者の転入につながっている．D地区では，農村的アメニティが子育て世帯や別荘的な利用を求める世帯に受け入れられている．C地区においては，最初の開発時期に地区内の敷地の大半で売却が終了しており，新規住宅購入者のための敷地が限られているため，途中からの転入者が少なくなり，居住者が滞留しやすい状況にある．

　最後に，牛久市における空き家問題の要因を地誌学的に，つまり地域に重層的に蓄積してきた要因の各レイヤーの条件から考察する．まず，牛久市の立地条件が挙げられる．江戸時代から街道沿いの集落が形成されていたものの，近隣の土浦市などと比較して都市の中心性は低く，後背地としての特性が強かった．そのため，居住機能の郊外外延化が顕著となった1970～80年代には，東京都心部から50～60kmと通勤限界に位置するにもかかわらず，東京都心部への通勤圏としての役割を強めた．こうした条件下で，中小ディベロッパーによる住宅開発が進められることとなり，利益を最大限に上げるために市内には多様な敷地面積，価格の住宅地が供給されることとなった．この結果，駅からの距離と居住者の社会経済状況と密接にかかわる住宅価格の分布とにより，同心円的な居住地域構造が市内に形成された．このような居住地域構造を基礎として，空き家問題の地区による差異が生まれていった．

　さらに，日本における住宅制度も牛久市における住宅地の空き家化の過程に影響を与えている．つまり，戦後の日本においては，核家族世帯による住宅の新規取得を推進する住宅および金融上の政策がとられ，これにより住宅取得へのイデオロギーが強化されてきた（平山2009, Ronald 2004, 2008）．このなかで，中古住宅の流通や空き家化を防ぐための方策はほぼ無視されてきたといって過言ではない．たとえば，固定資産税の優遇措置が更地化を妨げていたり，土地家屋を国や地方自治体に寄付するための具体的な方法が提示されていなかったりと，郊外

住宅地での空き家化を想定した制度がないことが問題を複雑にしている．

　少子高齢化が進み，住宅ストックが人口を上回る状況にある現在では，既存の住宅制度では対応しきれない問題が多数顕在化してきている．これらの条件に，各住宅所有者による住宅や家屋の維持管理，相続，運用などにかかわる意思決定が影響し，郊外住宅地における空き家増加の問題を生み出している．

　このように空き家問題は，さまざまな条件が複雑に絡み合って生まれている問題であるため，対症療法的に一部分だけに対応しても，根本的な解決には至りにくいという特性を有している．深いレベルでは，国の住宅政策や税制上の措置などを変更し，管理不全な空き家を更地化しやすくする枠組みを構築することが求められ，さらに地方自治体に空き家問題に直接的に介入できる権限を与えることも重要である．日本においては，地方自治体が空き家条例を制定しても，自治体の権限で対応できる範囲が狭いために，住民と国の制度の間で板挟みになるしかない状況にある．このような制度上の問題の解決が望まれる．

　これに加えて，地域コミュニティやNPOを中心として，住宅の空き家化を未然に防ぐ地域づくりに取り組むことも重要である．高齢化にともなう空き家化は今後ますます進行することが容易に予測できるが，これらの空き家を管理不全にしないためには，相続人となる子世代と地域コミュニティやNPO，近隣住民の間で，早いうちからコミュニケーションをとることが有効であろう．

　さらに，賃貸住宅として利用されたのちに空き家化することを防ぐためにも，空き家の利活用の方法や更地化を進めるような仕組みづくりが必要である．この部分に関しては，制度上の課題の克服が不可欠であるが，国内外の事例を研究し地域にあった方法をみつけていくことも重要であると考える．

V．多様性のある住宅地開発へ

　都市における多様性の重要さは，都市研究の古典とされるジェイン・ジェイコブス「アメリカ大都市の死と生」においても繰り返し主張されているが，その後のアメリカでは真逆の方向の住宅地開発，たとえばHomeowners Associationによる管理街区やゲーテッド・コミュニティのような均質的な居住者を集めて周囲から隔離するような開発が進められてきた．異なる社会集団間の軋轢が比較的少なく住みやすい街として評価の高いカナダのバンクーバーなどの大都市と比較する

と，アメリカの都市においては一般に民族や社会階層間の軋轢が強く，隔離型の住宅開発を行うしかない状況に置かれている．それがかえって異なるグループ間の軋轢を強めているといっても過言ではないだろう．日本においても，アメリカ型の住宅地開発が進められてきたことで，新住民と旧住民の対立や，住宅団地内での政治的もしくは社会的対立などの，異なる社会集団間での軋轢ともとれる事例が多々報告されてきた．今こそ，都市内，そして住宅地内での多様性を意図的に生み出していくこと，つまり新住民や年齢，ライフステージ，ライフスタイルの異なる集団を受け入れ支援する地域を形成することが求められているのではないだろうか．

日本の郊外住宅地を持続的に維持管理していくためには，地域内の多様性をいかに作り出していくかが重要となる．戸建住宅に特化した住宅地であっても，住民の年齢や世帯構成の面，住宅の所有形態や広さ，価格などの面での多様性をつくり出していけば，急激な住民の高齢化や空き家化，居住環境の悪化は防げるのではないか．幸いにも牛久市には，駅からの距離，価格，広さなどの面で多様な戸建住宅地区が存在する．賃貸住宅，中古住宅，新規分譲住宅という多様な選択肢を活かし，市内での住み替えを可能にするシステムが構築されれば，空き家も資源になりうる．ただし，こうした仕組みの構築には地元不動産業者や建築業者，そして地域住民の協力が不可欠となろう．

福岡にある住宅管理会社の取り組みが有名であるが，転勤族が多く投資用や賃貸マンションの需要が大きい福岡では，マンションの維持管理を行う会社が，郊外の戸建住宅地区でも維持管理を請け負うサービスを提供している．これは将来的な中古住宅や賃貸住宅としてのビジネスチャンスを見込んでのものであろうが，転勤族が多くこうした需要が定着しているからこそビジネスとして成立している．

牛久市の場合では，空き家の維持管理を請け負っても次のビジネスチャンスにつなげにくいため，地域住民のボランティアに期待が集まる．所有者のわからない（連絡が取れない）空き家が放置され，次第に空き家の割合が増えると，居住環境への満足度が低下し精神不安や健康問題にも発展しかねない．さらに，地域全体の資産価値も下がってしまう．ボランティアとして空き家の管理に関わることは，こうした危機を避けることにつながるため地域住民にとってもメリットは

大きいのではないだろうか．自宅を空き家にする際に地域でその管理の一部をサポートする仕組みを構築しておけば，地域の居住環境が維持されやすくなり，居住環境への満足度や地域への愛着も増すだろう．

また，取手市の団地では，アートとエコをテーマにした空き家利活用の事例が報告されている．つまり，地域住民がホストとなって空き住戸を飾りつけ，期間限定のホテルとして活用している．ホストと宿泊客は，昼間に自力で電力を蓄えそれを夜間にホテルで使う電力に充てている．また，ホストが様々なイベントを催して宿泊客を楽しませる．こうした活動は，地域住民が地域への愛着や地域住民としての誇りを見出す効果があるようだ．子どもが地域にあふれていたころには，地域の祭りが地域住民の愛着や誇りを感じさせる要素であったのかもしれない．高齢化が進み，祭りがなくなった後，地域住民が地域に対する愛着や誇りを感じられる（再認識する機会となる）イベントは限られている．取手市の団地の例では，期間限定のホテルが地域の大人たち，そして若年居住者達が地域と関わる機会を提供しているという点で興味深い事例である．さらに，これにアーティストや学者，NPO団体などが参加することによって，地域住民にとって「当たり前」とされていることのなかにある価値を評価する．他者からの評価は，むしろ地域住民が自分の住む地域の価値を見出す機会になるのである．

地域への愛着や誇りの重要さはイーフー・トゥアンの『トポフィリア　人間と環境』をきっかけとして活発な議論が行われてきた．トポフィリアは，「人々と，場所あるいは環境との間の情緒的な結びつき（トゥアン 2008：27）」を表す語である．こうした概念が近年再び脚光を集めるようになった背景には，日本を含む多くの国や地域において同じような景観が形成されるようになるなかで，人間にとって特別な意味を有する場所が消えつつあるという危機感があるように思う．

住宅地の持続性を考えるうえでも，住民にとって意味を持つ地域，そこでなければならない場所となれるかが成否に影響を与えている．地域への愛着や誇りを共有できれば，地域を守り育てるためにも地域の物質および社会的側面を充実させる意欲が生まれ，地域の居住環境が良好に保たれる基礎が作られると考えられるのである．

地域への愛着や誇りがあれば，空き家（empty houses）が増加しても，地域が真の意味で「虚（empty）」になることは防げる．空き家問題の恐ろしさは，住宅

が空き家化し犯罪などの温床になるといった被害以上に，地域住民の居住環境への満足度が減り，地域への愛着や誇り，文化などが「虚」になってしまうことにあると私は考えている．このような「がらんどう」の住宅地は，いつ出て行っても良い場所，ほかの場所でも代替可能な地域になりやすいため，結果的に管理不全な空き家を増やしてしまう．現在の居住者が地域への愛着を深め，かつ地域の居住環境の向上に貢献できるような仕組みづくりと，住宅や住民属性の多様性を生むこと，この2つが両輪となって，空き家を生まない地域づくりがスタートするのではないだろうか．

付記
　本章の調査は，財団法人国土地理協会　平成25年度助成金（研究代表者：久保倫子）により実施したものである．

参考文献
イーフー・トゥアン著，小野有五・阿部　一訳 2008．『トポフィリア　人間と環境（ちくま学芸文庫）』筑摩書房．
ジェイン・ジェイコブス著，山形浩生訳 2010．『新版　アメリカ大都市の死と生』鹿島出版社．
平山洋介 2009．『住宅政策のどこが問題か』光文社．
Ronald, R. 2004. Home ownership, ideology and diversity: Re-evaluating concepts of housing ideology in the case of Japan. Housing, Theory and Society 21:49-64.
Ronald, R. 2008. The ideology of home ownership. Palgrave Macmilan.

コラム③
空き家調査の手法

久保倫子

　2015年は国勢調査があったため，行政や地域コミュニティ関係者の多くは調査表の配布や回収に関わり，身近な地域に空き家が多いことに気づかれたのではないだろうか．ここでいう空き家とは，長期不在の住宅や別荘的に利用している住宅であったり，家を2軒以上持っていてそのうち一軒にしか居住していないものであったりが含まれる．「空家対策特措法」や空き家条例の対象となる「特定空家」はさほど多くはないものの，親族が管理をしているものの，主に居住するわけではない家，つまり管理されているが日常的に誰かが住んでいるわけではない空き家が多いのだ．

　「空き家」を定義することは難しい．行政では「特定空家」に当てはまるものが指導の対象になることから「空き家」となるだろう．「住宅地図」のゼンリンでは水道メーターや表札に基づいて空き家を特定するが，集合住宅では表札を付けないものが多いうえ，一時転出などの空き家は特定できない．

　我々の調査では，「居住実態のない住宅」を空き家として調査対象にしているため，別荘，一時的転出，居住者無し・長期不在の住宅，売却中の空き家，空き家と思われるが実態はよくわからないものなどの区分をして空き家の調査を行っている．しかし，近隣住民の情報がなければ，これらの空き家を特定することはできない．我々の現地調査の第一歩は，自治会や近隣住民の協力を得て，居住実態のない空き家をピックアップすることころから始まる．近所付き合いの薄い現代にあっても，戸建住宅を主とする地区では，ある程度周辺住民の出入りを把握しているものである．こうした情報を積み重ねて空き家の所在地を特定する．その後，空き家化してからの期間や空き家になるまでの要因を近隣住民の複数人から情報を得て特定していく．1人の意見では，間違いや思い込みもあるかもしれないので，できるだけ複数の声を集めて真実に近い情報にしていくのである．

このような地道な作業で空き家化のプロセスを明らかにしていくのだが，途中では驚くような経験もする．たとえば，あるときグループのメンバーが聞き取り調査を行っていた時，住民から突然「空き家が増えているとは誰の了見だ？　俺の了見か？　お前の了見か？　●●（近隣の方）の了見か？」とすごまれたことがあった．今でこそ笑顔で語れる逸話であるが，この直後はメンバー達も大変に落ち込んでいた．この時は，メンバーの組み合わせが悪かったのかもしれない．通常，同性の方が答えやすいという配慮から男女ペアで回るようにしているのだが，この時は男子院生2名，しかも1人は茶髪にピアスという容姿だったため怪しい訪問販売と間違われたのかもしれない．苦労は多いが，このように地道に調査を進めなければ，現在増えている空き家を捉えることはできないのである．

　こうした調査を不動産業者が行えば，回答者の多くは不信感を抱く可能性が高く，正確なデータを得ることはできない．それだけナーバスであり，かつ実態が複雑な問題なのである．

▶ 10 章

産・民・官による空き家解消への取り組み

宇都宮市の事例

西山弘泰・久保倫子

Ⅰ. 空き家問題への取り組み
1. 増える自治体の空き家実態調査

　空き家の対策に関しては，国土交通省による空き家対策，自治体による空き家条例化の動きなどに注目が集まってきた（久保ほか 2014）．しかし，公的主体による空き家対策には，個人資産（民事）に介入することの問題点の他，固定資産税の住宅用地への減免措置が危険家屋の放置を促しているという制度上の問題点があることが繰り返し指摘されてきた（樋野 2013）．

　こうした指摘を受け，国は「空家等対策の推進に関する特別措置法」を 2015 年 5 月 26 日に全面施行し，空き家対策における市町村の権限を拡大した．つまり，危険家屋については「特定空家等」に指定し所有者への対応を求めることが可能になったほか，空き家所有者の把握を容易にするため固定資産税の課税情報を参照したり空き家に立ち入って調査したりすることが可能となった．また「特定空家等」への固定資産税の減免措置が見直されることとなった．これにより，管理不全のまま放置される空き家の減少が期待されている．しかし，100〜200 万円程度になる家屋の撤去費用に対する助成事業などがなければ，危険家屋の放置は止まらないとの危惧が多方面からなされている．

　つまり，公的主体による空き家対策だけでは，増加し続ける空き家の問題は解決しないのである．それには，民間事業者（不動産業界や建築事務所など）や NPO，市民団体，地域コミュニティの果たす役割が大きく，多様な主体が効果的に機能し連携し合う地域システムの存在が問題解決の重要な糸口となる．

　そこで，本章では，多様な主体による空き家対策・利活用の試みが展開されている宇都宮市を事例に，空き家対策の地域システムの実態を把握し，その問題点

を提示することにより，空き家対策の良好な地域システム構築のための道筋を探りたい．

II．民間による空き家の創造的リノベーション事業
1．創造的リノベーション事業とは

7章で紹介したように，宇都宮市は既成市街地で空き家が多い割には中古住宅流通が低調である．しかしそれらの地域には，古いがいぶし銀のような魅力をもつ住宅がところどころに存在する．写真10-1は，東武宇都宮駅から1kmほどの場所にある住宅である．和風の住宅に洋館風の応接間を加えた通称「洋館付き住宅」[1]である．こうした磨けば光る住宅ストックに目を付けたのが，本章で紹介する㈱ビルススタジオの空き家や空き店舗のリノベーション事業である．

㈱ビルススタジオは，2006年に社長の塩田大成氏が設立した建築デザイン会社である．当社は建築デザインだけではなく塩田氏の感性にもとづいた「改装が自由にできる物件」，「多少古くても味のある物件」など，通常の不動産仲介業者では扱わない，もしくは積極的に紹介されない「ひとクセあるが何かを持っている物件」を多く扱っている[2][3]．そしてそれらの物件に対し，家主や借主，購入者の要望に応じリノベーションを行っている．

2．地域をリノベーションする

本節では㈱ビルススタジオの事業が発端となり，かつての商店街が再生しつ

写真10-1　和洋折衷の住宅（大寛1丁目）
2014年11月西山撮影．

写真 10-2　もみじ通り
2014 年 9 月西山撮影.

つある「もみじ通り」（宇都宮市西 2・3 丁目）の事例を紹介する．もみじ通りは，宇都宮市の中心部に隣接した住宅と商店が混在した全長約 500m の通りである（写真 10-2）．2007 年に当地区の商店会は解散しており，市場流通に向かない築 50 〜 60 年の空き家や空き店舗が目立っていた．

　2009 年，塩田氏はユニオン通り[4]の住居兼事務所が手狭となったことから，新たな事務所を探していた．そんななかでみつけたのが現在の事務所であった．「建物が中途半端に古い＝気兼ねなく自分色に改装できそう」，「空いている建物が多い＝出店余地がいくらでもある」など[5]，逆転の発想でもみじ通りを選んだという．㈱ビルススタジオの事務所は，元ボイラー店をリノベーションしたもので「もみじオフィス」と名づけられた．所有者との交渉により，家賃が安価に抑えられただけでなく，自由に改修可能（原状復帰不要）の条件で借りることとなった．もみじオフィスの近くに飲食店がほしいと考えていた塩田氏は，宇都宮に出店を考えていたカフェのオーナーにもみじ通りに出店してもらえるよう説得した[6]．その甲斐あってもみじ通りへのカフェ（FAR EAST KITCHEN）の出店が決まった（写真 10-3）．

　このカフェ食堂の出店をきっかけに口コミで㈱ビルススタジオのリノベーション事業が話題となり，現在，もみじ通りには当社でリノベーションを関わった店舗が 18 店[7]にまで増えている．店舗構成は，カフェの他に惣菜や雑貨，楽器，子供服，ギャラリーなど幅広く，空き家や空き店舗を改装したものがほとんどである．また，もみじ通りの再生をきかっけに，もみじ通り周辺に住みたいという

写真 10-3　カフェ食堂
「FAR EAST KITCHEN」
右：改装前
中：改装後
下：店内.
コロカル HP より転載.

顧客が現れ，空き家のリノベーションも進んでいる．

　以上のように，もみじ通りは㈱ビルススタジオがきっかけとなり，おしゃれな店舗が相次ぎ出店，地域的なブランドが形成されることとなった．空き家・空き店舗のリノベーションが点から線，そして面に広がり，地域的なリノベーションが進行している．これまでの点的に捉えられてきた空き家の利活用に対し，創造的かつ地域的なリノベーションが有効な手段となることを示唆する事例である．

Ⅲ．宇都宮市の空き家対策とその限界
1．宇都宮市の空き家利活用施策

　宇都宮市では 2014 年 7 月に「宇都宮市空き家等の適正管理及び有効活用に関する条例」を施行した．本条例の特徴は，空き家の増加による諸問題について行政と地域や民間事業者が連携・協力する（第 6 条）ことや，空き家の有効活用の推進（第 8 条）が示されている点にある．

　宇都宮市では「地域活動費補助制度」，「住宅取得補助制度」，「若年夫婦・子育て世帯補助制度」，「住宅改修補助制度」を空き家の有効活用を推進する施策として位置付けている．そのなかでも「地域活動費補助制度」は，地域住民が行う空き家等の発生防止活動や適正管理活動に対して活動費の一部を補助するものである．補助対象は自治会などの「地域街づくり組織」[8]で，補助額は 10 万円となっている．当補助金をはじめて利用した事例は，次章で詳述する B 地区である．当補助金は市民や「地域街づくり組織」が空き家問題を地域の課題として認識し，取り組みを促す点に意義がある．

　「住宅取得補助制度」，「若年夫婦・子育て世帯補助制度」[9]は，条例施行以前から取り組まれている事業であり，空き家対策というよりは宇都宮市が推進するコンパクトシティ政策の一環という意味合いが強い．補助対象範囲も「宇都宮市の中心市街地活性化基本計画」に基づく中心市街地エリア（320ha）の狭い範囲に過ぎない．当エリアはオフィスや商店，共同住宅がほとんどであることから，空き家の利活用施策としては限界がある．

　また「住宅改修補助制度」についても，住宅の長寿命化や住環境の向上が目的であることから，空き家対策としての効果は限定的ではないかと思われる．仮に当施策を空き家対策として位置付けるならば，賃貸や売却が成立した空き家を対

象に，現行の補助額 10 万円（上限）に対し 10 万円を上乗せするなどといった工夫が必要である．

2. 自治体による利活用施策の難しさ

　以上をまとめると，市が利活用に積極的に取り組んでいるとまでは言えない．それはなぜだろうか．

　第 1 に宇都宮市だけに限らないが，「縦割り」の組織形態から生まれる弊害がある．空き家利活用は施策ごとにいくつかの部署に分かれているが，部署によって施策のねらいが微妙に異なっているため，空き家対策全体としての効果が薄まってしまうのである．また，固定資産税の減免措置のように，国の制度が現行の社会・経済情勢と合致しないことは周知のとおりである．わが国のトップダウン式の行政機構が，自治体独自の空き家対策を打ち出しにくくしている点も看過できない．

　第 2 に人的問題である．空き家対策の窓口となっているのは市民まちづくり部生活安心課であるが，空き家担当職員はたった 1 名であり，日々の市民からの相談や苦情対応で謀殺されている．これでは空き家対策施策の見直しや計画どころではない．

　第 3 に空き家対策を行う自治体の姿勢や立場の問題もある．元来，空き家の利活用は民間市場に委ねられるべきという立場から，行政が税金や人員を投じてまで積極的に関与することは市民の理解を得られない．

　以上のように，空き家問題を解決する主体として自治体への期待が高まっているが，自治体にその多くを背負わせるのはあまりにも荷が重すぎる現状がある．

IV. コミュニティによる空き家対策

　以下では，空き家に対して積極的な取り組みがみられる 2 つの地区（連合自治会）を事例に，コミュニティによる空き家対策の実態と課題を検討する．

1. A 地区の事例

　A 地区は約 1,500 世帯を有し，宇都宮市内では比較的小規模な連合自治会を形成している．人口増加にともない，約 30 年前に近隣の自治会から独立し成立した．

2012年には，地域住民によって地域の歴史をまとめた「わがまち史」が発行されており，まちづくり活動への理解・参加度およびコミュニティ意識の高い地区である．

　コミュニティ意識の高さは，地域コミュニティセンターの利用実績にも表れている．2014年10月には，地域コミュニティもしくは地域住民の活動などで37回,計530人の利用があった（同地区コミュニティセンター資料による）．また，地域内の多様な団体，機関によって構成されるまちづくり協議会が中心となり，コミュニティセンターや地域内のサークル，クラブなどと連携してまちづくりに取り組んでいる（図10-1）．A地区においては，スローガンに基づく行動プログラムを策定し，まちづくり活動を行う．さらに，住民らによってその活動の内容と成果を評価し，将来的な地域問題の解決までの道筋を検討する．このような地区ビジョンに基づくまちづくりの仕組みが，A地区の活発なまちづくり運動や高いコミュニティ意識を支えている．

　A地区における空き家対策は（図10-1），以下の2点にまとめられる．第1に，まちづくり協議会全体の取り組みとして，まちづくりスローガン「異世代が支え合う，文化と自然を生かしたまち」に基づいて各団体や住民が取り組む行動プログラムのなかに，空き家対策を重要課題として加えるための準備を進めている．

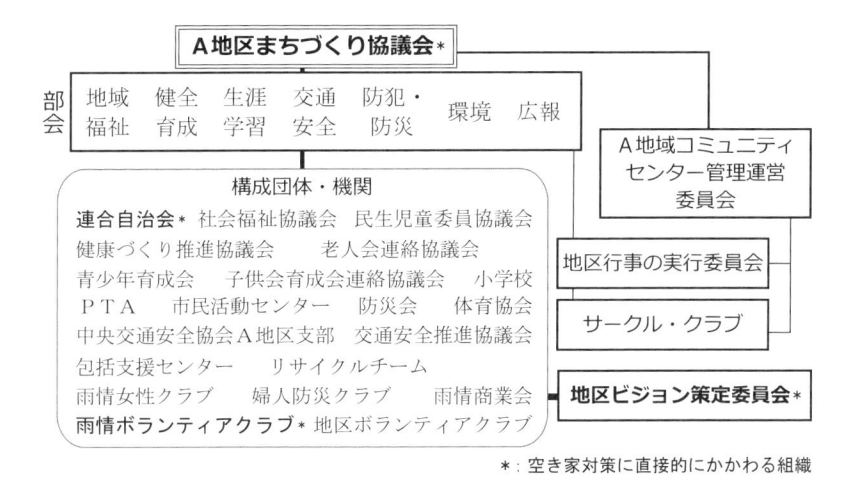

図10-1　A地区におけるまちづくり組織の概要と空き家対策部門
　　　注）自治会連合会長への聞き取り調査およびA地区資料により作成．

＊：空き家対策に直接的にかかわる組織

第2に，自治会役員による回覧物配布時や，地区内のボランティア団体による防犯パトロール（週2回）などの際，空き家の状況を確認したり，地域住民から空き家情報を得たりしている．近年，A地区では空き家に対する住民からの報告や苦情が増加の傾向にあり，苦情を受けた際には自治会長が所有者に連絡して対応を求めている．しかし，所有者との連絡が取れない場合も多く，対応が円滑に進まないことが問題として挙げられている．また，軽微な樹木・雑草繁茂については，地域住民の奉仕作業で対応している．

当地区においては，地域コミュニティによる空き家増加への対応が充実している．しかし，連合自治会や地域住民は，将来への危惧を有している．つまり，空き家が今後増加した場合，所有者への個別連絡や住民の奉仕作業による対応が困難となっていくことが容易に予想されるためである．そうした事態に備えるため，当連合自治会では将来的に空き家の対応方針をまとめていきたいとしている．

2．B地区の事例

B地区は，1960年代後半から開発された宇都宮市では開発時期が早い郊外住宅地であり，近隣に立地する大手の工場や官公庁に勤務する世帯が多く転入した．先述のA地区同様に活発な地域活動やサークル活動がみられる．以下では，B地区内の単位自治会（以下，自治会）による空き家対策を取り上げる．

当自治会では，集合住宅を除くとほぼ全世帯が自治会に加入しており，地域の将来ビジョンの策定や各種行事への参加率も高い．当自治会では，宅地分譲が行われた後，住宅が建設されないままの空き区画が多く，古くから自治会が空き地の管理を行ってきた．

記録が現存している，平成12年度以降の取り組みを検討する．自治会長は，空き地所有者の台帳（自治会で代々管理）を元に所有者に対して，空き地の管理（主に草刈）を自ら行うか，自治会に委託するかを選択させ，後者の場合にはその費用の支払いを求めている．当初は年1回（8月）で所有者から7,000円の費用を徴収し，業者に草刈を依頼していた．約5年前からは，雑草の繁茂が著しいことから，草刈の回数を年2回（11,000円）としている．草刈完了後には，作業完了後の現地写真とともに地域住民の喜びを綴った手紙を自治会長から郵送している．長期間こうした取り組みを行ってきたため，所有者と連絡がとれなかった

り苦情がでたりすることはほぼなかったという．

　当自治会内では，このような空き地や未分譲地に若年層の転入がみられることから，極端な高齢化は進んでいないが，2～3年の間に古くからの居住者が高齢化したことに起因する空き家の増加が顕著である．また，空き室の多い集合住宅（賃貸）の存在も確認されている．こうした空き家（および予備軍）では孤独死のリスクが高いことからも，地域住民の世帯構成や年齢を把握して対策することが期待されている．

V．地域に根ざした空き家対策

1．宇都宮市における空き家対策・利活用の地域システム

　本章は，宇都宮市を事例として産・官・民による空き家対策の地域システムを検討した．空き家の分類と量，ならびに空き家の分類による対応主体との関係を模式的に表したのが図10-2である．現在，歴史的な価値がみいだせる空き家は，

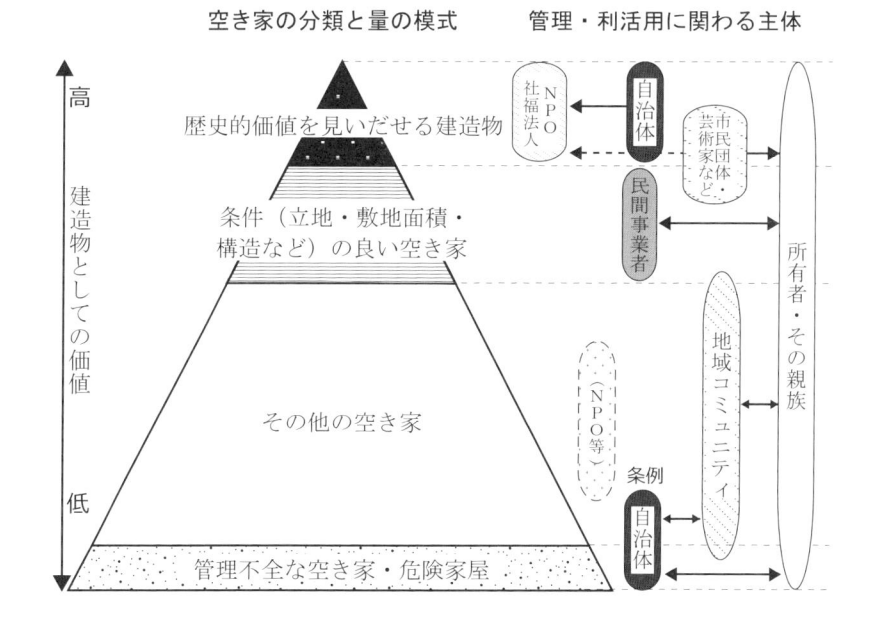

図10-2　宇都宮市における空き家のタイプと
その管理・利活用にかかわる主体との関係の模式図

NPOや市民団体，社会福祉法人などが管理を行っている．一部では，芸術家のアトリエや美術館として活用されている空き家もあるという[10)][11)]．また，既成市街地にある条件が良い住宅や，郊外でも建築年次が新しいなどの条件から売買・賃貸の需要がある物件は，民間による市場流通がみられる．さらに，管理不全な空き家や危険家屋については，市が空き家条例を設けて所有者へ管理徹底を呼び掛けている．

　しかし，これらが空き家全体に占める割合は決して高くない．定住居住者がいない状態であり賃貸も売買もされず，近い将来管理が行き届かなくなる可能性が高いものの，存在が認識されにくい「その他」の空き家が圧倒的多数を占めている．これらは，所有者が管理するか，地域コミュニティが管理の一部を担うなどして良好な状態を保っている．しかし，地域コミュニティの構成員の高齢化が進むなかで，こうしたシステムを維持することが困難になる可能性が高い．より持続的な維持管理システムを構築することが求められている．

2．より有効な地域システムとは？

　そこで，筆者が提案したいのは，空き家問題の相談窓口となる調整センターを設け，空き家の状態，地域条件に合わせた対応策を検討する仕組みを構築することである（図10-3）．それは，住宅の元所有者が他界し子世代が引き継いだもの

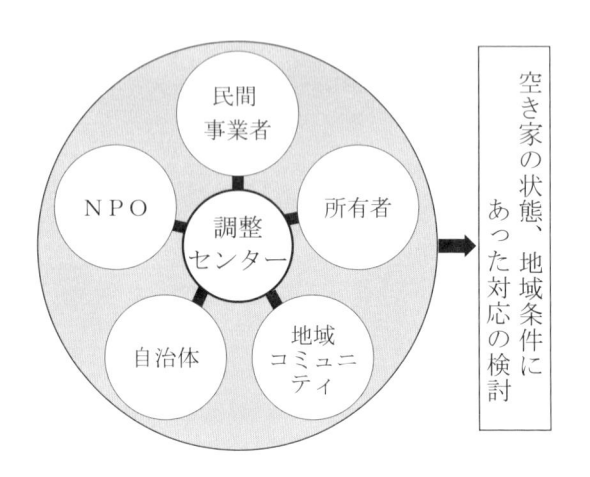

図10-3　求められる空き家管理の地域システム

の管理が難しいときにどのような手段が取り得るのかを相談する窓口であり，地域コミュニティが維持管理に行き詰った時に，NPOや大学などとの連携策を見つけ出すなどの手助けをする役割である．現時点では，空き家という個人の資産（民事）に対して自治体（公的部門）が権力をふるうことは困難であるし，そもそも空き家問題は民間で解決を目指すべきものであることからも，自治体以外の中立的第三者機関を設ける意義は大きいと考える．

　こうした調整センターに求められるのは，中立的立場，継続的に活動が可能であること，専門的知識と問題解決のための手腕を有すること，また利益追求型でない組織であることである．もちろん，構成員に対応力があるうちは地域コミュニティが調整役を担うだろう．また，継続的に活動ができるのであれば，NPOも適任である．その後，が課題である．

　近年，地方国立大学を中心に実施されている地・知の拠点（COC）事業などは，まさにこうしたニーズに合致するものであろう．特に，地理学関係者には，地域条件に合った対応策を検討するための基礎的な能力が訓練されているため期待は大きい．国に空き家対策（法整備，戦後の新築持家取得を中心とした住宅政策の転換，中古住宅市場やリフォーム市場の拡充）を求めることに加えて，持続的な居住環境を作るために，「空き家対策の地域システム構築」から一歩を踏み出せないだろうか．

　次に，「街区の管理」の概念とシステムを提案する．欧米では，街区の資産価値を落とさないために，多様な住宅街区で管理会社を雇ったり自主管理をしたりしている例が多い．日本には，「街区の管理をする」という感覚が欠如しており，マンション管理組合を除くと，住宅地（街区）の維持管理を行う仕組みはごく限られた地区で確認されるのみである．しかし，「街区の管理」を行うシステムを構築できれば，地域全体が空き家化により活気を失うことは避けられるのではないだろうか[12]．

注
1)「よこはま洋館付き住宅を考える会HP」[http://yyjk.jpn.com/index.html]（2014年11月30日検索）によると，当建築様式は「1920年代（大正から昭和初期），全国の都市に数多く建てられた和風住宅の玄関脇に小さな洋館（洋間・洋室）がついた建物が洋館付き住宅」である．

2）㈱ビルススタジオ HP［http://www.met.cm］（2014 年 11 月 30 日検索）．
3）実際に扱っている物件や㈱ビルススタジオの概要については，当社 HP［http://www.met.cm］をご参照願いたい．
4）宇都宮市西 1 丁目および伝馬町の商店街である．近年，若者向けの衣料品店，雑貨店，飲食店がオープンし活気を取り戻している．
5）コロカル HP［http://colocal.jp］（2014 年 11 月 30 日検索）．
6）朝日新聞栃木県版（2013 年 10 月 13 日朝刊）
7）下野新聞（2014 年 10 月 5 日）．18 店はもみじ通りと隣り合うあずき坂の店舗を合わせた数である．
8）地域まちづくり組織は，地域活動団体によって構成され，地区連合自治会を単位に 39 地区に設置されていて，「まちづくり協議会」などと呼ばれている．詳細は，宇都宮市市民まちづくり部 2012．『第 2 次市民協働推進計画みんなでまちづくりプラン』宇都宮市．および，坂本文子 2013．超少子高齢化社会に向けた地域コミュニティ形成・維持のあり方－宇都宮市における地域特性分析－．市政研究うつのみや 9：54-63．を参照．
9）「住宅取得補助制度」は新築・中古を含めた住宅取得に対して 30 万円を上限に補助し，「若年夫婦・子育て世帯補助制度」は民間賃貸住宅に居住する 40 歳未満（夫婦いずれか）の世帯に最長 3 年間実質家賃の半分（上限 2 万円）を補助している．
10）特定非営利活動法人 宇都宮まちづくり市民工房『宇都宮市のまちづくり情報誌・まちぴあ 2013 年 1 月，冬号』
11）宇都宮市総合政策部広報広聴課『広報うつのみや』No.1661，2014 年 9 月．
12）アメリカやカナダ（カルガリーなど）では，収入や年齢などの条件を設けた居住地域を形成しており，住宅所有者組合（HOA）による街区が発展しており，「街区の管理」が商品化されることの問題点にも留意しておかなければならない．詳細は，エヴァン・マッケンジー著，竹井隆人・梶浦恒男訳 2003『プライベート・ピア　集合住宅による私的政府の誕生』世界思想社．

参考文献

久保倫子・由井義通・阪上弘彬 2014．郊外における空き家増加の実態とその対策．日本都市学会年報 47：182-190．

樋野公宏 2013．空き家問題をめぐる状況を概括する．住宅 62-1：4-14．

▶ 11章

青森県における不動産業界と大学，地域による空き家対策

櫛引素夫

Ⅰ．雪国の都市における協働

　青森市の幸畑団地は，市中心部から約6km南方に位置し，1960年代後半から造成された住宅団地である（図11-1）[1]．かつては高度成長期を代表する市内の「花形」的な住宅地だったが，近年は市全体を上回るペースで人口減少と高齢化が進み，空き家問題も深刻化しつつある．

　筆者が勤務する青森大学は，幸畑団地の誕生と同時期に開学し，北側を除く三方を団地の住宅に囲まれている．2013年春，地域との交流をベースにした教育研究・地域貢献事業「幸畑プロジェクト」がスタートし，多くの成果が得られるとともに，新たな課題も顕在化してきた．本稿では，同プロジェクトの展開を振

図 11-1　幸畑団地の概略図

り返りながら，雪国の都市近郊を舞台とした，大学と地域，行政などの協働による空き家問題へのアプローチを紹介する．

II．幸畑団地の概観

　1950年代後半から70年代にかけて，青森市の人口は周辺町村からの住民流入に伴い急増した．国勢調査によれば，1955年の183,747人から，70年には240,063人と，15年で3割もの増加をみている．住宅需要の増大に対応して，1960年代以降，市内に大型の住宅団地が相次いで整備された．幸畑団地は同市2番目，郊外型としては初の団地である．八甲田山系の末端に当たる標高20～70mの丘陵を，財団法人青森県住宅協会が整地・造成した．東西・南北とも約1kmの菱形に近い街区を形成している．団地内には一戸建ての持ち家と貸家，アパート，県営住宅，市営住宅が混在している．公営住宅はそれぞれ，2～4階建ての集合住宅と，一戸建てタイプ，棟続きの戸建てタイプに分かれ，住民の意識や日常の関係性も大きく異なる．

　町会は9つあり，おおむね一戸建て，県営住宅，市営住宅などの区分に対応して線引きされているが，一部は一戸建てと公営住宅が混在している．最大の町会は約400世帯，最小は27世帯から成り，活動形態や交流の度合いもそれぞれに特色がある．全町会が構成する幸畑団地連合町会が，団地全体を1つの「まち」としてまとめる機能を担ってきた．ただ，自治体と異なり，独自の行政機能やスタッフ，統計データ等を持つ訳ではなく，幸畑プロジェクトがスタートした時点では，団地全体の人口推移や年齢構成を把握・検討する意識や体制は整っていなかった．

　団地を造成した青森県住宅協会が，青森県住宅供給公社への改組を経て2009年に解散しているためか，詳細な造成過程や住宅数，人口・世帯数の推移やピーク等のまとまったデータは残っていない．1983年4月26日付の青森県紙・東奥日報朝刊記事によれば，当時の幸畑団地の世帯数は2,250，人口約7,590人だったが，これが人口のピークか否かも現時点で確認できていない．青森市の住民基本台帳データによれば，2015年4月1日現在の人口は4,736人で，県内の小規模な自治体に匹敵する．だが，同日現在の高齢化率は32.2％と市全体の27.3％を5.1ポイント上回る．2010年以降の5年間で高齢化率は6.9ポイント上昇，人口は6.8％

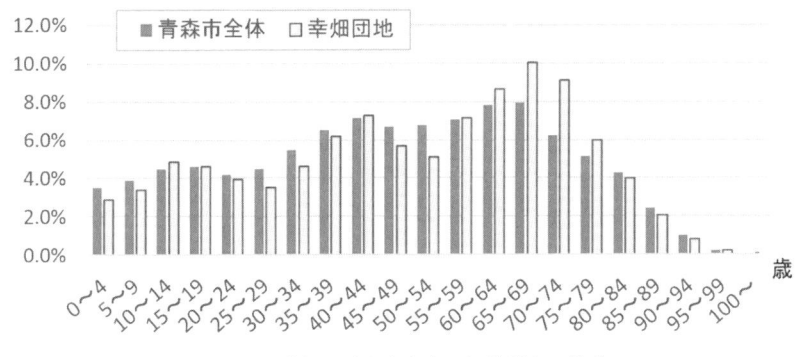

図11-2 幸畑団地と青森市の年齢別人口構成

　減った．同じ期間，青森市全体では高齢化率がプラス4.1ポイント，人口は3.4％減少しており，幸畑団地の近年の高齢化と人口減少は，ともに市全体を上回るペースで進んでいる．

　幸畑団地の人口の特徴を詳しくみてみよう．図11-2に，2015年4月1日現在の，青森市全体と幸畑団地の5歳階級別人口のグラフを示した．2つのグラフは「大同小異」の特徴を示す．共通点を挙げれば，「団塊の世代」前後に当たる60代に人口のピークがあり，次いで「団塊ジュニア」に当たる30代後半から40代に第2のピークがある．一方で，この狭間の世代は，青森市全体と幸畑団地とで比率が異なり，幸畑団地の住民数が少ない．これは，幸畑団地に続いて造成された他の団地に，この世代の市民が多く居住していることによるとみられる．さらにみていくと，団塊ジュニアより年下の年齢層の人口は，幸畑団地が市全体を下回る．他方，「団塊ジュニアのジュニア」世代は，幸畑団地の住民比率が，青森全体をわずかながら上回る．このような傾向を参考にすれば，数字を表層的にみる限り，幸畑団地は「団塊の世代とその年上の世代」，「団塊ジュニア」，「団塊ジュニアのジュニア」世代が，いわば住民集団の骨格をなしている可能性が高い．

　これらの年齢別人口構成を，時系列に沿って動的に観察すると，さらに興味深い傾向がみて取れる．図11-3に，2008年12月末と2013年12月末の幸畑団地の年齢別人口構成を示した．グラフの位置をずらし，例えば2008年時点の0〜4歳のデータと，2013年時点の5〜9歳のデータが接するようにしてあるので，

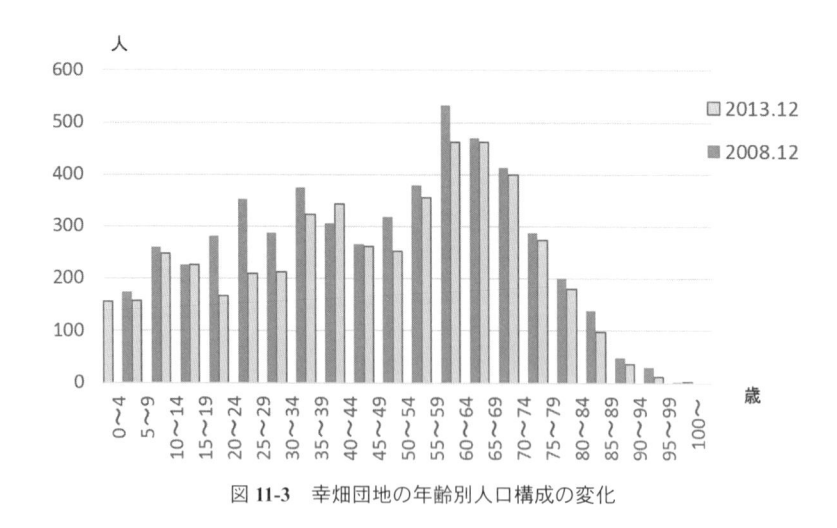

図 11-3 幸畑団地の年齢別人口構成の変化

各世代のコーホートが5年間にどのように増減したかを知ることができる．

グラフからは，5年間に起きた人口変化をみると，以下のような特徴を読み取れる．①2008年時点で15～34歳だった世代，45～59歳だった世代の減少が激しく，著しい転出増加が生じたと推測される．特に10代後半から20代の減少割合が大きい，②対照的に，2008年時点で60歳以上だった世代は，その後の人口の減り方は緩やかである，③同じく，2008年時点で10～14歳だった世代と35～39歳だった世代は，その後の5年間で人口が増加している，④年齢階級別にみても，10～14歳と35～39歳は人口が増加している，⑤以上を総合すると，幸畑団地では，特に生産年齢人口の減少が激しいが，例外的に，子育て世代とその子どもに当たる世代では，転入超過に伴う人口の増加がみられる．これらの状況が，どのような人の動きを反映し，また，空き家問題とどのようにリンクしているかについては，さらに調査が必要だが，青森県全体と同様，10代から20代にかけての時期に，進学や就職に伴う転出者が多い事情によると考えられる．

2010年国勢調査によると，幸畑団地の2,199世帯のうち，65歳以上の単身世帯が10.9％，65歳以上の夫婦のみ世帯が9.5％と，高齢者のみの世帯が2割に達していた．今後，団地全体としてはますます高齢化と人口減少が進み，空き家が増加していくことが懸念される．

III．幸畑プロジェクトの進展

　筆者は 2013 年 4 月，26 年間勤務した地元の地方紙を退職して青森大学社会学部に着任した．そして，新聞記者時代に地域コミュニティ取材にも携わっていた縁で，幸畑プロジェクトの始動に携わった．以下，プロジェクトの進展と波及効果について紹介する．

　大学として，地元町会とは「交流」，「調査」のチャンネルがなかったことから，3 年生の社会学演習の時間を活用して，まず 2013 年 4 月に団地内の巡検を行い，損傷がみられる空き家や，空き家を解体した廃材の存在などを確認した．翌 5 月，顔合わせを兼ねて，団地内の市民館で町会長 6 人に対する聞き取り調査を行った結果，「雪対策」，「町会の加入率低下や活動の担い手不足」，「高齢化・人口減少」と並んで，「空き家対策」が町会にとって大きな課題となっていることがわかった[2]．

　町会長らの言う「空き家」は，国土交通省などが定義する「定住者がいない家」とは意味合いが異なる．定住者がいないことに加え，放置されて損壊し，あるいは屋根の除排雪がなされないために，倒壊の危険がみられたり，落雪で通学路がふさがれたりする家屋を指している．また，後述するように，「定住者がいない」ことは必ずしも「管理されていない」ことを意味せず，大半の空き家は，何らかの形で所有者や縁者の管理の下にあることを，住民は体験的に知っている．このような状況から，「空き家」という言葉を，行政サイドと住民がそれぞれ，互いにとっての定義を確認せずに使用した場合，現状の認識や対処法，さらには地域課題の設定において擦れ違いが生じ，混乱を招く可能性があると推測できた．

　町会長らによれば，適切に管理されていない空き家は増加傾向にある．主な要因は，一人暮らしの高齢者が入院したり，施設に入所したり，あるいは他出した子どもに引き取られることである．また，地価が安く，空き家を活用するより家を新築する傾向もあるという．団地内には所有者と連絡が取れない，あるいは所有者が遠隔地に住んでいて維持管理を全くしていない家が相当数存在し，証言によれば，危険な状態に陥ったため代執行で取り壊した例が，ここ数年だけで 3 件ほどあった．

　この聞き取り調査ではさらに，空き家問題と冬季の除排雪問題がリンクしている事例があることを確認できた．青森市は全国有数の豪雪地帯であり，前述のよ

うに，除排雪は住民生活の切実な課題の1つである．屋根の積雪を放置すれば，家屋の倒壊につながるだけでなく，道路などに滑り落ちて交通障害の原因となったり，通り掛かった人が生き埋めになったりする可能性もある．冬季の空き家は，それ自体が崩落する恐れをはらんでいるだけでなく，落雪によるリスクをも生んでおり，住民らは，冬場は特に，空き家近辺の道路の管理に神経を使っている．ただ，町会としては体系だった空き家の調査を実施しておらず，空き家の実数や所有者らの管理の実態は，町会長らも把握できずにいることがわかった．

　その後，学生たちは市の人口データや他地域の空き家対策，雪対策等の事例を調べ，2013年6月に学内で報告会を開き，学生による除雪ボランティアの導入やシェアハウスの試行を提言した．さらに，活動成果を10月の大学祭でも展示・発表し，11月には，社会学者の山下祐介・首都大学准教授らを招いて，青森学術文化振興財団の助成によるフォーラムを実施した（写真11-1）．これらの取り組みとは別に，団地内で運行が途絶えていた，町会連合会の「地域ねぶた」を復活させる形で，地元小学生との協働による，ねぶた作成・運行という試みも始まった（写真11-2）．

左上：写真 11-1　青森大学で開かれた幸畑フォーラム
2013年11月櫛引撮影．

右上：写真 11-2　青森大学が作成した「幸畑ねぶた」
2013年8月櫛引撮影．

左：写真 11-3　空き家調査の模様
2013年12月櫛引撮影．

学生たちの活動や提言は実現には至らなかったものの，さまざまな議論の口火を切る形となった．一連の取り組みを通じて，学生と教職員，住民，青森大学と包括的連携協定を結んでいる青森市，さらに地元金融機関などとのネットワークが形成されていった．前述の人口データも，これらの活動で学生たちがまとめたデータの一部である．さまざまな活動の成果が新聞やテレビでも報道され，青森大学が地域課題の把握と解決へ動き出したことが，地域のなかで次第に認知されていくようになった．

IV．幸畑団地の空き家の現状
1．青森県住みかえ支援協議会との連携
　手探りで始まった幸畑プロジェクトが進展するうち，空き家問題の面で転機となったのは，青森県住みかえ支援協議会（2015年9月に青森県居住支援協議会へ改組）との連携だった．同協議会は当時，街なか居住や郊外の空き家管理・対策，既存住宅の有効活用を進めるため，青森県と青森・弘前・八戸・三沢の4市，宅地建物取引業協会，住宅リフォーム推進協議会などが組織していた．幸畑プロジェクトを端緒として，同種の組織としては全国でも珍しい，大学との連携によるモデルプロジェクトを推進することになり，2013年度は幸畑団地内の空き家の実態調査と，結果の報告会を兼ねた相談会を実施した．
　幸畑プロジェクトに関わった学生のうち9人が，同協議会から調査法指導や費用の支援を受けて，2013年秋から冬にかけて団地内の一戸建ての悉皆調査を行った（写真11-3）．国土交通省のマニュアルを参考に「人の気配」，「電気メーター回転」など7項目の指標を設定した調査票を用い，空き家およびその可能性の高い家をチェックした．併せて，「家の傾き」，「屋根の陥没」など8項目の指標から危険度も判定した．その結果，幸畑団地内の空き家の状況が初めて明らかになった[3]．

2．空き家の分布
　図11-4に調査結果の一部を示す．幸畑4・5丁目に空き家が少ない様子がみて取れる．これは，開発時期が比較的新しいことに加え，県営住宅や市営住宅が立地していることによる．この調査では，2003年に作成された住宅地図と，2013年時点の住宅地図を使用できたため，10年間の変遷も把握することができた．

図 11-4 幸畑団地の空き家・空き地などの分布

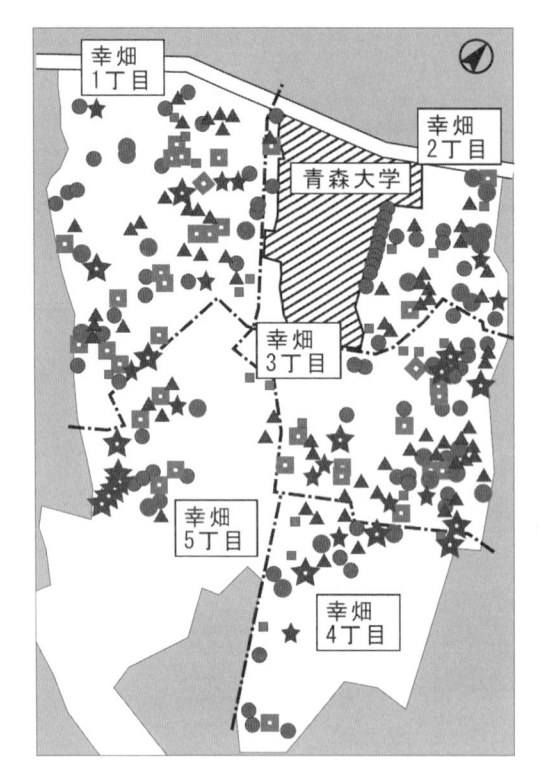

凡例:
- 空き家とみられる家（70）
- 空き家の可能性が高い家（31）
- 10年前からの空き地（21）
- 10年前には家が建っていた空き地（36）
- 今は駐車場になっている10年前の住家（2）
- 新築または新築の可能性がある家（14）
- 10年前には空き地または空き家だった家（18）
- この10年間に表札の名が変わった家（68）

また，近隣住民に話を聞けた場合を除き，外観調査のみ実施したが，雪囲いが必要な時期に当たったため，管理の有無については一定の精度を確保できた．確認できた範囲では，明らかに空き家とみられる家は 70 戸，空き家の可能性が高い家は 31 戸で，空き家は計 101 戸あるとみられる．幸畑団地内の一戸建ての戸数について，正確な数字は把握できなかったが，2010 年の国勢調査結果や住宅地図の変化から，1,150 戸程度と推測され，空き家率は 8.8％程度とみられる．

総務省の 2013 年住宅・土地統計調査によれば，青森県内の一戸建ての総数 386,300 戸に対し，別荘などを除く空き家は 38,100 戸，空き家率は 9.8％で，幸畑団地の空き家率は，県全体をやや下回る水準にある．ただ，図 11-4 に示したように，空き地や空き家が固まっているブロックもいくつかあり，局所的ながら地域の衰退を印象づける景観が存在する．

3. 空き家をめぐる考察

　確認できた範囲では，2013年時点の空き家のほとんどが最近10年間に空き家となっている．さらにこの間，住宅から空き地になった地点が36ヵ所，駐車場になった地点が2ヵ所ある．したがって，団地内では最近の10年間に130～140戸程度の居住が失われたと推測できる．他方，数は一桁少ないながら，新築中の家や，外観や建物の状況からごく最近新築された可能性が高い家も14戸確認できた．調査の過程で「もともと幸畑団地の出身で，親が住む実家の近くに家を建てた」という居住者と会話ができた事例もあった．さらに，10年前には空き地または空き家だったが，現在は住家となっている例も18戸確認できた．

　このほか，10年間に表札が変わった家が86戸あり，貸し家等で住民が入れ替わっていることが確認できた．今回の調査ではカウントはしていないが，新たに二世帯住宅を構えた家も何戸かあった．また，親子や親類が隣り合って居住しているケースも多く，世帯主の死去に伴って子どもや親類が家の管理を担うようになったり，逆に家を取り壊して畑として使ったりしている事例を確認できた．一方で，空き家の管理を親類以外の隣人が担っている事例もあった．

　さらに，冬季にかかる時期の調査となったことが幸いして，空き家の雪囲いの有無や程度から，管理の水準や立ち寄り頻度を推測することができた．除雪器具が風除室に置いてあるなど，定期的な除雪・排雪を想定している家から，破損防止のため人の立ち入りが不可能な状態まで雪囲いを施している家まで，多様な雪対策が講じられていた．冬期間は団地外の子どものところに身を寄せたり，老人ホーム等へ移ったりする人がいるとの証言もあり，これらのライフスタイルも雪対策に反映しているとみられる．ただし，雪囲いがないまま，あるいは通年で雪囲いされたまま放置されているとみられる家も目立ち，幸畑団地全体では「要注意」が28戸，「危険」な水準に達しているとみられる家が6戸あった．なお，町会長らへの聞き取りによると，造成の初期に建設された家は大半が平屋の建て売り住宅だったというが，個別の観察からは，ほとんどの住民が家を増改築している様子が確認できた．

　以上の結果を総合すると，幸畑団地では人口減少や高齢化に伴って空き家が増えているものの，大半の空き家は，程度の差はあっても適切な管理下にあること

がわかった．また，空き地や空き家が埋まるなど，一定の新規需要が存在してきたほか，一戸建ての住民も相当数が入れ替わっていることも確認できた．つまり，ひと口に「空き家の増加」といっても，単純に住家が虫食い状に減っていくわけではなく，さまざまな形での人の出入りや利用形態の変化を通じて，結果的に「日常的に利用される家」が減少している状況を確認できた．同時に，現在は空き家になっている家も，それぞれの家庭の事情に応じて「身内または他者による再利用を前提としている家」「再利用を前提とはしていないが，いつでも使用可能な状態にある家」「再利用を前提とせず，必ずしも使用可能な状態にはない家」「放置またはそれに準じた状態にある家」など多様な状態にあり，従って「空き家対策」もまた，多様なニーズを想定する必要があることがわかった．

これらの結果については2014年2月，青森県住みかえ支援協議会と青森大学の共催で団地住民を対象に報告会を開き，現状認識の共有を図った．また，住みかえ支援協議会は空き家問題に関する相談窓口を開設，4件の相談があった．

V．まちづくり協議会の始動

青森市は「地域コミュニティを核とした市民自治の推進」をうたい，2010年度に新たな地域運営の母体となる「まちづくり協議会」の設立に着手，2011年度までにパイロット・ケースとして4地区に協議会が誕生した．これらに続く5番目の組織として2014年半ば，幸畑団地地区の協議会設立構想が持ち上がった．既存の連合町会との差異が必ずしも周知されず，地元には一時，当惑も漂ったが，幸畑プロジェクトを通じて培われた青森大学と幸畑連合町会の交流が核となる形で，同年7月，「幸畑団地地区まちづくり協議会」が発足した．青森大学は地域貢献センター長が理事を務め，また，実働部隊に当たる「運営委員」に筆者が就任した．協議会発足に合わせて，青森大学は幸畑団地連合町会と包括的連携協定を締結した．

まちづくり協議会の始動に際して，住民らは幸畑団地を「幸畑ヒルズ」と命名した．丘陵地に位置することから，市中心部の住民から「山」と揶揄されることもある特性を逆手に取り，地域イメージの向上と住民のプライドの回復を狙った命名だった．まちづくり協議会は「地域交流促進」「高齢者支援」「防災」など多彩な活動目標を掲げて下部組織のワーキンググループを設置したが，別格扱いの

写真 11-4 「空き家で空き家シンポジウム」の様子
2014 年 10 月櫛引撮影.

テーマとして「空き家活用」「克雪・利雪」の両プロジェクトを設定した．そして同年 9 月，幸畑 1 丁目の空き家を借用し，青森県住みかえ支援協議会の協力を得て，初の試みとなる「空き家で空き家シンポジウム」を開催した（写真 11-4）．

この空き家は，現在は幸畑 3 丁目に住んでいる夫妻が，かつて自宅兼事務所として使用していた．青森大学とまちづくり協議会の活動趣旨に理解をいただいて，社会学部の 2 年生 16 人が大掃除と会場設営を行い，建築家や不動産会社経営者を含む市内外の約 40 人が，空き家問題の現状と課題について意見・情報交換した．青森大学による，一連の地域調査や空き家調査の結果報告を受けて，幸畑団地地区まちづくり協議会の張山喜隆運営委員長は「空き家が増え，人口が減っているからといって，自己否定的にならず，自信を持って楽しい地域をつくっていこう」とアピールした．

特筆すべきは，東京都出身で，2013 年 6 月に幸畑団地へ移り住んだ女性アーティスト（版画家）が参加したことだった．所用で直接の出席はかなわず，ビデオメッセージ上映の形での参加となったが，この女性は青森県の自然と風土にあこがれて移住したといい，地元住民が卑下しがちな「市中心部からの遠さ」「雪の深さと除排雪の苦難」を問題視することなく「一種の桃源郷」と形容して，強い印象を残した．

2014 年 10 月の青森大学文化祭では，前年に続いて「空き家で空き家シンポジウム」に至る調査結果をポスターで展示し，数百人の来場者に地域理解を促した．また，まちづくり協議会は「幸畑文化祭」と銘打って会員の絵画や写真，文芸作

品を展示し，前述の女性アーティストも木版画を出展して好評を博した．

　一連の活動は，幸畑団地地区まちづくり協議会の友好団体である「幸畑ヒルズ☆イノベーション」の誕生にもつながった．団地を学区とする青森市立横内中学校の卒業生らが，そのネットワークを生かして組織し，まちづくり協議会のウェブサイト運営や情報紙発信を手がける傍ら，独自のイベントを企画・運営するなど，幅広い活動を展開している．

VI. 可能性と課題

　以上，2年半余りの取り組みとその成果の概要を紹介した．大学による空き家調査自体は，何とか悉皆調査を実施したものの，精度はまだまだ改善の余地があり，追加調査すべき項目も多い．それでも，公表データがあったにもかかわらず活用されていなかった住民基本台帳人口の分析などと併せて，幸畑団地の空き家の概要を把握できたことは一定の成果だったと言える．何より，青森県内の自治体では空き家の実態把握そのものが進んでいないため，行政の取り組みを補完し，後押しする点でも，一定の評価が得られたようである．

　最も大きな成果は，大学と地元の住民組織，さらには空き家問題に対処する公的組織との連携が緒に就いたことであろう．住民基本台帳人口や国勢調査の活用，さらには空き家の外観調査といった，いわば初歩的な手法でも，住民へのノウハウ提供などの支援を通じて，大学が貢献できる余地は大きいことを実感できた．学生にとっても，空き家問題は，これからの人生において何らかの形で関わりを持つ可能性が高く，研究のみならず教育面での効果が大きかったと総括している．

　ただ，ゼロの状態からのスタートだったため，空き家に関する諸活動はなかなか具体的な成果に結びつかなかったが，2014年度から2015年度にかけて，いくつかの動きや意識の変化があった．青森県住みかえ支援協議会との連携の一環として，幸畑団地まちづくり協議会のメンバーら約10人が2015年2月，空き家問題をめぐる座談会を開いた際に，「空き家問題への事前対応」という視点が提示された．団地内では，見守り事業の一環として，独り暮らしの高齢者を招いてのお茶会が定期的に実施されている．この会合の参加者は，いわば空き家所有者・管理者の予備軍ともなり得ることから，実際に家を離れざるを得なくなった場合に備えて，誰にどのような対応を求めるか，健在なうちから検討してもらっては

どうか……という提案がなされた．この提案は，まだ実現には至っていないが，仮に空き家への「事前対応」が現実化すれば，既に空き家を抱えている所有者・管理者に，現状維持以外の選択肢を提示できる可能性がある，と参加者の認識が一致した．

さらに 2015 年度，幸畑団地地区まちづくり協議会として，空き家を地域の集会所などとして活用する青森県市町村振興協会の移住・交流地域活性化モデル事業の採択を受け，80 万円の予算で事業に取り組むこととなった．ただ，助成申請と並行して始めた「活用できる空き家探し」は，予想以上に難航した．活用されていないようにみえる空き家があっても「完全な空き家ではなく，定期的に寝泊まりしている」，「相続問題が解決しておらず，契約者を特定できない」，「利便性が悪い」，「売るなら可能だが，短期間の賃貸は困難」といった理由で，なかなか適当な家を確保できず，空き家活用の多面的な課題があらためて浮き彫りになった．

数年前に所有者が亡くなり，故人の兄が管理している空き家を探し当て，6 月になってようやく借用できることになり，住民と学生が家財の整理や清掃，除草，補修を行った後，7 月下旬に開所式を行って活用を開始した．この家は，所有者の名にちなんで「安住増し家」（あずましや＝津軽弁で「あずましい」は「快適，心地よい」の意）と命名された．「安住増し家」は，まちづくり協議会の会議場所として常用されたほか，空き家問題を語るミニ・シンポジウムの会場となり，学生の授業の場ともなった．地元のねぶた祭りを彩る「金魚ねぶた」や夏祭りのポスターを子どもたちが製作したり，最も早い時期に幸畑団地へ移住した人々に歴史を語ってもらう場になったりもした．さらに，数度にわたって「お試し移住者」の宿泊先として活用され，首都圏の人々が懇親会で団地の人々と交流を深める機会もあった．

当初は同年 11 月末まで，約 4 カ月の活用を想定していたが，これらの取り組みが「継続的な活動を」という機運を高め，交渉の結果，2016 年 2 月末まで活用期間が伸びた．一方で，一般住宅の集会施設への転用に際して，建築基準法等のクリアが条件になるといった現実にも直面した結果，中長期的課題として法改正の必要性が話題に上り，さらには「法改正を住民サイドから促すべきだ」といった会話が交わされるに至った．一連の取り組みを通じて「空き家問題はまちづく

りそのもの」,「(自ら使用可能な状態にした)空き家で語れば世界が開ける」といった言葉も生まれた．また，借用期間の延長に伴い，冬季の空き家管理における除排雪のプランニングや各種の負荷の検証を行うことにもなった．学生のボランティア活動との関連付けなど，他の積雪地域にも参考となるデータや知見の獲得が期待される．

　青森大学と幸畑団地の取り組みには，市内の他地域からも関心が寄せられており，地域間の連携も視野に入っている．2015年3月に青森大学が青森市などと開催した「青森地域フォーラム」において，まちづくり協議会の運営委員長が，幸畑プロジェクトに携わる社会学部長とともに，一連の活動を市民に報告した．

　まちづくり協議会の活動は本稿の執筆時点でも多面的に進展しており，今後さらに，住民が主体となった空き家問題の分析・対処・解決のスキームづくりや，経済活動と結びついた空き家対策を実現させていくことが，2015年11月時点での課題となっている．

注
1) 幸畑団地の周辺には，団地造成以前から点在する住宅や近隣の住宅団地が立地し，景観や機能が部分的ながら一体化しているが，本稿では住居表示で区切り，青森市幸畑1丁目から5丁目を「幸畑団地」として取り扱う．
2) 幸畑団地は八甲田山系に近く，地元では「市中心部より雪が深い」と信じられて，地元をネガティブにとらえる一因となっている．事実，筆者の調査によれば，幸畑団地に近い県道路課の観測地点と青森地方気象台とでは，平均して10cm以上の積雪の差がみられる．
3) 一般社団法人すまいづくりまちづくりセンター連合会「平成25年度　空き家管理等基盤強化推進事業報告書」A-1．p.22参照．

参考文献
櫛引素夫・菅勝彦・赤石祐介・一戸佑成・金子将平・木村安度・黒滝健太・神政範・三上聖矢・宮本康佑・森内海 2014．幸畑団地における居住動向の変化と地域課題．青森大学付属総合研究所紀要 15-1：11-24．

▶ 12章

郊外住宅団地における活性化の取り組み

広島市の事例

由井義通

Ⅰ．郊外住宅地の高齢化と郊外の衰退
1．高齢化
　「住宅双六」の「あがり」として選択された郊外住宅は，「終の棲家」となることが多い．しかも郊外住宅地において供給された住宅は，夫婦と子どもからなる核家族向けの住宅が大部分であり，間取りもほぼ同様で等質的な入居者に偏り，隣近所が皆同じ世代というように等質性の高いコミュニティになりがちである．多くの住宅団地では，開発当初は30歳代から40歳代の夫婦と10歳代前半までの子どもからなる核家族世帯に偏り，30年以上経過すると夫婦は加齢によって高齢者となり，子どもたちが独立することによって，高齢夫婦のみが住み続ける過疎地域のような人口ピラミッドとなっている．
　広島市では，西区，安佐南区，安佐北区などの郊外住宅団地において高齢化が進み，老年人口率が高い地域は郊外の住宅団地と市内中心部の古い住宅団地が大部分である．世帯状況でみると，子どもの独立によると思われる高齢者夫婦のみの世帯率が高いのは，ほとんどが住宅団地のある地域であり，高い比率の場所がパッチワークのようにまだら状態で分布している（図12-1）．
　これらの高齢化した郊外住宅団地では団地内の小学校の児童数が著しく減少し，統廃合による閉校の対象となることが予想されたり，若年世帯の流入が極端に少ないために，コミュニティ活動の担い手となる人口が減少するによって活気がなくなって衰退地域となったりしているところもみられる．

2．郊外住宅地のフードデザート問題
　住民の高齢化は，消費行動にも大きな影響をもたらしている．ある程度の規

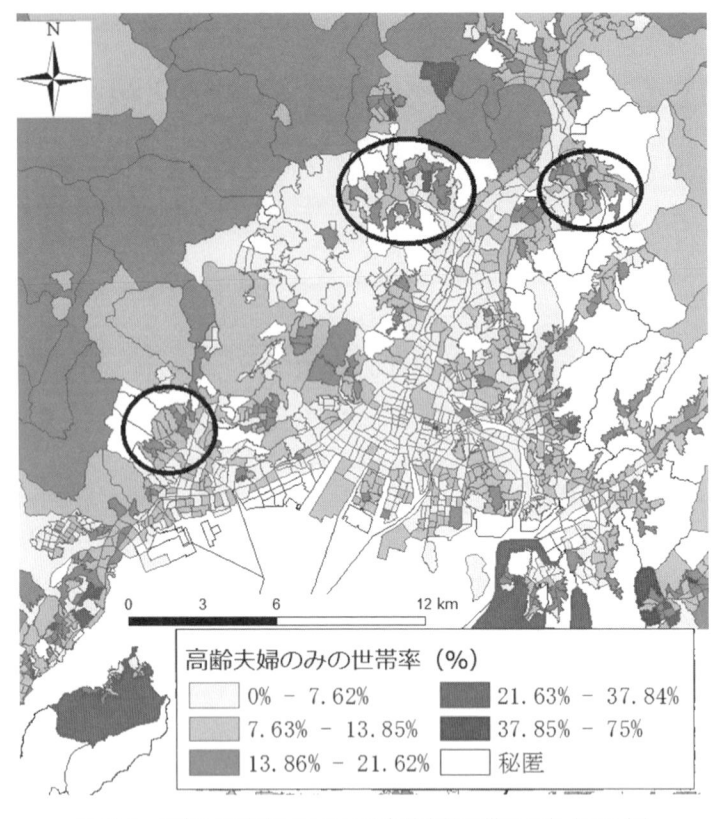

図 12-1　広島市安佐南区における高齢夫婦世帯の分布（2010 年）
国勢調査より作成．

模を持った住宅団地では，開発当初においては団地内にスーパーマーケットや銀行，病院，保育所，小学校などの生活利便施設が計画的に配置されていた．しかしながら，子どもたちの成長と独立によって人口が減少しているために，団地内の商業施設や生活利便施設は顧客や利用者が少なくなって，多くの商店や施設が閉店に追い込まれている．団地内の住民は，団地外の大型スーパーマーケットや安売り量販店へ買い物に出かけることが多く，団地内の商店を利用しない住民も多い．また，既存の集落に立地する万屋的な商店と違って，地域内の商業施設を支えようという住民意識も低く，商業施設が買い物行動による住民間のコミュニケーションの場となる機会も少ない．

しかしながら，商業施設が閉店になってしまうと，自動車の運転が困難になった後期高齢者が日常の買い物に困り，過疎地やドーナツ化現象が進んだ都心地域のフードデザート問題が郊外住宅地にも同様に発生することが予想される．

II．マージナル地域の郊外
1．デッドストックの郊外住宅団地
　広島市では，中心部から北へ道路距離にして30km近く離れた市境界線に近い山間地域にも，住宅団地が開発されている．これらの住宅団地のなかには，空き家や空き地が数多く分布している．大部分の空き地は，販売時からの売れ残りによるものではなく，購入された土地であるにもかかわらず住宅が建築されなかったものである．売却済みにもかかわらず空き地になっている理由は，土地購入者が将来的にそこに住む予定であったが，定年退職した時にはそこへ移動してこなかった土地であったり，土地購入者が自分の子どものために土地を購入したものの，子どもの世帯が結婚などによって独立した後もその土地に入ってこなかった場合であったり，最初から投機目的で購入した場合など，さまざまな理由で住宅が建てられないまま空き地として継続していた．これらの土地は流通されることもなく，今後の売却も極めて難しい状況にあり，いわばデッドストック状態の土地であるといえる．
　大都市郊外の住宅団地では，中古住宅として不動産市場で取引されることも多く，必ずしも空き家とはならない．しかし，地方都市の郊外住宅団地のなかには公共交通機関や生活利便施設への利便性が十分ではないものも数多くあり，中古住宅として売りに出されたとしても購入者がなかなかみつからなかったり，所有者自身が売れないと判断して放置しておくために長期間にわたって空き家となることが多い．

2．通勤限界地における公共交通機関
　住宅・土地統計調査によれば，空き家は別荘などの二次的住宅，賃貸用・売却用のための空き家，人が住んでいない住宅で，例えば，転勤・入院などのため居住世帯が長期にわたって不在の住宅や建て替えなどのために取り壊すことになっている住宅などと，区分の判断が困難な住宅とされる「その他の住宅」に分類さ

れる．郊外地域の住宅団地では，所有者の死去後，相続人が売却しないで保有を続けたり，高齢化などによって所有者が転出後も売却しないで定期的に維持管理のために訪問しているような住宅がある一方，放置されて荒廃している老朽化した住宅がある．住宅団地内には前者のように居住可能であるにもかかわらず利用されていない住宅が数多く存在するが，貸し出したり，売却されたりする住宅は少ない．なかでも，都心から遠距離であったり，公共交通機関の便数が少ない利便性の悪い住宅団地においては，土地や住宅の取引が少なく，住宅の空き家とともに空き地も問題となっている．

広島市安佐北区のふじビレッジは，大手不動産により1976年に山麓斜面の中腹に開発された住宅団地で，開発面積は15.4haの中規模団地である．周辺の農山村集落が含まれるために国勢調査などで住宅団地だけの人口や世帯の特徴をとらえることができないため，高齢化の状況について把握できない．ふじビレッジは谷底を走る地方幹線道路から50mばかり上にあるため，団地内に入るためには幹線道路から急な坂道や階段を上る必要がある．しかも，団地内に小学校や幼稚園などの教育施設，あるいは商業施設はなく，住民は長い坂道や階段を降りたところにある小学校やスーパーマーケットを利用している．

ふじビレッジ内には，バス停が3つ設定されているが，朝7時15分と9時10分に市内中心部へ出る便と10時46分と18時21分にさらに奥の山間部へ行く便の合計4本のみである．そのため，市内中心部へ出るためには急な坂道や階段を降りたところにある幹線道路沿いにあるバス停を使って市内中心部へ出ることになる．そのバス停は6時台に4便，7時台に9便あるものの，退職者や主婦が利用する10時台以降の日中は1時間当たり2～3便のみである．

住宅総数が340戸あまりのふじビレッジでは，空き家は数戸しかないものの空き地は約80区画と多い．しかしながら，現在でも販売されている区画はわずかである．おそらく多くの土地区画が購入されたものの，土地購入者が住宅を建設したり売却しないために，空き地が今後も継続していくと思われる．一方，まったく悲観的な状況とは言い切れない一面もある．数km離れた安佐北インターチェンジの近くに工業団地が開発されたり，地価の大幅な下落によって，若年世帯にとって安価に住宅を取得することが可能となっている．わずか数戸ではあるが空き地に新築住宅が建築中であった．

III．マージナル地域の住宅流通

　国土交通省による「土地情報システム」内の「不動産取引価格情報検索」を使って，「不動産の取引価格情報」(http://www.land.mlit.go.jp/webland/) をみる．広島市安佐北区内のマージナル地域の二つの住宅団地における不動産売買について2008年以降の取引実績を調べてみると，表12-1に示すように，取引価格で1,000万円を下回った物件が多い．なかには，市街中心部からバスで1時間30分くら

表 12-1　安佐北区の A 住宅団地と B 住宅団地の中古住宅の販売価格

物件番号	販売価格(万円)	土地面積(m²)	単位面積価格(万円/m²)	建物面積(m²)	間取り	築　年(販売時の築年数)	備考・お薦めポイント
A1	790	190.01	4.16	91.91m²	4LDK	1987年11月(築27年2カ月)	日当り良好・閑静な住宅街
A2	690	195.67	3.53	76.29m²	4DK	1979年7月(築35年6カ月)	オール電化
A3	780	206.34	3.78	86.94m²	5DK	1982年4月(築32年9カ月)	平成26年7月室内リフォーム済.広い庭.
A4	1,000	200.83	4.98	129.01m²	3SLDK	1978年1月(築37年)	外装・浴室リフォーム.リビング23畳.
A5	1,000	200.83	4.98	129.01m²	3LDK	1978年5月(築36年8カ月)	軽量鉄骨造,リビング21畳
A6	800	224.52	3.56	160.17m²	6LDK	1979年10月(築35年3カ月)	鉄骨系プレハブ造.
B1	880	223.45	3.94	121.57m²	4LDK	1990年8月(築24年5カ月)	閑静な住宅街・2面採光,鉄骨造
B2	1,050	225.46	4.66	152.66m²	4LDK	1992年3月(築22年10カ月)	リフォーム・日当り良好.軽量鉄骨造
B3	1,280	232.56	5.50	128.96m²	5LDK	1991年1月(築24年)	リフォーム・駐車場3台・日当り良好・吹抜・前面棟無
B4	580	230.61	2.52	107.98m²	4LDK	1990年8月(築24年5カ月)	木造2階建て
B5	900	218.79	4.11	104.90m²	3LDK	1992年2月(築22年11カ月)	木造3階建て
B6	980	179.84	5.45	154.43m²	5SLDK	2001年11月(築13年2カ月)	軽量鉄骨

資料：　http://www.athome.co.jp/　2014年12月10日閲覧

いの距離にある住宅団地で，200 m²の区画に1982年建築で70 m²の木造住宅のある土地は，競売物件でもないのに100万円で取引されていた．バブル経済の崩壊以降，利便性の悪い住宅団地では新築戸建住宅も2,000万円台前半の低価格帯での販売となっており，中古住宅はさらに低い価格となっている．しかしながら，低価格となってもマージナル地域の中古住宅は取引が活発ではない．バブル経済期を終えて地価低迷期に入ると，これらのマージナル地域の住宅流通は著しく活性化を失っている．

広島市安佐北区のいくつかの団地をみると，筆者が調査した1983年時点において1970〜74年に開発され，市街地中心部から道路距離にして約30km離れて立地する安佐北区内の2つの団地は，10％未満の入居率（総区画数に対する住宅が建築されて入居があった区画の比率）であった．このうち1つの団地は1973年に開発されていたが，40年後の2014年11月においてもほとんど入居率が変わっていない．また，1975〜80年に開発され，市街地中心部から20〜30kmにある住宅団地のうち，安佐北区にある4つの住宅団地では，1983年時点で1つの団地が50〜70％の入居率で，残りの3つの住宅団地では30〜50％の入居率であった．2014年になってもこれらの入居率に大きな変化はみられず，新たな転入がみられなかった．

安佐北区において，住宅団地の単位で集計が可能なA〜Eの5つの住宅団地を対象として，郊外住宅団地の住戸の販売価格をみた．その結果，表12-2に示すように，C団地では170 m²の土地に84.45 m²の家屋でも580万円で売りに出されており，空き家となっている手入れの悪い住宅では，213 m²の土地に83.63 m²の家屋でも650万円で販売されている．このほかに200 m²を超える土地の住宅でも1,000万円を割る販売額で，単価にすると3万円代/m²前半で販売されている．同様のことが他の住宅団地においてもみられており，A団地とB団地ではすべて3〜4万円/m²で販売されている状況である．また，最も広島市内から遠方にあるE団地は，他に比べて新しい時期の開発であるが，230 m²の土地に107.98 m²の家屋の物件が580万円で販売されている．

しかしながら，販売価格がその額面で取引されることはほとんどなく，多くの場合は住宅団地単位で情報が取れた郊外住宅団地における不動産取引実績をみると，安佐北区C団地では2006年4月〜2014年9月末に62件の取引があった．

表 12-2　広島市安佐北区 C 住宅団地における不動産の取引価格

年	取引物件数	最高取引価格（万円）	最低取引価格（万円）	平均取引価格（万円）	最高取引単価（万円）	最低取引単価（万円）	平均取引単価（万円）	取引物件平均面積（㎡）
2006	6	2300	600	1250	6.7	2.3	4.3	300
2007	6	1200	380	795	5.7	0.2	3.2	526
2008	9	1400	250	687	8.2	1.0	4.5	167
2009	7	1300	580	994	7.4	2.7	5.2	190
2010	11	3400	850	1436	14.2	2.5	5.8	257
2011	3	1400	900	1166	6.7	3.7	4.9	240
2012	9	2400	500	1094	5.5	2.2	4.0	285
2013	5	1900	850	1330	5.9	3.6	4.6	304
2014	6	2400	550	1175	12.6	2.2	5.8	217

国土交通省による「土地情報システム」内の「不動産取引価格情報検索」を使って「不動産の取引価格情報」より作成．

　取引価格の平均は 4.76 万円 / ㎡で，購入時と比較して半額以下となってかなり価格が下がっている．取引実績において価格の高い物件は，新築物件として 2010 年に販売開始されたが，後に「新築未入居物件」として販売が継続されているものである．一方，販売価格が低かった物件は，1979 年に 2,000 ㎡の土地に延べ床面積 80 ㎡の木造住宅で，390 万円で取引されていた．単位面積当たりの価格でみると，0.2 万円 / ㎡で著しく低い販売価格であった．この例は極端な事例と思って他の事例を調べたが，他にも単位面積当たりの販売価格が 1 万円台の物件が 2 物件あり，2 万円台は 10 件であった．

　以上のことから，郊外住宅地の住宅や住宅・土地の不動産価格はほとんど上昇しておらず，むしろ大幅な値下がりとなっており，住宅の維持費や固定資産税を考えると所有するだけでそのコストが販売価格を上回る「『負』の資産の不動産」となっているのである．

IV．郊外住宅団地における空き家と空き地の管理

　広島市安佐北区くすのき台団地は，1978 年に安佐町農協（当時）と民間ディベロッパーによって開発された．当団地へのアクセスは，市内中心部のバスセンターからは 40 分以上を要し，最寄りの新交通システムの大原駅からもバスで山あいの久地通りを通って約 15 分かかっている．37.1ha の開発地域内には 914 世

写真 12-1 くすのき台団地における空き地の管理
2014 年由井撮影.

帯が居住し，人口は 2,282 人，老年人口率は 25.2％である．団地内の 1,007 区画のうち，2012 年 9 月現在，空き地は 93 区画であった．空き家については，管理状態が悪い住宅が数戸みられたが，日常的に住んでいないものの定期的に所有者が管理に来ている住戸については，近隣住民も空き家という意識がなく，現地調査でも空き家の判定が難しい．

くすのき台団地は，開発当初は上下水道や空き区画を管理組合が管理していたために，土地購入者は必ず「くすのき台住宅団地管理組合法人」に加入する必要があった．そのため，「くすのき台住宅団地管理組合法人」は土地購入者全員と連絡が取れており，空き地となっている区画であっても所有者の所在をつかんでいた．上下水道が広島市へ移管されたときに，「くすのき台住宅団地管理組合法人」は解散して現在の「くすのき台宅地建物委託管理センター」が設立された．この「くすのき台宅地建物委託管理センター」は，空き区画の所有者から管理の委託を受けて，団地住民に駐車場として貸し出している（写真 12-1）．「くすのき台宅地建物委託管理センター」は空き区画の除草や違法駐車の防止などの管理業務を行って，駐車場利用者から使用料を徴収している．

くすのき台団地では，病気になった高齢者が通院のために市街地中心部に引っ

写真 12-2　くすのき台団地の空き家
2014 年由井撮影.

越したり，市内中心部の子ども夫婦の家の近くに引っ越したために空き家となっていた．くすのき台団地では，写真 12-2 のように庭の管理がなくなったために雑草が伸びたり庭木が伸びて隣地にはみ出すなどの，近隣住民に迷惑をかけている空き家が数戸あるが，一部の空き家については，自治会有志が庭木の手入れを年に 2 回行って，それと引き換えに空き家の駐車場を借りているところもある．

V．郊外住宅団地の活性化に向けた広島市の取り組み

　高齢化が進行する郊外住宅地において，空き家対策や住宅団地の活性化としてさまざまな取り組みが行われており，広島市では 2013 年に「住宅団地活性化研究会」が設置された．そこでは住宅団地の活性化について検討し，市内各地の住宅団地における居住者の高齢化の状況や，住宅団地内の商業施設や教育施設などの生活利便施設の整備状況，公共交通の利便性などを評価し，研究会の議事録や調査報告，各地区の住宅団地における高齢化の状況等の詳細について，団地の分布を示した地図とともに広島市のホームページの「住宅団地活性化研究会」のページに掲載されている．また，郊外住宅団地の活性化策として，団地ネットワークを組織して，郊外住宅団地間でお互いの取り組みについて情報交換をしたり，見学会を行ったりしている．

　このほかに広島県では，行政や関係団体と協力し，公有地や空き家情報，定住

促進事業を紹介する「空き家バンク」(http://akiya-bank.fudohsan.jp/) が 2014 年 11 月に設置され，空き家解消のための住宅流通の活性化が図られている．「空き家バンク」には，広島県内 2,500 社の加盟店が登録する物件情報のほか，行政や関係団体と協力し，公有地や空き家情報，定住促進事業を紹介している．空き家バンクの全登録物件数は 2014 年 12 月末時点で 9,957，賃貸物件 5,798，売買物件 4,159 で，登録数は徐々に増加している．

また，広域地方紙の中国新聞社は，2012 年 11 月 27 日からの連載企画「団地」の特集記事を組み，広島市内のさまざまな住宅団地における空き家や高齢化に関わる生活上の問題を取り上げ，住宅団地活性化のために第 1 部から第 8 部にわたる長期間の連載を続けていた (http://www.chugoku-np.co.jp/column/?localfrom=danchi)．中国新聞社は，国内の先進的取り組みを紹介しながら「団地再生の手引き」を提示しており，団地取材班の公式 Facebook ページ (https://ja-jp.facebook.com/danchi.chugokushimbun) も興味深いのでご参照いただきたい．

VI．サードプレイスの創造

住宅団地活性化の取り組みとして，美鈴が丘団地の実践を紹介する．1981 年と 1986 年の 2 期にわたって開発された広島市佐伯区の美鈴が丘団地は，開発面積 142.1ha，総世帯数 4,045 世帯，人口 10,172 人 (2012 年 9 月時点) の区内で最大規模の住宅団地である．美鈴が丘団地においても第一期分譲の地域では老年人口率が 28.3％となり，高齢化が進行している．

美鈴が丘団地の住民有志は，区内の他の住宅団地とともに「佐伯区団地元気フォーラム」を結成して，情報交換や他団地への見学会を企画して，団地間の交流を深めている．この団地での取り組みの特徴は，住宅販売が終わった後も住民のコミュニティ活動をディベロッパーが支援していることである．当地では三井不動産リアルティ中国の「Re:倶楽部　美鈴が丘」の坪田雅文氏が中心となって，町内会役員や様々な団体などの協力や住民の有志との連携によって，多様な世代からなるリアルティ倶楽部美鈴が丘を設立して，オフィスを地域住民の様々な活動グループに開放している．リアルティ倶楽部の活動は，予約が大変でさまざまな制約がある公民館と違って，自由に出入りできる場を創造している．また毎月 30〜35 店舗（このうち地元の団地住民による参加は 10 店舗程度）の参加を得

写真 12-3　美鈴が丘団地におけるサマーフェスタ
2014 年呉田雅文氏撮影.

て「美鈴楽市」を企画して 5 年間継続させている．さらに，3 年前からは音楽と夏祭りを組み合わせた住民参加の「サマーフェスタ」が企画され，多様な世代の参加者を呼び込んでいる（写真 12-3）．

　このほかにも住宅団地内でグループホームを運営する NPO 法人が，2012 年に地域住民約 50 人とともに多世代交流スペース「ら・ふぃっと HOUSE」を立ち上げた．「ら・ふぃっと HOUSE」では，所有者が高齢のために空き家となった 2 階建ての木造住宅を借りて自らの手で改装して，新しい交流スペースとしてボランティアの住民とともにカフェや食堂，バザーなどの企画運営や，定年退職者の「地域デビュー」の支援などを始めている．食堂やカフェの運営には，団地住民の若い世代も加わった 27 人がボランティア的に参加しており，一人暮らしの高齢者から子育て中の女性までの交流の場として，空き家が再利用されている．

　このような空き家や空き店舗を利用した住民の憩いの場の創造は，サードプレイスの創造ともいえる．オルデンバーグ（2013）は，都市住民がくつろいだ充実の日常生活を送るには，3 つの経験の領域のバランスが必要であるとする．それは，第 1（ファーストプレイス）が「家庭」，第 2（セカンドプレイス）に「報酬をともなうか生産的な場」（職場），そして第 3（サードプレイス）に「広く社交的な，コミュニティの基盤を提供するとともにそのコミュニティを謳歌する場」である．オルデンバーグはサードプレイスをイギリスのパブやフランスのカフェ

写真 12-4　高蔵寺ニュータウンの子育てひろば
2011 年由井撮影.

のように，インフォーマルな公共生活の創出に必要な原動力としてみている．

　日本の郊外住宅団地においても多様なサードプレイス創造の試みがあり，サードプレイスの場としての空き家の活用が注目となっている．しかし，郊外住宅地において空き家をサードプレイスとして活用するには課題がある．多様な世代間の交流を考えるには，特に若い世代の交流の場が必要であり，オルデンバーグ（2013）は若者の扱いを重要視しており，伝統的なコミュニティのように，サードプレイスが地域ぐるみの子育ての場であることを期待している．国内の郊外住宅団地においても，高齢者による学童保育や，子育てひろばの設置など，子育てを充実させることによって若い世代の交流を図るサードプレイス創設の試みがある．名古屋大都市圏の高蔵寺ニュータウンでは，商業施設の一角にあった事務所が閉鎖された後，子育てひろばが開設され，毎日 150 人以上の利用者がある（写真 12-4）．幅広い年齢層が集うことができるサードプレイスの創造が今後の団地活性化のポイントとなると思われる．

参考文献

オルデンバーグ，L. 著，忠平美幸訳 2013．『サードプレイス－コミュニティの核になる「とびきり居心地よい場所」』みすず書房．

▶13章
東京圏における空き家ビジネスの展開

若林芳樹・小泉 諒

I. 大都市圏における空き家問題の実態と特徴

　全国的に空き家が増加しているなかにあって，大都市圏の空き家率は相対的に低い（2章参照）．2013年の住宅・土地統計調査でも，東京圏（1都3県）の空き家率は全国平均を下回っている（表13-1）．空き家の内訳を「賃貸・売却用」（住宅市場で取引されている住宅），「二次的住宅」（別荘等），「その他」（住み手がいない放置された住宅）に分けると，千葉県を除く東京圏では賃貸・売却用が空き家の6割以上を占める点に特徴がある．一般に，空き家が周囲の環境に及ぼす衛生・景観・治安などの面での外部不経済をもたらすのは，おもに所有者がいながら放置された「その他」の空き家である．大都市圏で最も大きな割合を占める「賃

表13-1　東京圏の空き家とその内訳

	住宅総数	空き家総数	二次的住宅	賃貸・売却用の住宅	その他の住宅
a) 空き家数（単位：千戸）					
全国	60,629	8,196	412	4,600	3,184
埼玉県	3,266	355	9	234	112
千葉県	2,896	367	23	209	134
東京都	7,359	817	12	653	152
神奈川県	4,351	487	25	329	133
b) 空き家率（単位：%）					
全国	100	13.52	0.68	7.59	5.25
埼玉県	100	10.87	0.28	7.16	3.43
千葉県	100	12.67	0.79	7.22	4.63
東京都	100	11.10	0.16	8.87	2.07
神奈川県	100	11.19	0.57	7.56	3.06

資料：総務省統計局「住宅・土地統計調査（2013年）」により作成．

貸・売却用」の空き家は，転居希望者や住宅市場での円滑な取引のためには一定の割合で存在する必然性を持っている．そのため，大都市圏での空き家問題は，地方圏ほど深刻でないといえるだろう．

一方，自治体が独自に実施した実態調査によると，住宅・土地統計調査の空き家率を大きく下回る値が得られている．たとえば，「豊島区空き家実態調査」(2012年) では，任意に選んだ調査地区内で空き家は1.6%（2008年の住宅・土地統計調査では12.9%）にとどまる．東京都北区でも同様の調査を2011年に行い，豊島区と同様に1.1%という空き家率が得られている．これは空き家の定義や調査方法の違いも関係しているが，住宅・土地統計調査の結果が，空き家の実数を過大に見積もっている可能性があることを示唆する．

とはいえ，第2章でも述べたように，時系列的にみて空き家が増加していることは間違いなく，今後の人口減少社会への移行を見据えると，東京圏でも空き家の問題は深刻さを増すことは想像に難くない．東京圏でも自治体ごとにさまざまな空き家対策がとられているが，最近では空き家を対象にした新たな事業も登場し，民間のビジネスのための資源として空き家を活用する動きがみられる．本稿では，大都市圏の特徴ともいえる，そうした民間のビジネスを通して，空き家問題の解決の糸口を考えてみたい．

II．ビジネスの対象としての空き家

前述のように，空き家を3タイプに分けた場合，問題となりやすい「その他」の空き家を「賃貸・売却用」に移行させて，住宅市場で流通させることが対策の大きな柱となる．第1章で紹介された，自治体が行っている空き家バンク（米山2012）も，空き家が賃貸や売却用の物件として市場で取引できるようになって初めて機能するものである．また，移住・住み替え支援機構が行っている「マイホーム借上げ制度」[1]は，シニア世帯を対象にマイホームを借上げ，賃貸住宅として転貸するもので，中古住宅の利用者を高齢者から若い世代に循環することで住宅として維持する仕組みである．こうした仕組みを機能させるには，中古住宅の維持管理やリフォーム／リノベーションによって不動産価値を維持し高める必要があるが，そこにも民間のビジネスが成立する可能性がある．

とくに大都市圏では，郊外の沿線開発を行っている鉄道事業者の多くが少子化・

高齢化という沿線人口の変化に対応するために，沿線価値を高める各種事業に取り組んできた（田中・高見沢，2010）．そのなかには，保育所や学童保育などの子育て支援，高齢者向けサービスのほかに，住み替え支援に取り組んでいる例がみられる．

　このような住居系の土地利用が卓越する郊外の空き家は，同じ用途のなかで住宅として再利用されるのが一般的である．しかし，都心周辺部では，さまざまな土地利用が混在しており，土地利用規制も相対的に緩いため，非住居系との間での用途変更（コンバージョン）も1つの選択肢になる．その場合，既存の建物の性能を向上させるような改修を加えるリノベーションによって，中古物件の不動産価値を高めることも有効な手段となる．

　以下では，都心周辺部でのリノベーション，郊外での住み替え支援について，それぞれ事例をとりあげ，東京圏での空き家ビジネスの展開とその課題を検討する．

III．都心周辺部でのリノベーション

　本書の10章で紹介された宇都宮市の事例にみられるように，今日では地方都市でもリノベーションによる既成市街地の空き家の再生に取り組む民間事業者が現れているが，その先駆けとなったのは，東京R不動産であろう．その中心メンバーである建築家の述懐（馬場 2011）によると，2003年頃に外資系企業からの委託事業として遊休不動産の利活用をもちかけられたことが設立のきっかけだったという．当時の東京は，六本木，汐留，品川などで大規模再開発が進行しており，オフィスが供給過剰になるという見通しから「2003年問題」が話題になった時期でもある．古くから問屋やオフィスビルがひしめく商業・業務地区であった日本橋東部地区でも，テナントの流出や事業所の郊外移転などによって空き室が増加していた．

　こうして衰退しつつあった日本橋北東部地区を活性化させるために，CET (Central East Tokyo)という運動体が活動を開始した[2]．CETでは，デザイン，アート，建築の観点から当該地区を再発見（創造）するために，2003年から2010年まで毎年10月初旬の10日間を使って街を丸ごとミュージアム化するイベントが開催された．このCETの活動から生み出された，新しい不動産物件を発掘して

図 13-1　東京 R 不動産のウェブページ
http://www.realtokyoestate.co.jp/（閲覧日：2015 年 11 月 29 日）

紹介するメディアが東京 R 不動産である．

　東京 R 不動産のウェブサイト[3]には，各物件の所在地・価格・面積と写真や間取り図だけでなく，「眺望GOOS」・「天井が高い」・「改築OK」といった物件の特徴を表すアイコンと見出しのコピーが添えられている（図 13-1）．そこで紹介された物件は，駅からの距離や設備といった従来の評価基準とは違った観点で選ばれた個性的なものが多く，不動産のセレクトショップのような様相を呈している．

　設立して間もない頃の東京 R 不動産の物件は，日本橋地区を中心に東京の都心・副都心とその周辺に偏っていた（東京 R 不動産 2010a, b）．しかし，2014年 10 月にウェブサイトで紹介された物件は，神奈川・千葉・埼玉にまで拡大し，

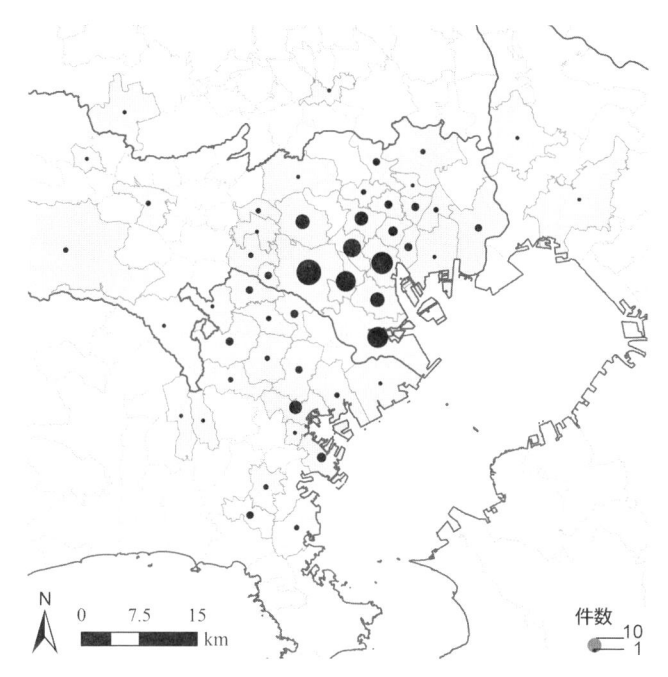

図 13-2　東京 R 不動産のウェブサイトで紹介された物件の分布
東京 R 不動産のウェブサイトより作成（2014 年 10 月）．

現在では山形，金沢，福岡など地方にも活動を拡げている（東京 R 不動産ほか 2014）．ただし，東京圏内の 226 件のうち 77％が東京都内で占められ，その分布を示した図 13-2 では，東京都区部でも西南部の山の手地区に偏っていることがわかる．

IV．郊外での空き家の仲介と住み替え支援

　郊外の私鉄沿線では，鉄道事業者が手がける住み替え支援の取り組みがみられるが，その一例として，東急電鉄が 2005 年から行ってきた「ア・ラ・イエ」という住み替えシステムがある（呉 2006）．これは，東急田園都市線沿線で売却を希望している戸建て住宅を町並みに合わせてリフォームし，資産価値を高めた上で若いファミリー世帯に販売するものである．これにより，売り主の高齢世帯には駅に近いシニア向け住宅などに移住してもらい，沿線での人口バランスを維持

することが可能になる[4]．それはまた，敷地の細分化を防止し，住宅地の町並みを維持しつつ居住者の若返りを図ることも同時にねらっている．

しかし，その対象はもともと人気の高い東急田園都市線沿線に限定されており，そもそも建て替えずにリフォームして価値が高まるような高級物件は数が限られているため，取引された住宅数は決して多くはない．また，実際には売り主が売却後に沿線にとどまるとも限らない．そのため，この事例はかなり特異なケースともいえるが，これと類似した住み替え支援サービスは，千葉県佐倉市のユーカリが丘など東京圏の他の地区でも，開発業者や電鉄系不動産会社などが手がけた

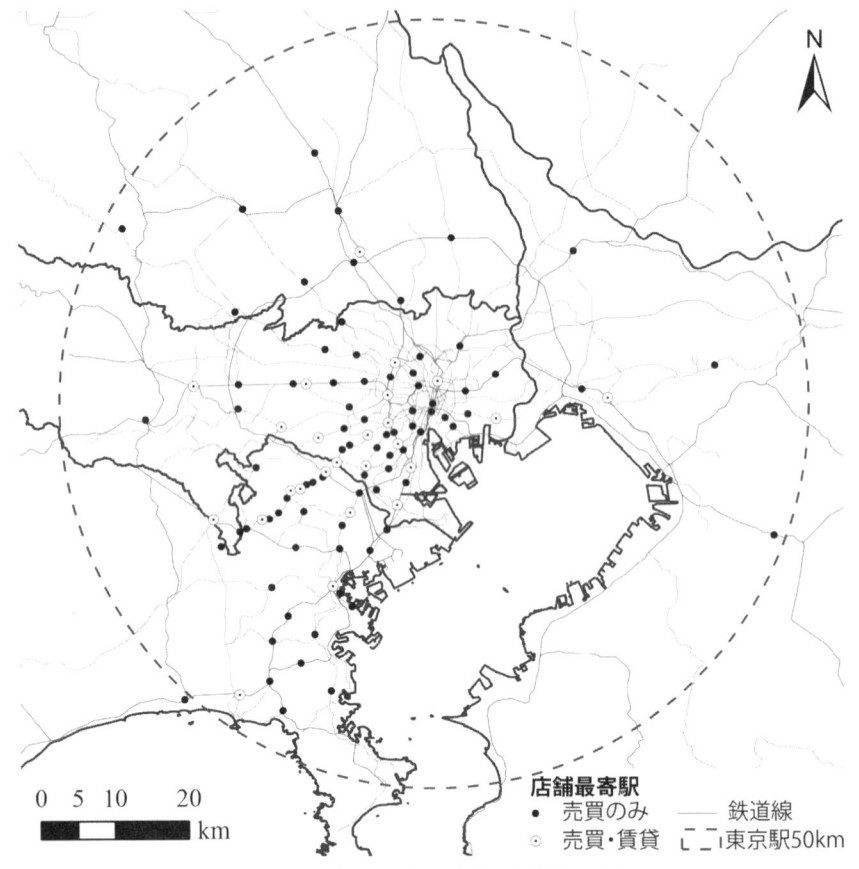

図 13-3 東急リバブルの首都圏営業所の分布
東急リバブルのウェブサイトより作成（2014 年 10 月）．

例がある．

　より広い郊外住宅地を対象にした取り組みとしては，不動産仲介業者によるサービスがある．ここでは一例として，東急リバブルの空き家相談サービスをとりあげる．これは，賃貸や売却にふみきれずに「その他」の空き家を抱えているオーナーを対象に，空き家の診断を行い，売る・貸す・管理するという3つの視点で提案を行い，空き家の流通を促進するものである．

　東急リバブルでの聞き取りによると，2014年8月のサービス開始から半年程度の間に200件を越える問い合わせがあり，30件程度の相談業務を行ったという．ただし，空き家を定期的に巡回して報告する管理サービスについては，依頼件数が少ないという．相談内容は，すでに持ち家を取得した世帯が親から相続した住宅をどう処分するかに関するものが多いということであった．査定結果に応じて売却か賃貸かの提案を行うが，解体して更地にする際には費用の立て替えも行っている．

　問い合わせ件数に対して実際の相談に至ったのが1割程度ということからわかるように，このサービスではすべての空き家が対象になっているわけではない．それを選別する基準の1つが住宅の立地である．同社の営業所の分布を示した図13-3によると，他社の鉄道沿線にも営業所は分布するが，東急沿線に高い密度で立地しており，埼玉・千葉方面には少ない．とくに大都市の不動産価格は，建物よりも土地代の占める割合が大きいため，立地が査定額を大きく左右する．そのため，同社が主たる対象とする郊外住宅も立地によって市場価値のあるものとそうでないものが選別されていると考えられる．

Ⅴ．民間主導の空き家対策の可能性と限界

　ここで紹介した事例は，民間のビジネスとして空き家の解消に向けた取り組みであった．民間主導の事業であるから，行政域を越えた範囲に展開でき，自治体の拘束も受けにくいという利点がある．その反面，地区内での一体的な整備には必ずしもつながらないという限界を抱えている．前述の郊外住宅地を主たる対象とした住み替え支援や空き家相談も，扱う物件数自体が少なく，持ち込まれる物件も単発的であるため，周囲の環境との一体的な整備は期待できない．

　東京R不動産が扱う物件も，一戸建てや集合住宅・オフィスビルの一部といっ

写真 13-1　リノベーションされた
カフェ（上）と
その周囲の通り（下）
2015 年 3 月若林撮影.

た小規模な物件であるため，地域に与える影響は限定的である．しかも，物件の分布も分散しているため，地域を面的にリノベーションするのには限界がある．写真 13-1 は，東京 R 不動産が仲介して事務所をカフェに改装した日本橋地区の物件である．現在も問屋などの事務所が建ち並ぶビジネス街の一角に，アクセントとにぎわいをもたらしており，リノベーション事業自体は成功したといえる．ところが，その周囲に目を向けると，この地区ではビルの跡地に建設された高層マンションの存在がきわだっているのがわかる．もともとリノベーションとは，既存の建物を維持しながら性能を高める事業であるため，景観の面で周囲に与える影響は小さいのである．

　これらの写真に示した日本橋地区では，バブル経済崩壊後の地価の下落に伴っ

てマンション建設が活発になっている（Tsubomoto et al. 2012）．そのなかにはJ-REIT による不動産証券化の対象となった物件も多く，一棟売りのマンションも珍しくなかったが（矢部 2008），それらは必ずしも街の一体性を意識して建てられたわけではない．東京都中央区の都市計画でも，当該地区は計画の空白地帯ともいえ，三井系の企業が中心になって進められている日本橋室町地区のようなめぼしい再開発プロジェクトや地区計画はみられない．

　東京 R 不動産の中心メンバーである馬場は，物件単位から街全体へとリノベーションの範囲を広げることにも関心を向けているが，マスタープランに基づく既成の都市計画には否定的な立場を表明している（馬場 2011）．しかし，民間主導の整備にも限界があることも明らかである．そのため，街をどのように変えようとしているのか，そのビジョンを多様な主体間で共有しながら整備していくような，官民連携のエリアマネジメントが求められるであろう．

　民間主導の空き家ビジネスが抱えるもう 1 つの課題として，地域間・地域内での格差の拡大を指摘できる．東京 R 不動産の紹介物件の分布を示した図 13-3 でも明らかなように，リノベーションによって不動産価値を高められる物件の分布には地域的偏りがある．実際，清水（2014）はリノベーションで再生できる物件を見つける手順として，まず「家賃断層」を探すことを挙げているが，CET が対象にした 21 世紀初頭の日本橋地区は，これが顕在化していたといえる．それはまた，ジェントリフィケーションを資本の側から説明するスミス（2014）の地代格差論を想起させる．

　これと同様のことは，郊外での住み替え支援にもみられる．すでに述べたように，これらは日本の大都市で建物自体の性能よりも立地が不動産価値を左右することに原因がある．その結果，民間のビジネスが成り立つ地区とそうではない地区とで地域的格差が拡大する可能性がある．このため，民間事業として成り立たない地区の空き家については，公的支援を含めた対策が必要かもしれない．

　一方，社会的な側面に着目すると，都心周辺部でのリノベーションは，地区内の住民層を多様化させる可能性がある．東京 R 不動産が扱う物件を好むのは，おそらくデザイナーやクリエーターなどの，組織に縛られることなくフリーエージェントとして創造的な活動に従事する人たち（クリエイティブクラス）（フロリダ 2014）であろう．CET の活動に従事したメンバーの多くも，こうした人た

ちであったと考えられる（馬場 2011）．しかし，都心周辺部で増加している高層マンションには，ホワイトカラーのファミリー世帯や高齢世帯も少なくないと予想される．こうして居住者が多様化したコミュニティをどのように育てていくかは，ハードの面だけでは解決できない課題を含んでいる．

注
1) http://www.jt-i.jp/index.html
2) CET の活動の成果として，考現学的フィールドワークに基づいて作成された主題図などをまとめた図書（CET 2004）も出版されている．
3) http://www.realtokyoestate.co.jp/
4) 2009 年から「住まいと暮らしのコンシェルジュ」という相談窓口が設けられて以降，「ア・ラ・イエ」は住み替え支援システムの一部をなす注文住宅のブランド名として使用されているようである．

参考文献
呉　東建 2006．住宅ストックを活用した住み替え支援システムについて．都市住宅学 54：35-36．
清水義次 2014．『リノベーションとまちづくり』学芸出版社．
CET 2004．『東京 R 計画』晶文社．
スミス，N. 2014．『ジェントリフィケーションと報復都市』ミネルヴァ書房．Smith, N. 1996. *The new urban frontier: gentrification and the revanchist city*. Routledge.
田中絢人・高見沢実 2010．大手民間鉄道事業者による沿線価値向上に向けた取り組みに関する研究．都市計画報告集 8：213-216．
東京 R 不動産 2010a．『東京 R 不動産』アスペクト．
東京 R 不動産 2010b．『東京 R 不動産 2』太田出版．
東京 R 不動産ほか 2014．『全国の R 不動産』学芸出版社．
馬場正尊 2011．『都市をリノベーション』NTT 出版．
フロリダ，R. 2014．『新クリエイティブ資本論』ダイヤモンド社．Florida, R. 2011. *The rise of the creative class, revisited*. Basic Books.
矢部直人 2008．不動産証券化をめぐるグローバルマネーフローと東京における不動産開発．経済地理学年報 54：292-309．
米山秀隆 2012．『空き家急増の真実』日本経済新聞出版社．
Tsubomoto, H., Uozumi, A. and Wakabayashi, Y. 2012. Recent development of condominiums and demographic change in Nihonbashi District of Chuo Ward, Tokyo. *Geographical Reports of Tokyo Metropolitan University* 47：69-78．

14章

高蔵寺ニュータウンにおける
まちづくりの取り組みと課題

大塚俊幸

I. 人口減少時代の大都市圏郊外

　高度経済成長期には地方から大都市へ大量の人口が流入した．そのため，大都市圏では新たな住宅需要に対応するため，郊外地域でニュータウン開発が進められた．しかし，人口減少時代に突入した今日の日本においては，都市をいかにうまく縮退させていくかが都市計画上の大きな課題となっている．いわゆるスマート・シュリンキング（賢い縮退）である．かつて郊外化の時代には，増加する住宅需要に対応するための受け皿をいかに用意するかというフローの観点から都市づくりが行われてきた．しかし，今日の縮退都市の時代においてはストックが重視され，低密度で拡散した市街地を集約し，効率的な集約連携型の都市構造にいかに再編していくかが模索されている．そこには「選択と集中」という考え方が取り入れられている．選択された地域では引き続き生活環境が維持される一方で，選択されない地域では必然的に土地利用の転換が迫られることになる．空き家はこの「選択と集中」のバロメーターとなる．

　おそらく大都市圏郊外のなかでも地理的条件の比較的良い地域は生き残り，地方都市の条件不利地域が厳しい状況に追い込まれることになるであろう．以下では，空き家率の比較的低い愛知県春日井市にある高蔵寺ニュータウン（写真14-1）を例に，大都市圏郊外の大規模ニュータウンにおける行政，市民，大学のまちづくりへの取り組みを通して，郊外住宅地の将来のあり方，可能性について考えてみたい．

II. 高蔵寺ニュータウンの概要

　高蔵寺ニュータウンは，名古屋市の北東約17kmの愛知県春日井市の丘陵地に，

写真 14-1　高蔵寺ニュータウン中心部
2015 年 3 月大塚撮影.

　旧日本住宅公団（現独立行政法人都市再生機構）施行の土地区画整理事業により開発された郊外住宅団地である（図 14-1）．千里ニュータウンや多摩ニュータウンに比べればはるかに規模は小さいが，名古屋大都市圏を代表する大規模ニュータウンである．旧日本住宅公団により賃貸集合住宅の建設と戸建住宅地の分譲が行われ，1968 年に入居が開始された．土地区画整理事業は 1981 年に完了し，1986 年には人口は 5 万人を超え，1990 年までに小学校 10 校，中学校 4 校が開校した．

　しかしその後，1995 年の 52,215 人をピークに高蔵寺ニュータウンの人口は減少に転じ，2014 年 10 月 1 日現在 44,651 人（住民基本台帳）となっている（図 14-2）．特に高森台，藤山台などの入居開始時期が早かった地区での人口減少が著しく，2001 年以降 10 年余りで 10％以上の大幅な減少率を示している．児童数も減少し，2013 年には藤山台東小学校が廃校となって藤山台小学校と統合され，さらに 2016 年 4 月には西藤山台小学校とも統合されることになっている．一方，高齢化の進行も著しく，入居が開始されてちょうど 40 年が経過した 2008 年，高蔵寺ニュータウンの高齢化率は 18.6％となり春日井市平均を上回った．さらに，2013 年には 26.1％と 4 人に 1 人が 65 歳以上の時代に突入している．

　高蔵寺ニュータウンの特徴の 1 つに，戸建住宅地の平均敷地面積が大きいこと

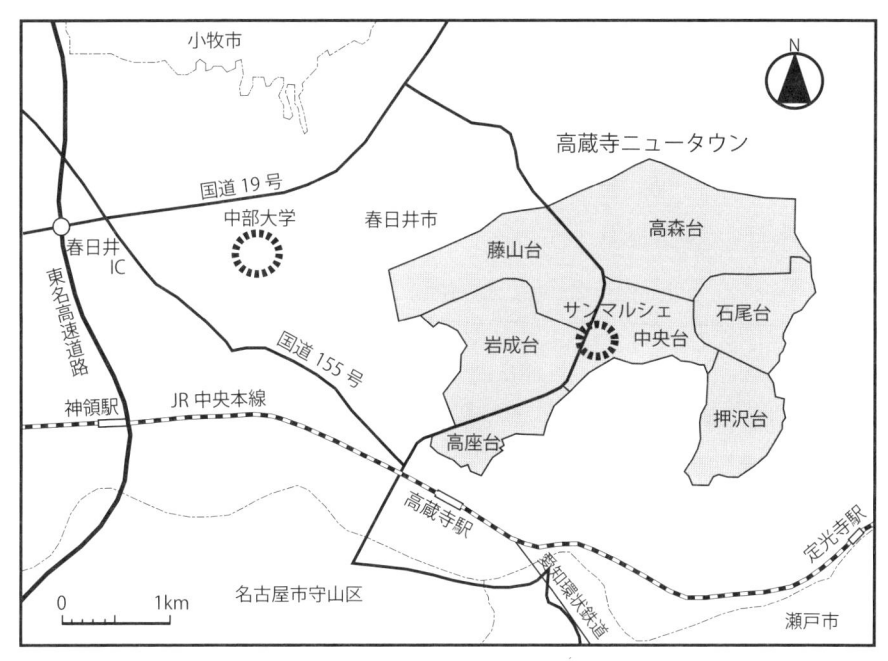

14章 高蔵寺ニュータウンにおけるまちづくりの取り組みと課題　177

図 14-1　高蔵寺ニュータウンの位置

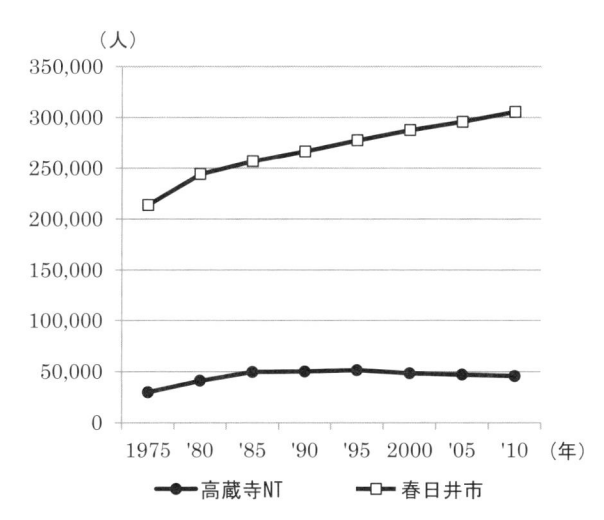

図 14-2　高蔵寺ニュータウンの人口推移（1975 ～ 2010 年）
資料：「国勢調査（1975 ～ 2010 年）」により作成

がある．これは，旧日本住宅公団が標準敷地面積 330 ㎡，最低敷地面積 265 ㎡で土地区画整理事業を実施し，1981 年に換地処分が行われた後も，春日井市が最低敷地面積を 265 ㎡として行政指導を行ってきたことによる．これにより緑豊かで良好な住環境が維持されてきた．なお，1986 年 11 月には最低敷地面積を 200 ㎡に緩和するとともに，これ以前からの 1 筆地の 2 分割に限り，最低敷地面積を 160 ㎡に緩和する特例を設けて指導している．

　高蔵寺ニュータウンの中央には，複合商業施設「サンマルシェ」をはじめ市民センターや郵便局などの公共・公益施設が立地し，生活支援機能は比較的充実している．また，周辺地域には医療施設も立地するほか，ニュータウン内の県有地の一角に 2014 年に高齢者福祉施設が整備され，隣接地には障害者支援施設等の整備も計画されている．さらに愛知県は，2015 年度に「地域包括ケアモデル事業」の団地モデルの対象地域として高蔵寺ニュータウンを選定し，医療，介護，生活支援サービス等を包括的に提供する地域包括ケアシステムの構築に向けた検討を始めている．このように，高蔵寺ニュータウンの日常的な生活環境はおおむね整っており，高齢社会に対応した対策も講じられつつある．

III．まちづくりの課題と取り組み
1．まちづくりの課題

　豊かな自然環境と同時に，交通や商業などの生活環境も評価されている高蔵寺ニュータウンではあるが(図 14-3)，これらは自動車利用を前提としたものである．高齢社会においては，坂道の多いニュータウンは徒歩や自転車での移動には不便である．特に食料品等の日常的な買い物が容易にできる環境が整っていることが，車を自由に使用できない高齢者等にとっては必須条件である．

　ニュータウン居住者への聞き取り調査からも，歩いて行ける範囲に日常的な買い物の場を求める声が多く聞かれた．特に夫婦二人が元気なうちは問題ないが，夫婦の何れかが病気をしたり，一人暮らしになったりすると，高蔵寺ニュータウンに住み続けるのは難しいのではないかと心配している．そうした人のなかには，名古屋市などの利便性の高い地域へ住み替える世帯もみられる．移動手段と身近な買い物機会の確保は，高齢化の進む郊外ニュータウンの抱える大きな課題である．

14 章　高蔵寺ニュータウンにおけるまちづくりの取り組みと課題　179

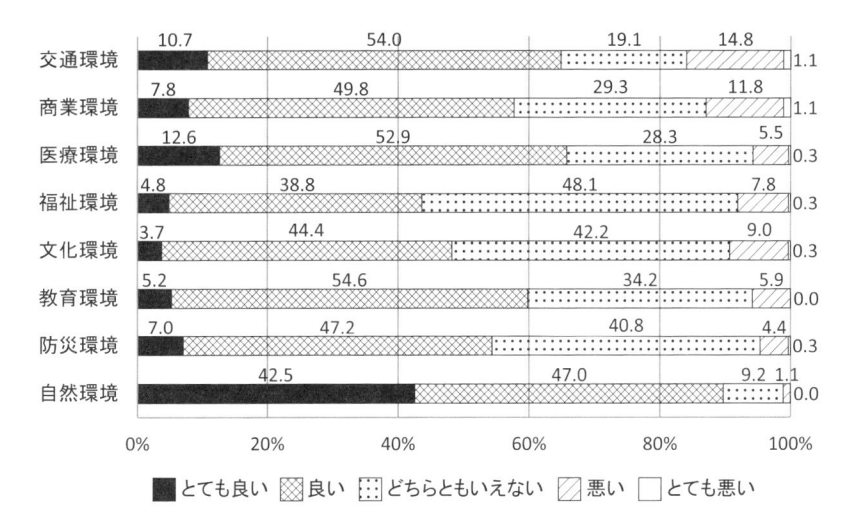

環境	とても良い	良い	どちらともいえない	悪い	とても悪い
交通環境	10.7	54.0	19.1	14.8	1.1
商業環境	7.8	49.8	29.3	11.8	1.1
医療環境	12.6	52.9	28.3	5.5	0.3
福祉環境	4.8	38.8	48.1	7.8	0.3
文化環境	3.7	44.4	42.2	9.0	0.3
教育環境	5.2	54.6	34.2	5.9	0.0
防災環境	7.0	47.2	40.8	4.4	0.3
自然環境	42.5	47.0	9.2	1.1	0.0

■ とても良い　▨ 良い　⋯ どちらともいえない　▨ 悪い　☐ とても悪い

図 14-3　ニュータウン居住者による居住環境評価
資料:「2014 地理学野外実習報告書」により作成.

　また，庭付き戸建住宅にあこがれて住み始めたものの，加齢とともに庭の手入れが体力的に負担となり，外部に委託するにしてもお金がかかるという問題も抱えている．できれば住み続けたいが，そういうわけにもいかなくなるのではないかというのが，ニュータウン居住者の置かれている状況である．なお，買い物機会の確保に関しては，2015 年度から春日井市観光コンベンション協会が市の補助を受けて市内に本社のあるスーパーマーケット等と業務提携し，藤山台，石尾台などの市内の買い物不便地域へ移動販売車を出して高齢者等の買い物支援を始めている．

　入居開始から半世紀近くが経ち，多くの公共施設や都市基盤施設の老朽化が進んでいる．まちのお化粧直し（高蔵寺ニュータウン緑のクリーンプロジェクト）と称して，市民参加によりガードフェンスのペンキの塗り替えが行われた．引き続き第 2 弾として公園ベンチのペンキの塗り替えなども行われているが，根本的な対応策はこれからである．

　さらに，児童数の減少に伴い小学校の統廃合が進められており，藤山台中学校区における旧小学校施設の活用に関しては，学識経験者や地域の PTA 代表者な

どからなる懇談会で検討を重ね，活用のための基本方針が提案されている．この提案を受けて市で方針を定め，具体的な計画の検討を進めることになる．その際，地域住民のニーズを踏まえることはもとより，今後のニュータウンのまちづくりに寄与できる拠点として活用されることが期待される．

2. まちづくりの取り組み

そうしたなか，2007年2月に愛知県，春日井市，独立行政法人都市再生機構，高蔵寺ニュータウンセンター開発株式会社の4団体で構成する「高蔵寺ニュータウン活性化施策検討会」が組織され，現状把握と関連機関の情報共有化に関する取り組みが始まった．そして，「ニュータウンミーティング」や「まち語りサロン」を開催し，市民や地域で活動する団体との意見交換や情報交換が行われた．さらに，2014年には高蔵寺ニュータウンの戸建エリアを中心に空き家・空き地の流通を促進し，魅力ある居住環境の創造を図るため，春日井市，春日井商工会議所，独立行政法人都市再生機構等により「高蔵寺ニュータウン住宅流通促進協議会」が設立された．また，春日井市は高蔵寺ニュータウンがいつまでも安心して快適に住むことができるまちであり続けることを目指して，高蔵寺ニュータウンの未来プラン「(仮称)高蔵寺リ・ニュータウン計画」の策定を進めている．

他方，高蔵寺ニュータウンには市民意識の高い住民が多く居住しており，地域が抱える課題に対し，福祉，環境，まちづくりなど多方面にわたる活動を展開している．誰もが元気に生き生きと暮らせるまちにしたいという想いからである．そうした活動を行っているグループの1つに「まちのエキスパネット」がある．ここは，団塊の世代の人々が大量に定年を迎えた2007年に設立されたNPO法人である．その中心的な事業として毎年秋に開催しているのが「高蔵寺ミュージックジャンボリー」である．多くの方からリタイア後の相談を受け，自分の力を発揮する場所がなく，元気をなくしている中高年の姿を目の当たりにしているうちに，音楽と文化でみんなの居場所をつくろうと始められた．加齢とともに都心に移り住む人が増えていくなかで，高蔵寺に住み続けたいと思う人々を支援するための取り組みである．イベントを企画・実施することで，地域の人々を元気にし，高蔵寺に住み続ける動機づけになっている．

IV. 居住促進に向けた近年の動き

1. 空き地・空き家の状況

　空き家問題といっても中身は多様であり，その状況は全国一律ではない．今回取り上げた高蔵寺ニュータウンがある春日井市では，空き家率が11.3％と全国平均（13.5％）を下回っている（2013年住宅・土地統計調査）．また，春日井市のある愛知県では，空き家条例を制定している自治体は3市町村のみと少ない（2014年4月1日現在）．さらに，日本創成会議が提示している「消滅可能性都市」の割合も10％と全国で最も低い．このように，春日井市においては空き家率がそれほど高くないこともあり，これまで空き家の実態を把握していなかった．しかし，2008年のリーマンショックのころから，UR賃貸住宅に空き家が目立つようになり，地元のNPOにより独自で調査が行われるなど，住民の関心は高まっている．また，都市再生機構においてもリノベーションをするなどして空き室の減少に努めている．

　そうしたなか，2014年度から高蔵寺ニュータウン住宅流通促進協議会により実施された空き家実態調査では，ニュータウン全体で1,814戸の空き家（空き家率9.1％）が確認された[1]．これは春日井市全体の11.3％を下回る値である．住宅タイプ別には，戸建住宅・タウンハウス293戸（3.2％），分譲マンション177戸（6.8％），UR賃貸住宅1,344戸（16.9％）である．また，空き地については，727画地の空き地が確認されており，2009年調査時の867画地からは減少している．なお，空き地の約半数は民間駐車場である．

　空き家は量的には多くはないが，おそらく経済的に急いで処分する必要がないこと，敷地規模が平均100坪と大きいため，一区画当たりの価格が高くなり，売りたくても売れないといった状況が空き家発生の背景にあるものと考えられる．しかし，空き地のみられた藤山台などでは，2年程前から100坪の敷地を分割して再分譲する動きがみられるようになってきている（写真14-2）．こうした動きの中身次第では，緑豊かなゆとりある住宅地という高蔵寺ニュータウンの特徴を損なうことにもなりかねない．

写真 14-2　藤山台で分譲中の住宅
2015 年 3 月大塚撮影.

2. 高蔵寺ニュータウン住宅流通促進協議会の取り組み

　高蔵寺ニュータウン住宅流通促進協議会は，2014 年度から 2 カ年にわたり国土交通省の「住宅団地型既存住宅流通促進モデル事業」の指定を受け，既存住宅の流通促進に向けたさまざまな取り組みに着手している．2014 年度には，「ニュータウン・リノベーション in 高蔵寺〜住宅から都市へ〜」と題したシンポジウムを開催し，住宅のリノベーションだけに止まらず，ニュータウン全体のリノベーションまで含めた議論が行われた．また，地元の大学生の参加を得て，居住者へのアンケート調査や空き家の実態調査が実施された．さらに，空き家の所有者に対するアンケート調査や，町内会長・自治会長への聞き取り調査も実施された．
　空き家・空き地所有者へのアンケート調査[2]によると，空き家を二次的住宅や物置として使用している所有者が半数を占め，「特に利用していない」所有者は 44 人中 13 人である．4 分 1 の所有者が市場流通を希望しており，将来的な可能性を含めると，約 6 割の所有者が市場流通を希望・検討している．一方，空き地については，4 分の 3 の所有者が市場流通を望んでいるが，その多くが流通に不安や困難を感じており，そのための公的な相談窓口やまちづくりに活かす仕組みが必要とされている．さらに，居住者へのアンケート調査[2]からは，藤山台や石尾台の居住者の約 2 割が，利便性や医療・介護の充実を求めて戸建住宅，分

譲マンション，シニア住宅などへ住み替える可能性を有していることが明らかになっている．今後，これらの結果を分析し，空き家バンク等の流通支援システムの構築に向けた検討を行うことになっている．

　一方，高蔵寺ニュータウンに現存する住宅をモデルとして，リノベーションの計画案の提案を求めるコンペも実施された．中古住宅のリノベーションへの関心を高め，中古住宅の流通促進を図ることを目的としたものである．2015年5月31日に応募作品143作品のなかから最優秀賞のほか，優秀賞3点，入選6点が選ばれた．空き家所有者等による今後のリノベーションの参考になればと期待されている．

　また，空き家，居住中に関わらず賃貸や売却の意志がある場合，住宅診断費用の補助（上限10万円/戸）やリフォーム工事費の補助（上限100万円/戸，総額の1/3まで）も行っている．募集件数はともに5件であるが，応募者が少なく募集期間を延長している状況にある．実績が増えていけば，こうした制度に対する需要は高まっていくものと思われるが，現段階では，自己負担をしてまで空き家を流通させたいと思っている人は少ないようである．

3. 学生のニュータウン居住を促進する取り組み

　高蔵寺ニュータウンに近接する中部大学では，2013年度から文部科学省が推進する「地（知）の拠点整備事業（大学COC事業）」として，春日井市における世代間交流による地域活性化・学生共育事業に取り組んでいる．その一環として，キャンパスタウン化，高齢者・学生交流など，学生のニュータウンへの居住促進に取り組んでいる．

　キャンパスタウン化とは，高蔵寺ニュータウン内のUR賃貸住宅や戸建住宅に学生が共同で居住し，地域活動に参加することにより，学生の人間力を高めることを目的としたものである．ニュータウンのなかで特に高齢化率の高い石尾台にある戸建住宅の空き家で，それまで大学の学生寮に入居していた4人が共同生活を送っている．この空き家は，NPO法人チームK・O・Zが家主から借受けて，ここを学生に研修施設として利用させるという形で活用されている．学生が地域活動に参加しながら地域住民と交流することにより，地域の活性化につなげることを目的とした支援活動である．学生は一人当たり月18,000円の施設使用料を支

払うことにより，格安で居住空間を確保することができる．その一方で，学生は町内会・自治会活動に参加することを義務づけられており，高齢化の進行している地域からも歓迎されている．

　また，UR賃貸住宅へ入居する場合，家賃が20％の割引となり，不動産仲介手数料や礼金も不要で，通常よりも住居費用が安く済むだけでなく，家電等のお得なレンタルプランや自転車の無料貸し出しなどの特典もある．ただし，学生が入居可能な部屋は，4，5階以上に限定されている．なお，シングルユースも可能である．2014年秋から募集を開始し，18名から申し込みがあり，うち11名が入居まで至っている（2015年5月末現在）．

　もう1つ，2013年度からラーニングホームステイ（LHS）が行われている．これは，高齢者の孤独を解消する支援策としてフランスで行われている世代間同居を参考にしたものである．高齢化率の高い藤山台，石尾台を対象に受け入れ世帯を募ったところ延べ5世帯からの応募があった．学生の参加は2年間で延べ10人（男性2人，女性8人）である．2泊3日から3泊4日のショートホームステイである．学生にとってはお年寄りの生活実態や考え方に触れる機会となり，お年寄りにとっては若い世代と過ごすことにより元気になれるという効果がある．その一方で，受け入れ世帯のハードルが高く思うように拡大していない．また，たった数日のショートステイでは，シェアハウスのためのお試し期間としては不十分であるなどの問題点が指摘されている．

　この事業の重要なポイントは，受け入れ世帯と学生とのマッチングである．年5回，高齢者と学生による世代間交流会を開催し，ホームステイを希望する学生はこの会に少なくとも1回は参加することを条件としている．学生は，ただ単に高齢者と1つ屋根の下で生活を共にするだけでなく，健康チェックや高齢者の生活行動観察など，それぞれが独自の課題をもって参加することになっている．

V．郊外ニュータウンの今後

　最後に，高蔵寺ニュータウンの現状を踏まえ，大都市圏の郊外ニュータウンの今後を展望してみたい．

　高蔵寺ニュータウンは，大きく分けて賃貸集合住宅と戸建分譲住宅とからなる．高蔵寺ニュータウン住宅流通促進協議会の調査によると，高蔵寺ニュータ

ウンの空き家率は全国的にみても，また全市的にみても現状においては高くない．しかし，少子高齢化は間違いなく進行しており，子世代等に住み継がれない限りは空き家問題を避けて通ることはできないであろう．住宅は放置する期間が長くなればなるほど，その後の活用が難しくなる．空き家問題に対する最善策は，居住者自らがどう住み繋いでいくかを日頃から考え，備えることにより，空き家の発生を未然に防ぐことである．住宅需要の見込めない地方都市の郊外とは異なり，大都市圏郊外のニュータウンでは，市場においてうまく誘導していけば緑豊かな田園郊外住宅地として維持できる可能性はあるのではないだろうか．

しかし近年，高蔵寺ニュータウンでは敷地の分割を伴う住宅の建設がみられる．これを，敷地細分化による住宅地の質的低下として捉えるか，あるいは新たな住宅需要を呼び起こし，空き家・空き地の発生を抑制するものとして評価すべきか．おそらく両方の見方が必要であろう．空き地・空き家として放置しておくよりは，敷地を分割してでも若い世代の入居を促進させることは，ミクストコミュニティの観点からも評価できる．しかし一方では，ゆとりある住宅地としてのブランドイメージを大切にした住宅地づくりも重要である．いずれにしても，良好な居住環境を維持しながら，現在住んでいる人々が住み続けることのできるまちづくりを進めるとともに，空き地・空き家などのオープンスペースを活用し，若い世代が住みたくなる住宅地づくりを併せて行っていくことが，持続可能な郊外住宅地にとっては重要である．

ほんの一例ではあるが，仕事の関係で関東から転入してきた世帯が，高蔵寺地区（高蔵寺ニュータウンおよびその周辺）において，家族のライフサイクルの変化に応じてUR賃貸住宅，県住宅供給公社のタウンハウス（分譲），駅に近い戸建持家といった多様な形態の住居を住み替えながら地区内に住み続け，長男夫婦も結婚を機にニュータウン内に近居している例がある．それぞれの住み替えの際に基準となったのが，子どもの通学の利便性（公共交通の利便性），職場や親の居住地への近接性，価格・家賃，住宅地としてのイメージなどである．同じ住宅に住み続けることができなくても，同一地区内で住み替えながら住み続けることができる環境が整っていることの重要性を示唆してくれる事例である．

近年の郊外ニュータウンで起きている問題は，ニュータウンだけの問題ではない．都市圏全体の将来像を踏まえて考えるべき問題である．人口が減少し，住宅需要が減少していく限りは，ニュータウン間の競争が激しくなるだけでなく，同じ郊外ニュータウンの内部でも生活利便性や交通利便性に基づき居住地としての選別が進むものと考えられる．問題は，居住地として選択されない土地をどう利用するかである．そのためには，地域全体で空き地・空き家を管理し，緑豊かなゆとりある住環境を維持していくための仕組みづくりが必要である．空き地・空き家を空間的ゆとりと考え，その増加を住宅地の新たな魅力づくりのためのチャンスとして捉えることはできないだろうか．

注
1) 中部大学人文学部歴史地理学科 2015.『2014 年度地理学野外実習報告書』1-28.
2) 高蔵寺ニュータウン住宅流通促進協議会 2015.『高蔵寺ニュータウン　すまいアップ 2014』（2014 年度取組紹介パンフレット）．

コラム④
全国の自治体による空き家対策

西山弘泰

　全国の自治体における空き家等の適正管理に関する条例（以下，空き家条例）の施行数は，2015年4月1日時点で431件である．空き家条例のリストは，毎年国土交通省が公表している．本コラムでは，自治体による空き家条例施行の推移を概観するとともに，その地理的分布から，空き家条例施行の地域的な差異を考察する．

Ⅰ．2012年から急増した空き家条例

　自治体による空き家対策の必要性が議論され始めたのは，2012年以降といってよい．そもそも，戦後のわが国の住宅政策は，住宅不足と地価上昇を前提に制度設計されてきた．住宅（土地）が余り，ましてそれが地域環境に悪影響を与え

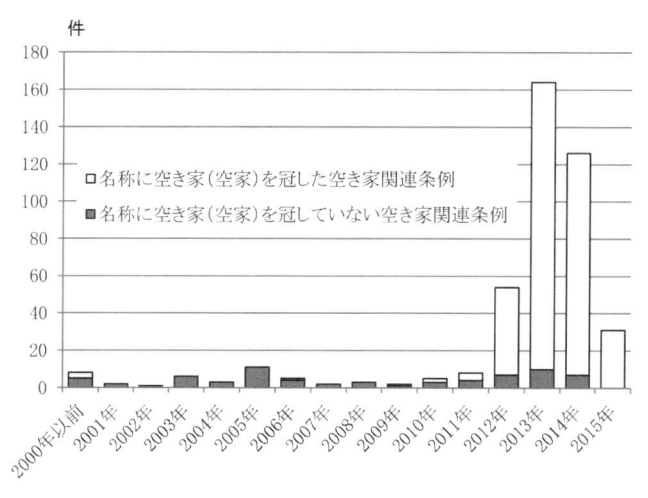

図1　自治体における空き家関連条例施行数の推移
（2015年4月1日施行まで）
国土交通省資料より作成．

ようとは，つい最近まで考えられてもこなかったはずである．確かに空き家に対応した条例を設けていた自治体は2010年以前から存在してはいた．しかし，それはあくまで景観維持や防犯に主眼をおいたものである（桶野 2013）．

空き家に特化した条例がみられるようになったのは2010年以降である．「所沢市空き家等の適正管理に関する条例」を嚆矢として，空き家に特化した条例施行の動きが2011年ごろから活発になった（山口 2014）．図1は空き家に関連した条例の施行数の推移を示したものである．空き家条例の施行数は，2011年までおおむね年10件以下で推移していたが，2012年から急激に増加する．その後，

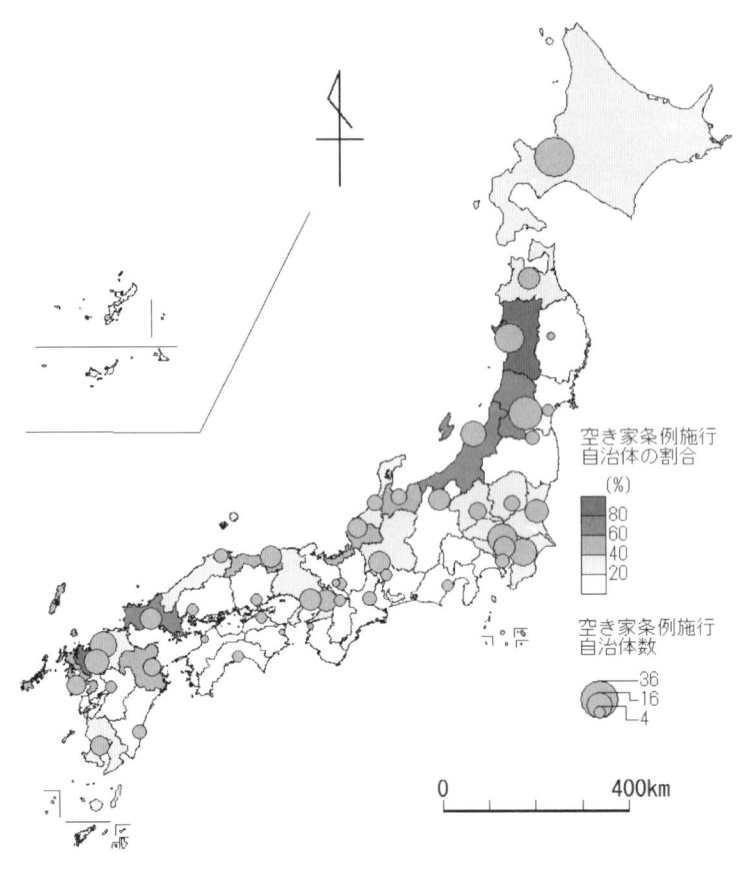

図2 都道府県別の空き家関連条例の施行数（2015年4月1日施行まで）
国土交通省資料より作成．

2013年には164件，2014年には126件と，2年間で290もの自治体が空き家条例を施行することとなる．また2011年ごろまでは条例の名称に「空き家／空家」を冠した条例がほとんど存在しなかったのに対し，2011年ごろからその割合が急激に高まっている（図1）．

2014年に空き家の適正管理を盛り込んだ「空家等対策の推進に関する特別措置法」が制定されたこともあり，2014年以降の空き家条例の施行は減少傾向にある．

II．空き家条例の地域的差異
1．多雪地域の空き家条例

全国で空き家条例の施行が相次いだといっても，それは地域的な差異を含んでのことである．

図2は，都道府県別にみた空き家関連条例の施行数と自治体に占める施行数の割合を示したものである．空き家条例の施行割合が高い地域は，秋田県，山形県，新潟県，富山県，福井県，鳥取県など日本海側に連なっている．これらの地域は，冬季の積雪が多い地域であり，積雪による家屋の倒壊による人的被害を防止する観点から，施行数が高くなっていると考えられる．さらに積雪の多い地域では，積雪による空き家倒壊の可能性が高まるため，強制的な空き家の除去，すなわち行政代執行を条例に盛り込んでいる自治体が多い（章末付表）．

2．大都市圏の空き家条例

冬季の積雪がほとんどない太平洋側の関東において，空き家条例の施行数が比較的高い地域がみられる．

空き家条例を施行する自治体の分布を示した図3をご覧いただきたい．密集市街地が多く，防災や防犯の観点において早い時期からその対策に取り組んでいる東京都足立区のように，東京周辺の密集市街地を抱える地域では，空き家条例の施行が確認できる．

一方，関東地方においては，密集市街地以外の地域においても空き家条例施行の動きが活発である．これらの地域は，埼玉県所沢市に代表される戦後開発された郊外住宅地を多く抱える自治体である．埼玉県東部から茨城県南部，千葉県中

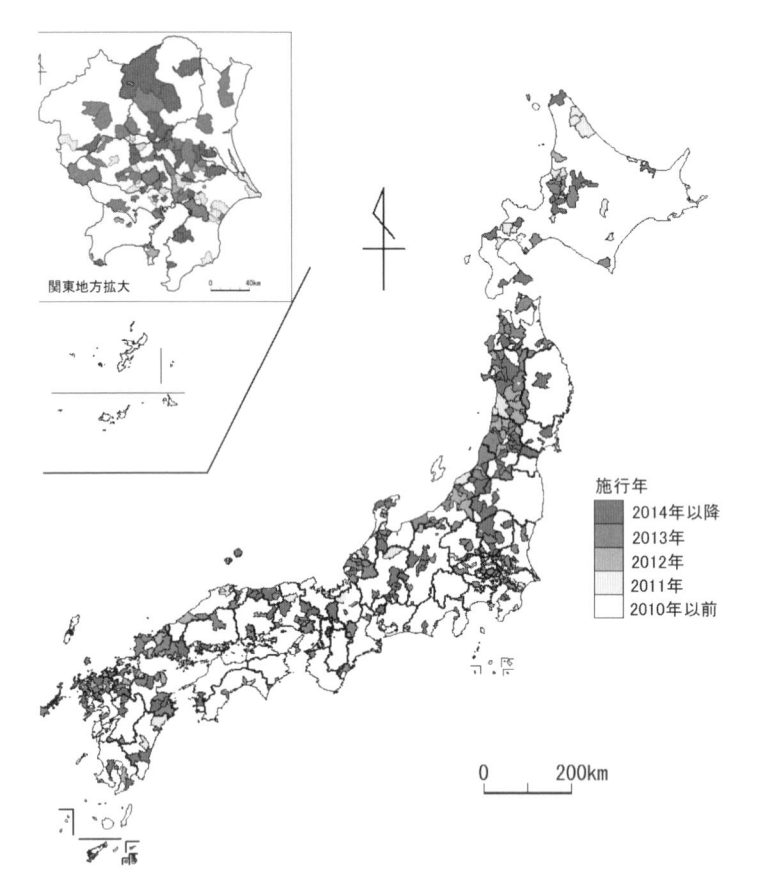

図3 空き家条例施行自治体の分布
(2015年4月1日施行まで)
国土交通省資料より作成.

西部など，いずれも1970年前後に急激な人口増加を経験した地域である．それらの地域では，若年層の流入が少ない一方で，60代，70代の割合が増加しており，今後10年から20年の間に空き家の増加が見込まれる地域である．

3. その他の地域の空き家条例

これまで空き家条例施行の背景として主要なものを提示してきたが，各自治体独自の条件や都合から，空き家条例の施行を実施した地域について紹介する．

1つ目は傾斜地に住宅密集地を抱える自治体で，神奈川県横須賀市や長崎県長崎市が代表的である．両市では，地形的制約から急傾斜地に住宅が張り付いている．接道条件も悪いことから，再建築が難しいため，空き家の売買もままならないものが多い（長崎市建築局建築部建築指導課 2013）．そのため急傾斜地を中心に空き家が増加しており，市民の安心・安全を確保するため空き家条例を施行している．

　2つ目は観光地における空き家条例の施行である．北海道函館市は，年間約500万人（2014年度）の観光客が訪れるわが国屈指の観光地である．函館市は2014年に「函館市空き家等の適正管理に関する条例」を施行しているが，歴史的に価値の高い建築物が西部地区を中心に存在し，それらが函館市の観光資源の1つになっている．こうした景観に悪影響を与え，観光地としての魅力を損なう空き家に対処することも，函館市の空き家条例施行の背景にあるという（朝日新聞2014年4月7日朝刊）．

　3つ目は都道府県などの広域自治体と市町村などの基礎自治体との関係性，そして基礎自治体間での関係性である．佐賀県では前述した空き家条例施行の条件と必ずしも合致していないにもかかわらず，8割の自治体が空き家条例を施行している．その背景として周辺自治体との緊密な連携があげられる．佐賀県では人口減少や高齢化，炭鉱住宅の存在など，空き家の増加を懸念する自治体が多かった[1]．また佐賀市を除く19の自治体が非特定行政庁[2]であるなど，条例制定による空き家への対応が急務となっていた．そうした中，佐賀県西部に位置する武雄市と伊万里市は，両市首長の強い働きかけの下，県内他自治体に先駆けて空き家条例制定を進めていた[3]．それに周辺自治体が加わるかたちで「西部地区空き家対策協議会」[4]が2012年5月に立ち上げられ，条例制定に向け情報交換が活発に行われた．そして協議会に参加した8自治体すべてにおいて2013年までに空き家条例が施行されている．また，これに似た動きが県東部でもみやき町などを中心に進められ，それらの地域でも空き家条例の施行が進んでいる．

4．空き家条例の施行がみられない地域

　山梨県は空き家率が全国で最も高いにもかかわらず，空き家条例を施行した自治体が1つもない．山梨県はリタイア層を中心に，いわゆる二地域居住，田舎

暮らしを目的とした移住が盛んであり，行政としても空き家の利活用を積極的に行っている．それは他地域の移住者希望者を対象に空き家の紹介を行ういわゆる「空き家バンク」の設置数にも表れており，山梨県の空き家バンクに加え，山梨県の 27 自治体のうち 15 自治体が独自に空き家バンクを設けている（三星 2015）．そのため，空き家の適切な管理を目的とした空き家条例を積極的に進めるというよりも，むしろ空き家の利活用を積極的に進める姿勢を取っているものと推察される．

また，沖縄県も移住者や出生率の高さから人口が増加しており，住宅が不足する傾向がみられることから，空き家条例の施行を推進していない自治体が多いと考えられる．

付記
　本稿は，「教養研究」22 巻 3 号（2016 年）掲載の「自治体における空き家条例制定の条件（1）─佐賀県自治体の制定過程に着目して─」をもとに，加筆・修正したものである．

注
1) 筆者が 2015 年 12 月 21 日に実施した伊万里市建設課に対するヒアリング調査による．
2) 特定行政庁とは，建築主事を有する行政機関を指す．建築確認申請における許可や違反建築物に対する措置を講じることができる．特定行政庁では，建築基準法 10 条 3，4 項における危険建築物に対する除去・移転・改築等の命令と代執行の運用が可能となる．
3) 筆者が 2015 年 12 月 21 日に実施した武雄市安心安全課に対するヒアリング調査による．
4) 伊万里市，武雄市，鹿島市，嬉野市，大町町，江北町，白石町，太良町の 4 市 4 町で構成されている．

参考文献
桶野公宏 2013．空き家問題をめぐる状況を概括する．住宅 62-1：4-14．
三星雅人 2015．『親の家のたたみ方』講談社＋ a 新書．
長崎市建築局建築部建築指導課 2013．長崎市における老朽危険空き家対策とまちづくり．住宅 62-1：42-47．
山口幹幸 2014．空き家問題と地域・都市政策．Evaluation 52：46-52．

付表 空き家等の適正管理に関する条例（2015 年 4 月 1 日施行まで）

市区町村	条例名	年	月	内容
北海道函館市	函館市空き家等の適正管理に関する条例	2014	1	勧告・命令・公表・代執行
北海道旭川市	旭川市空き家等の適正管理に関する条例	2014	10	勧告・命令・公表・代執行
北海道室蘭市	室蘭市空き家等の適正管理に関する条例	2013	1	勧告・命令・公表・代執行
北海道岩見沢市	岩見沢市における空き家等の適正な管理に関する条例	2014	6	勧告・命令・公表・代執行
北海道網走市	網走市空き家等の適正管理に関する条例	2014	4	勧告・命令・公表・代執行
北海道留萌市	留萌市廃棄物の適正処理及び環境美化に関する条例	1997	10	勧告
北海道稚内市	稚内市空家等の適正管理に関する条例	2015	4	勧告・命令・公表・代執行
北海道美唄市	美唄市空き家等の適正管理に関する条例	2014	4	勧告・命令・公表・代執行
北海道芦別市	芦別市空き家等対策条例	2013	12	勧告・命令・公表・代執行
北海道滝川市	滝川市空き家等適正管理に関する条例	2012	4	勧告・命令・公表・代執行
北海道砂川市	砂川市空き家等に関する適正管理に関する条例	2014	4	勧告・命令・公表
北海道木古内町	木古内町空き家等の適正管理に関する条例	2014	8	勧告・命令・公表・代執行
北海道長万部町	長万部町空き地及び空き家等の環境保全に関する条例	1998	7	勧告・命令
北海道島牧村	島牧村空き家等の適正管理に関する条例	2014	7	勧告・命令・公表
北海道蘭越町	蘭越町こぶし咲くふるさと景観条例	2008	10	勧告・命令・代執行
北海道ニセコ町	ニセコ町景観条例	2004	10	勧告・命令・代執行
北海道倶知安町	倶知安町空き家等の適正管理に関する条例	2015	4	勧告・命令・代執行
北海道上砂川町	上砂川町空き家等の適正管理に関する条例	2012	9	勧告・命令・公表・代執行
北海道長沼町	長沼町さわやか環境づくり条例	2005	5	
北海道月形町	月形町空き家の適正管理に関する条例	2014	12	勧告・命令・公表・代執行
北海道浦臼町	浦臼町空き家等の適正管理に関する条例	2013	4	勧告・命令・公表・代執行
北海道新十津川町	新十津川町空き家等の適正管理に関する条例	2013	7	勧告・命令・公表・代執行
北海道妹背牛町	妹背牛町空き家等の適正管理に関する条例	2013	4	勧告・命令・公表・代執行
北海道秩父別町	秩父別町空き家等の適正管理に関する条例	2012	12	勧告・命令・公表・代執行
北海道雨竜町	雨竜町空き家等の適正管理に関する条例	2013	4	勧告・命令・公表・代執行
北海道北竜町	北竜町空き家等の適正管理に関する条例□	2012	5	勧告・命令・公表・代執行
北海道沼田町	沼田町あき地あき家の管理に関する条例	1983	4	勧告・命令・代執行
北海道東川町	美しい東川の風景を守り育てる条例	2014	6	勧告・命令・代執行
北海道苫前町	苫前町空き家等の適正管理に関する条例	2012	10	勧告・命令・公表・代執行
北海道浜頓別町	浜頓別町廃棄物の適正管理及び環境美化に関する条例	2003	3	勧告
北海道中頓別町	中頓別町廃棄物の処理及び環境美化に関する条例	2000	9	勧告
北海道枝幸町	枝幸町廃棄物の適正処理及び環境美化に関する条例	2006	3	
北海道礼文町	礼文町空き家等の適正管理に関する条例	2013	4	勧告・命令・公表・代執行
北海道白老町	白老町空き家等の適正管理に関する条例	2013	4	勧告・命令・公表・代執行
北海道洞爺湖町	洞爺湖町さわやか環境条例	2008	4	
北海道様似町	様似町空き家等の適正管理に関する条例	2013	12	勧告・命令・公表・代執行
北海道鹿追町	鹿追町廃棄物の処理及び清掃に関する条例	2009	1	勧告
北海道更別村	更別村景観保全条例	2003	9	勧告
青森県青森市	青森市空き家等の適正管理に関する条例	2013	4	勧告・命令・公表・代執行
青森県弘前市	弘前市空き家等の活用、適正管理等に関する条例	2014	12	勧告・命令・公表・代執行

付表　つづき

市区町村	条例名	年	月	内容
青森県弘前市	弘前市空き家等の活用、適正管理等に関する条例	2014	12	勧告・命令・公表・代執行
青森県八戸市	八戸市空き家等の適正管理に関する条例	2013	10	勧告・命令・公表・代執行
青森県五所川原市	五所川原市空き家等の適正管理に関する条例	2013	1	勧告・命令・公表・代執行
青森県むつ市	むつ市空き家等の適正管理に関する条例	2013	2	勧告・命令・公表
青森県つがる市	つがる市空き家等の適正管理に関する条例	2013	6	勧告・命令・公表・代執行
青森県平川市	平川市空き家等の適正管理に関する条例	2015	4	勧告・命令・公表・罰則・代執行
青森県深浦町	深浦町空き家等適正管理に関する条例	2013	4	勧告・命令・公表・代執行
青森県藤崎町	藤崎町空き家等の適正な管理に関する条例	2013	10	勧告・命令・公表・代執行
青森県中泊町	中泊町空き家等の適正管理に関する条例	2013	1	勧告・命令・公表・代執行
青森県大間町	大間町空き家等の適正管理に関する条例	2013	3	勧告・命令・代執行
青森県五戸町	五戸町空き家等の適正管理に関する条例	2015	4	勧告・命令・公表・代執行
青森県田子町	田子町空き家等の適正管理に関する条例	2013	7	勧告・命令・公表・代執行
岩手県盛岡市	盛岡市空き家等の適正管理に関する条例	2015	4	勧告・命令・代執行
岩手県西和賀町	西和賀町空き屋等の適正管理に関する条例	2013	1	勧告・命令・公表
宮城県仙台市	仙台市空き家等の適正管理に関する条例	2014	4	勧告・命令・公表・代執行
宮城県登米市	登米市空き家等の適正管理に関する条例	2015	4	勧告・命令・公表
宮城県色麻町	色麻町空き家等の適正管理に関する条例	2014	4	勧告・命令・公表・代執行
宮城県美里町	美里町空き家等の適正管理に関する条例	2014	4	勧告・命令・公表
秋田県秋田市	秋田市空き家等の適正管理に関する条例	2014	4	勧告・命令・公表
秋田県能代市	能代市空き家等の適正管理に関する条例	2014	4	勧告・命令・公表・代執行
秋田県横手市	横手市空き家等の適正管理に関する条例	2012	1	勧告・命令・公表
秋田県男鹿市	男鹿市空き家等の適正な管理に関する条例	2013	1	勧告・命令・公表・代執行
秋田県湯沢市	湯沢市空き家等の適正管理に関する条例	2012	1	勧告・命令・公表・代執行
秋田県鹿角市	鹿角市空き家等の適正管理に関する条例	2013	4	勧告・命令・公表・代執行
秋田県由利本荘市	由利本荘市住みよい環境づくり条例	2005	3	勧告・命令・公表・代執行
秋田県潟上市	潟上市空き屋等の適正管理に関する条例	2014	4	勧告・命令・公表・代執行
秋田県大仙市	大仙市空き家等の適正管理に関する条例	2012	1	勧告・命令・公表・代執行
秋田県北秋田市	北秋田市空き家等の適正管理に関する条例	2014	4	勧告
秋田県にかほ市	にかほ市住みよい環境づくり条例	2005	10	勧告・命令・公表・罰則
秋田県仙北市	仙北市空き家等の適正管理に関する条例	2013	7	勧告・命令・公表・代執行
秋田県小坂町	小坂町空き家等の適正管理に関する条例	2013	4	勧告・命令・公表・代執行
秋田県上小阿仁村	上小阿仁村空き家等の適正管理に関する条例	2014	1	勧告・命令・公表
秋田県藤里町	藤里町空き家等の適正管理に関する条例	2013	4	勧告・命令・公表
秋田県三種町	三種町空き家等の適正管理に関する条例	2012	9	勧告・命令・公表・代執行
秋田県八峰町	八峰町空き家等の適正管理に関する条例	2012	4	勧告・命令・公表・代執行
秋田県五城目町	五城目町空き家等の適正管理に関する条例	2014	4	勧告・命令・公表・代執行
秋田県八郎潟町	八郎潟町空き家等の適正管理に関する条例	2013	12	勧告・命令・公表・代執行
秋田県井川町	井川町空き家等の適正管理に関する条例	2013	4	勧告・命令・公表・代執行
秋田県美郷町	美郷町空き家等の適正管理に関する条例	2012	1	勧告・命令・公表・代執行
秋田県東成瀬村	東成瀬村空き家等の適正管理に関する条例	2012	1	勧告・命令・公表・代執行
秋田県羽後町	羽後町空き家等の適正管理に関する条例	2014	1	勧告・命令・公表
山形県米沢市	米沢市家屋等の安全管理に関する条例	2013	10	勧告
山形県鶴岡市	鶴岡市空き家等の管理及び活用に関する条例	2013	4	勧告・命令・公表・罰則・代執行

付表　つづき

市区町村	条例名	年	月	内容
山形県酒田市	酒田市空き家等の適正管理に関する条例	2012	7	勧告・命令・公表
山形県新庄市	新庄市空き家等の適正管理の促進に関する条例	2013	1	勧告・命令・公表
山形県寒河江市	寒河江市空き家等の適正管理に関する条例	2013	7	勧告・命令・公表・代執行
山形県村山市	村山市空き家等に関する条例	2014	12	勧告・命令・公表
山形県長井市	長井市空き家等の適正管理に関する条例	2014	4	勧告・命令・公表
山形県天童市	天童市空き家等の適正管理に関する条例	2013	10	勧告・命令・公表・代執行
山形県東根市	東根市空き家等の適正管理に関する条例	2014	1	勧告・命令・公表・代執行
山形県尾花沢市	尾花沢市空き家等の適正管理に関する条例	2014	4	勧告・命令・公表・罰則・代執行
山形県河北町	河北町空き家等の適正管理に関する条例	2014	7	勧告・命令・公表
山形県西川町	西川町空き家等の適正管理に関する条例	2012	11	勧告・命令・公表
山形県朝日町	朝日町空き家等の適正管理に関する条例	2013	1	勧告・命令・公表
山形県大江町	大江町空き家等の適正管理に関する条例	2013	4	勧告・命令・公表
山形県大石田町	大石田町空き家等の適正管理に関する条例	2014	4	勧告・命令・公表・罰則・代執行
山形県金山町	金山町空き家等の適正管理に関する条例	2013	4	勧告
山形県最上町	最上町空き家等の適正管理に関する条例	2012	12	勧告・命令・公表
山形県舟形町	舟形町空き家等の適正管理に関する条例	2012	4	勧告・命令
山形県真室川町	真室川町空き家等の適正管理に関する条例	2012	7	勧告・命令・公表
山形県鮭川村	鮭川村空き家等に関する条例	2013	4	勧告・命令・公表
山形県戸沢村	戸沢村空き家等の適正管理に関する条例	2012	10	勧告・命令・公表
山形県高畠町	高畠町空き家等の適正管理に関する条例	2013	6	勧告・命令・公表・代執行
山形県川西町	川西町空き家等の適正管理に関する条例	2013	6	勧告・命令・公表
山形県飯豊町	飯豊町空き家等の適正管理に関する条例	2013	4	勧告・命令・公表・代執行
山形県三川町	三川町空き家等の適正管理に関する条例	2014	9	勧告・命令・公表
山形県庄内町	庄内町空き家等の適正管理に関する条例	2013	7	勧告・命令・公表
山形県遊佐町	遊佐町空き家等の適正管理に関する条例	2013	4	勧告・命令・公表・代執行
福島県只見町	只見町空き家等の適正管理に関する条例	2014	8	勧告・命令・公表・代執行
福島県南会津町	南会津町空き家等の適正管理に関する条例	2014	4	勧告・命令・公表・代執行
福島県西会津町	西会津町空き家等の適正管理に関する条例	2014	10	勧告・命令・公表・代執行
福島県湯川村	湯川村空き家等の適正管理及び定住促進に関する条例	2014	4	勧告・命令・公表
福島県会津美里町	会津美里町空き家等の適正管理に関する条例	2014	7	勧告・命令・公表
茨城県土浦市	土浦市空き家等の適正管理に関する条例	2014	4	勧告・命令・公表・代執行
茨城県古河市	古河市空き家等の適正管理に関する条例	2015	4	勧告・命令・公表・代執行
茨城県結城市	結城市空き家等の適正管理に関する条例	2014	4	勧告・命令・公表・代執行
茨城県下妻市	下妻市空き家等の適正管理に関する条例	2013	10	勧告・命令・公表・代執行
茨城県常総市	常総市空き家等の適正管理に関する条例	2014	4	勧告・命令・公表・代執行
茨城県常陸太田市	常陸太田市空き家の適正管理に関する条例	2013	7	勧告・命令・公表
茨城県笠間市	笠間市空き家等の適正管理に関する条例	2013	4	勧告・命令・公表
茨城県取手市	取手市空き家等の適正管理に関する条例	2013	4	勧告・命令
茨城県牛久市	牛久市あき家の適正管理及び有効活用に関する条例	2012	7	勧告・命令・公表
茨城県つくば市	つくば市空き家等適正管理条例	2013	4	勧告・命令・公表・代執行
茨城県稲敷市	稲敷市空き家等の適正管理に関する条例	2015	4	勧告・命令・公表・代執行

付表　つづき

市区町村	条例名	年	月	内容
茨城県かすみがうら市	かすみがうら市空き家等の適正管理に関する条例	2014	7	勧告・命令・公表・代執行
茨城県神栖市	神栖市空き地等の管理の適正化に関する条例	1973	7	命令
茨城県阿見町	阿見町空き家等の適正管理に関する条例	2013	7	勧告・命令・公表
茨城県八千代町	八千代町空き家等の適正管理に関する条例	2013	1	勧告・命令・公表・代執行
栃木県宇都宮市	宇都宮市空き家等の適正管理及び有効活用に関する条例	2014	7	勧告・命令・公表・罰則
栃木県足利市	足利市空き家等の安全な管理に関する条例	2013	6	勧告・命令・公表
栃木県栃木市	栃木市空き家等の適正管理及び有効活用に関する条例	2015	4	勧告・命令・公表・代執行
栃木県鹿沼市	鹿沼市空き家等の適正管理に関する条例	2013	6	勧告・命令・公表
栃木県日光市	日光市空き家等の適正管理に関する条例	2014	7	勧告・命令・公表・代執行
栃木県小山市	小山市老朽危険空き家等の適性管理に関する条例	2014	10	勧告・命令・公表・代執行
栃木県大田原市	大田原市空き家等の適正管理に関する条例	2014	9	勧告・命令・公表
群馬県前橋市	前橋市空き家等の適正管理に関する条例	2013	7	勧告・命令・公表
群馬県太田市	太田市空き家等の適正管理に関する条例	2013	7	勧告・命令・公表
群馬県渋川市	渋川市空き家等の適正管理に関する条例	2013	7	勧告・命令
群馬県藤岡市	藤岡市空き家等の適正管理に関する条例	2014	4	勧告・命令・公表
群馬県下仁田町	下仁田町環境美化に関する条例	2005	10	勧告・命令・公表
群馬県千代田町	千代田町安全安心まちづくり推進条例	2005	12	
群馬県大泉町	大泉町安全安心まちづくり推進条例	2005	12	
群馬県邑楽町	邑楽町安全安心まちづくり推進条例	2006	3	
埼玉県さいたま市	さいたま市空き家等の適正管理に関する条例	2013	1	勧告・命令・公表
埼玉県川越市	川越市空き家等の適正管理に関する条例	2013	4	勧告・公表
埼玉県川口市	川口市空き家等の適正管理に関する条例	2013	10	勧告・命令
埼玉県行田市	行田市老朽空き家等の適正管理に関する条例	2014	6	勧告・命令・公表
埼玉県秩父市	秩父市空き家等の適正管理及び有効活用に関する条例	2013	7	勧告・命令・公表
埼玉県所沢市	所沢市空き家等の適正管理に関する条例	2010	10	勧告・命令・公表
埼玉県本庄市	本庄市空き家等の適正管理に関する条例	2013	10	勧告・命令・公表
埼玉県羽生市	羽生市空き地等の環境保全に関する条例	1981	10	勧告
埼玉県鴻巣市	鴻巣市空き家等の適正管理に関する条例	2014	7	勧告・命令・公表・代執行
埼玉県越谷市	越谷市空き家等の適正管理に関する条例	2015	4	勧告・命令・公表・代執行
埼玉県蕨市	蕨市老朽空き家等の安全管理に関する条例	2013	4	勧告・命令・公表・代執行
埼玉県朝霞市	朝霞市空き家等の適正管理に関する条例	2013	10	勧告・命令・公表
埼玉県新座市	新座市空き家等適正管理に関する条例	2015	1	勧告・命令・公表・代執行
埼玉県久喜市	久喜市空き家等の適正管理に関する条例	2013	7	勧告・命令・罰則
埼玉県坂戸市	坂戸市空き家等の適正管理に関する条例	2013	10	勧告・命令・公表・代執行
埼玉県幸手市	幸手市空き家等の適正管理に関する条例	2014	10	勧告・命令・公表・代執行
埼玉県日高市	日高市空き家に関する適正管理に関する条例	2013	11	勧告・命令
埼玉県ふじみ野市	ふじみ野市空き家等の適正管理に関する条例	2011	4	勧告・命令・公表
埼玉県毛呂山町	毛呂山町空き家等の適正管理に関する条例	2014	4	勧告・命令・公表

付表　つづき

市区町村	条例名	年	月	内容
埼玉県小川町	小川町環境保全条例	2005	4	
埼玉県川島町	川島町環境基本条例	2011	4	勧告
埼玉県吉見町	吉見町空き家等の適正管理に関する条例	2014	4	勧告・命令・公表
埼玉県上里町	上里町空き家等適正管理条例	2012	7	勧告・命令・公表
千葉県千葉市	千葉市空き家等の適正管理に関する条例	2013	4	勧告・命令・公表・代執行
千葉県銚子市	銚子市犯罪のない安心して暮らせるまちづくり条例	2005	1	
千葉県市川市	市川市空き家等の適正な管理に関する条例	2013	1	勧告・命令・公表・代執行
千葉県船橋市	船橋市空き家等の適正管理に関する条例	2013	10	勧告・命令・公表・代執行
千葉県木更津市	木更津市空き家等の適正な管理に関する条例	2014	12	勧告・命令・公表・代執行
千葉県松戸市	松戸市空き家等の適正管理に関する条例	2012	4	勧告・命令・公表
千葉県野田市	野田市空き家等の適正管理に関する条例	2013	10	勧告・命令・公表
千葉県佐倉市	佐倉市犯罪のない安心して暮らせるまちづくり条例	2003	7	勧告・命令・公表
千葉県東金市	東金市清潔で美しいまちづくりの推進に関する条例	2001	4	勧告・命令・罰則・代執行
千葉県柏市	柏市空き家等適正管理条例	2011	9	勧告・公表
千葉県勝浦市	勝浦市きれいで住みよい環境づくり条例	2003	4	勧告・命令・罰則
千葉県流山市	流山市空き家等の適正管理に関する条例	2012	4	勧告・命令・公表
千葉県八千代市	八千代市空き家等の適正管理に関する条例	2014	10	勧告・命令・公表
千葉県我孫子市	我孫子市空き家等の適正管理に関する条例	2014	4	勧告・命令・公表・代執行
千葉県鎌ケ谷市	鎌ケ谷市空き家等の適正管理に関する条例	2013	10	勧告・命令・公表・代執行
千葉県袖ケ浦市	袖ケ浦市空き家等の適正な管理に関する条例	2015	4	勧告・命令・公表・代執行
千葉県山武市	山武市清潔で美しいまちづくりの推進に関する条例	2006	3	勧告・命令・罰則
千葉県大網白里市	大網白里市まちをきれいにする条例	2010	4	勧告・命令・罰則・代執行
千葉県九十九里町	九十九里町環境美化条例	2013	4	勧告・命令・罰則・代執行
千葉県鋸南町	鋸南町空き家等の適正管理に関する条例	2014	4	勧告・命令・公表・代執行
東京都新宿区	新宿区空き家等の適正管理に関する条例	2013	10	勧告・命令・公表・代執行
東京都台東区	台東区空き家等の適正管理に関する条例	2014	7	勧告・命令・代執行
東京都品川区	品川区空き家等の適正管理等に関する条例	2015	4	勧告・命令・公表・代執行
東京都墨田区	墨田区老朽建物等の適正管理に関する条例	2014	1	勧告・命令・代執行
東京都大田区	大田区空き家の適正管理に関する条例	2013	4	勧告・命令・公表・代執行
東京都渋谷区	渋谷区安全・安心でやさしいまちづくり条例	2000	4	勧告
東京都中野区	中野区安全で安心なまちづくりを推進する条例	2004	4	勧告
東京都豊島区	豊島区建物等の適正な維持管理を推進する条例	2014	7	勧告・命令・公表
東京都足立区	足立区老朽家屋等の適正管理に関する条例	2011	11	勧告
東京都八王子市	八王子市空き家の適正管理に関する条例	2013	4	勧告・命令・公表
東京都小平市	小平市空き家等の適正な管理に関する条例	2013	1	勧告
東京都国分寺市	国分寺市空き地及び空き家等の適正な管理に関する条例	2014	7	勧告・命令・公表
神奈川県横須賀市	横須賀市空き家等の適正管理に関する条例	2012	10	勧告・命令・公表・罰則・代執行

付表　つづき

市区町村	条例名	年	月	内容
神奈川県逗子市	逗子市空き家等の適正管理に関する条例	2014	4	勧告・命令・公表・代執行
神奈川県座間市	座間市空き家等の適正管理に関する条例	2013	7	勧告・命令・公表
神奈川県湯河原町	湯河原町空き家等の適正管理に関する条例	2014	4	勧告・命令・公表・代執行
神奈川県愛川町	愛川町みんなで守る環境美化のまち条例	2012	4	
新潟県新潟市	新潟市犯罪のない安心・安全なまちづくり条例	2007	4	命令・公表
新潟県長岡市	長岡市空き家等の適正管理に関する条例	2012	12	勧告・命令・公表・代執行
新潟県三条市	三条市空き家等の適正管理に関する条例	2013	1	勧告・命令・罰則・代執行
新潟県柏崎市	新潟県柏崎市空き家等の適正な管理に関する条例	2013	4	勧告・命令・公表・代執行
新潟県新発田市	新発田市空き家等の適正管理に関する条例	2013	4	勧告・命令・代執行
新潟県見附市	見附市空き家等の適正管理に関する条例	2012	10	勧告・命令・公表・罰則・代執行
新潟県村上市	村上市空き家等の適正管理に関する条例	2013	7	
新潟県燕市	燕市空き家等の適正管理及びまちなか居住促進に関する条例	2013	7	勧告・命令・公表・代執行
新潟県糸魚川市	糸魚川市空き家等の適正管理に関する条例	2013	4	勧告・命令・代執行
新潟県妙高市	妙高市空き家等の適正管理に関する条例	2013	7	勧告・命令・公表・罰則・代執行
新潟県阿賀野市	阿賀野市空き家等の適正管理及び有効活用に関する条例	2014	4	勧告・命令・公表・代執行
新潟県魚沼市	魚沼市空き家等の適正管理及び有効活用に関する条例	2012	11	勧告・命令・公表・代執行
新潟県胎内市	胎内市空き地、空き家等の適正管理に関する条例	2012	4	勧告・命令・代執行
新潟県聖籠町	聖籠町空き家等の適正管理に関する条例	2014	7	勧告・命令・公表・代執行
新潟県阿賀町	阿賀町空き家等の適正管理に関する条例	2014	1	勧告・命令・公表・罰則・代執行
新潟県湯沢町	湯沢町空き家等の適正管理に関する条例	2013	12	勧告・命令・公表・代執行
新潟県関川村	関川村空き家等の適正管理に関する条例	2015	1	勧告・命令・公表・代執行
新潟県粟島浦村	粟島浦村空き家等の適正管理に関する条例	2013	4	勧告・命令・公表・代執行
富山県高岡市	高岡市老朽空き家等の適正な管理に関する条例	2013	6	勧告・命令・代執行
富山県砺波市	砺波市空き家等の適正管理及び有効活用に関する条例	2013	7	勧告・命令・公表・代執行
富山県小矢部市	小矢部市空き家等の適正管理、活用等に関する条例	2015	1	勧告・命令・公表・代執行
富山県南砺市	南砺市空き家等の適正管理に関する条例	2014	7	勧告・命令・公表・代執行
富山県射水市	射水市空き家等の適正管理及び有効活用に関する条例	2014	10	勧告・命令・代執行
富山県舟橋村	舟橋村空き家等の適正管理に関する条例	2014	4	勧告・命令・公表・代執行
石川県小松市	小松市空き家等の適正管理に関する条例	2013	4	勧告・命令・公表・代執行
石川県輪島市	輪島市空き家等の適正管理に関する条例	2014	10	勧告・命令・公表・代執行
石川県加賀市	加賀市生活環境保全条例	2005	10	勧告・公表
石川県津幡町	津幡町環境美化条例	2012	4	勧告・命令・公表・罰則
石川県内灘町	内灘町環境美化条例	1998	4	勧告・命令・公表
石川県能登町	能登町空き家等の適正管理に関する条約	2014	4	勧告・命令・公表
福井県福井市	福井市空き家等の適正管理に関する条例	2013	10	勧告・命令・公表・代執行
福井県大野市	大野市空き家等の適正管理に関する条例	2013	4	勧告・命令・公表・代執行

付表　つづき

市区町村	条例名	年	月	内容
福井県勝山市	勝山市空き家等の適正管理に関する条例	2013	4	勧告・命令・公表・代執行
福井県鯖江市	鯖江市空き家等の適正管理に関する条例	2013	7	勧告・命令・公表・代執行
福井県越前市	越前市空き家等の適正管理に関する条例	2014	4	勧告・命令・公表・代執行
福井県坂井市	坂井市空き家等の適正管理に関する条例	2013	1	勧告・命令・公表・代執行
福井県永平寺町	永平寺町空き家等の適正管理に関する条例	2015	4	勧告・命令・公表・代執行
福井県南越前町	南越前町空き家等の適正管理に関する条例	2013	7	勧告・命令・公表・代執行
福井県おおい町	おおい町の美しい自然と風景を育む条例	2010	6	勧告・命令・罰則
長野県松本市	松本市空き家等の適正管理に関する条例	2014	7	勧告・命令・公表・代執行
長野県岡谷市	岡谷市空き家等の適正管理に関する条例	2014	10	勧告・命令
長野県飯山市	飯山市空き家等の適正管理に関する条例	2012	10	勧告・命令・代執行
長野県塩尻市	塩尻市空き家等の適正管理に関する条例	2015	4	勧告・命令・公表・代執行
長野県長和町	長和町空き家等の適正管理に関する条例	2013	1	勧告・命令・公表・代執行
長野県辰野町	辰野町空き家等の適正管理に関する条例	2014	4	勧告・命令・公表・代執行
長野県売木村	売木村空家等の適正管理に関する条例	2014	4	勧告・命令・公表・代執行
長野県南木曽町	南木曽町空き家等の適正管理に関する条例	2013	6	勧告・命令・公表
長野県王滝村	王滝村空き家等適正管理条例	2014	6	勧告
長野県筑北村	筑北村空き家等の適正管理に関する条例	2013	4	勧告・命令・公表・代執行
長野県小谷村	小谷村空き家等の適正管理に関する条例	2012	10	勧告・命令・公表
長野県小布施町	小布施町空き家等の適正管理に関する条例	2014	7	勧告・命令・公表・代執行
長野県木島平村	木島平村空き家等の適正管理に関する条例	2015	1	勧告・命令・公表・代執行
岐阜県岐阜市	岐阜市空き家等の適正管理に関する条例	2014	4	勧告・命令・公表・代執行
岐阜県多治見市	多治見市空き家等の適正管理に関する条例	2014	4	勧告・命令・公表・代執行
岐阜県飛騨市	飛騨市廃屋対策条例	2011	4	勧告・命令・公表
岐阜県瑞浪市	瑞浪市空き家等の適正管理に関する条例	2014	7	勧告・命令・公表
岐阜県可児市	可児市空き家等の適正管理に関する条例	2015	4	勧告・命令・公表・代執行
岐阜県下呂市	下呂市空き家等の適正管理に関する条例	2014	4	勧告・命令・公表・代執行
岐阜県笠松町	笠松町空き家等の適正な管理に関する条例	2013	4	勧告・命令・公表・罰則・代執行
岐阜県八百津町	八百津町空き家等の適正管理に関する条例	2013	4	勧告・命令・公表・代執行
岐阜県白川町	白川町空き家等の適正管理に関する条例	2014	9	勧告・命令・公表・代執行
岐阜県東白川村	東白川村空家等の適正管理に関する条例	2015	4	勧告・命令・公表・代執行
岐阜県御嵩町	御嵩町空き家等の適正管理及び有効活用に関する条例	2015	1	勧告・命令・公表・代執行
静岡県沼津市	沼津市空き家等の適正管理及び有効活用に関する条例	2015	4	勧告・命令・公表・代執行
静岡県焼津市	焼津市空き家の適正管理に関する条例	2014	4	勧告・命令・公表・代執行
静岡県掛川市	掛川市空き家等の適正管理に関する条例	2014	4	勧告・命令・公表・代執行
静岡県小山町	小山町空き家等の適正管理に関する条例	2013	4	勧告・命令・公表・代執行
愛知県名古屋市	名古屋市空屋等対策の推進に関する条例	2014	4	勧告・命令
愛知県半田市	半田市空き家等の適正管理に関する条例	2014	6	勧告・命令・公表・代執行
愛知県蒲郡市	蒲郡市空き家等適正管理条例	2013	10	勧告・命令・代執行
愛知県南知多町	南知多町空き家等の適正な管理に関する条例	2014	4	勧告・命令・公表・代執行
三重県四日市市	四日市市空き家等の適正管理に関する条例	2014	10	勧告・命令・公表・代執行
三重県名張市	名張市空き家等の適正管理に関する条例	2012	4	勧告・命令・公表
三重県鳥羽市	鳥羽市空き家等の適正管理に関する条例	2013	7	勧告・命令・公表・罰則
三重県熊野市	熊野市建物等の適正管理に関する条例	2013	4	勧告・命令

付表　つづき

市区町村	条例名	年	月	内容
三重県伊賀市	伊賀市空き家等の適正管理に関する条例	2013	4	勧告・命令
滋賀県彦根市	彦根市空き家等の適正管理に関する条例	2013	4	勧告・命令・公表
滋賀県野洲市	野洲市空き家の適正管理に関する条例	2013	4	勧告・命令・公表・代執行
滋賀県高島市	高島市未来へ誇れる環境保全条例	2007	10	勧告・命令・公表・罰則
京都府京都市	京都市空き家の活用，適正管理等に関する条例	2014	4	勧告・命令・公表・罰則
京都府宇治市	宇治市空き家等の適正管理に関する条例	2015	1	勧告・命令・公表・代執行
大阪府池田市	池田市環境保全条例	2013	4	勧告・命令
大阪府貝塚市	貝塚市の環境整備と活性化をめざし住みよいまちを作るための条例	2012	3	勧告・命令・公表・罰則・代執行
大阪府八尾市	八尾市空き家等の適正管理に関する条例	2014	1	勧告・命令・公表
大阪府寝屋川市	寝屋川市美しいまちづくり条例	2005	4	勧告・命令・公表・罰則・代執行
大阪府大東市	大東市環境の保全等の推進に関する条例	2006	3	
大阪府和泉市	和泉市老朽化空き家等の適正管理に関する条例	2014	4	勧告・命令
大阪府門真市	門真市美しいまちづくり条例	2001	3	勧告
大阪府藤井寺市	藤井寺市美しいまちづくり推進条例	2003	4	勧告
大阪府東大阪市	東大阪市みんなで住みよいまちをつくる条例	2014	10	勧告・命令・公表
大阪府四條畷市	四條畷市生活環境の保全等に関する条例	2008	7	命令・罰則・代執行
大阪府熊取町	美しいまちづくり条例	2013	10	勧告・命令・公表・代執行
大阪府岬町	岬町空き家及び空き地の適正管理及び有効活用に関する条例	2014	4	勧告・命令・公表・代執行
兵庫県神戸市	神戸市建築物の安全性の確保等に関する条例	2013	7	勧告・公表
兵庫県洲本市	洲本市空き家等の適正管理に関する条例	2013	7	勧告
兵庫県相生市	相生市民の住みよい環境をまもる条例	2010	4	勧告
兵庫県赤穂市	赤穂市空き家等の適正管理に関する条例	2015	1	勧告・命令・公表・代執行
兵庫県三木市	三木市空き家等の適正管理に関する条例	2012	7	勧告・命令・公表・代執行
兵庫県小野市	小野市空き家等の適正管理に関する条例	2013	1	勧告・命令・公表・代執行
兵庫県加西市	加西市空き家等の適正管理に関する条例	2013	10	勧告・命令・公表・代執行
兵庫県篠山市	篠山市空き家等の適正管理及び有効活用に関する条例	2014	4	勧告・命令・公表・代執行
兵庫県養父市	養父市環境保全条例	2004	4	勧告・命令・公表
兵庫県丹波市	丹波市空き家等の適正管理及び利活用の促進に関する条例	2014	7	勧告・命令・公表・代執行
兵庫県宍粟市	宍粟市空き家等の対策に関する条例	2014	7	勧告・命令・公表・代執行
兵庫県加東市	加東市空き家等の適正な管理及び有効な活用に関する条例	2013	7	勧告・命令・公表・代執行
奈良県生駒市	生駒市空き家等の適正管理に関する条例	2013	7	勧告・命令・公表・代執行
奈良県三郷町	三郷町空き家等の適正管理に関する条例	2014	4	勧告・命令・公表・代執行
奈良県三宅町	三宅町空き家等の適正管理に関する条例	2014	9	勧告
奈良県御杖村	御杖村空き家等の適正管理に関する条例	2012	12	勧告・命令・公表
和歌山県	建築物等の外観の維持保全及び景観支障状態の制限に関する条例	2012	1	勧告・命令
和歌山県和歌山市	和歌山市空家等の適正管理に関する条例	2013	4	勧告・命令
鳥取県鳥取市	鳥取市空き家等の適正管理に関する条例	2014	4	勧告・命令・公表・罰則

付表　つづき

市区町村	条例名	年	月	内容
鳥取県米子市	米子市空き家等の適正管理に関する条例	2013	4	勧告・命令・公表・代執行
鳥取県倉吉市	倉吉市空き家等の適正管理に関する条例	2014	4	勧告・命令・公表・罰則・代執行
鳥取県境港市	境港市空家の適正管理に関する条例	2014	7	勧告・命令・公表・代執行
鳥取県八頭町	八頭町放置家屋等の適正管理に関する条例	2013	10	勧告
鳥取県三朝町	三朝町空き家等の適正管理に関する条例	2014	7	勧告・命令・公表・代執行
鳥取県湯梨浜町	湯梨浜町空き家等の適正管理に関する条例	2014	10	勧告・命令・公表・代執行
鳥取県琴浦町	琴浦町空き家等の適正管理に関する条例	2014	4	勧告・命令・公表・代執行
鳥取県北栄町	北栄町空き家等の適正管理及び有効活用に関する条例	2014	7	勧告・命令・公表・罰則・代執行
鳥取県南部町	南部町町空き家の適正管理に関する条例	2015	1	勧告・命令・公表・代執行
鳥取県日南町	日南町空き家等の適正管理に関する条例	2013	4	勧告・命令・公表・代執行
島根県松江市	松江市空き家を生かした魅力あるまちづくり及びまちなか居住促進の推進に関する条例	2011	10	勧告・命令・公表・罰則・代執行
島根県浜田市	浜田市空き家等の適正管理に関する条例	2012	10	勧告・命令・罰則
島根県邑南町	邑南町空き家等の適正管理に関する条例	2013	7	勧告・命令・公表・代執行
島根県海士町	海士町空き家等の適正管理に関する条例	2013	10	勧告・命令・公表・代執行
島根県隠岐の島町	隠岐の島町空き家等の適正管理に関する条例	2014	12	勧告・命令・公表・代執行
岡山県倉敷市	倉敷市空き家等の適正管理に関する条例	2013	4	勧告・命令・公表・代執行
岡山県総社市	総社市空家等の適正な管理に関する条例	2015	4	勧告・命令・公表・代執行
岡山県美作市	美作市空き家等の適正管理に関する条例	2014	10	勧告・命令・公表
岡山県美咲町	美咲町空き家等の適正管理に関する条例	2012	6	勧告・命令・公表
広島県呉市	呉市空き家等の適正管理に関する条例	2014	1	勧告・命令・公表
広島県三次市	三次市空き家等の適正管理に関する条例	2013	6	勧告・命令・公表
広島県大崎上島町	大崎上島町空き家等の適正管理に関する条例	2014	4	勧告・命令・公表
山口県下関市	下関市空き家の適正管理に関する条例	2013	4	勧告・命令・公表・代執行
山口県宇部市	宇部市空き家等の適正管理に関する条例	2012	10	勧告・命令・公表・代執行
山口県山口市	山口市空き家等の適正管理に関する条例	2013	7	勧告・命令・公表・代執行
山口県萩市	萩市空き家等の適正管理に関する条例	2012	10	勧告・命令・公表・代執行
山口県防府市	防府市空き家等の適正管理に関する条例	2012	7	勧告・命令・公表
山口県岩国市	岩国市空き家等の適正管理に関する条例	2014	4	勧告・命令・公表・代執行
山口県光市	光市空き家等の適正管理に関する条例	2014	7	勧告・命令・公表・代執行
山口県長門市	長門市空き家等の適正管理に関する条例	2013	10	勧告・命令・公表・代執行
山口県周南市	周南市空き家等の適正管理に関する条例	2013	10	勧告・命令・公表・代執行
山口県山陽小野田市	山陽小野田市空き家等の適正管理に関する条例	2013	1	勧告・命令・公表・代執行
山口県周防大島町	周防大島町空き家等の適正管理に関する条例	2013	4	勧告・公表
山口県平生町	快適な環境づくり推進条例	2003	4	勧告・公表
山口県阿武町	阿武町空き家等の適正管理に関する条例	2013	4	勧告・命令・公表・代執行
徳島県牟岐町	牟岐町空き家等の適正管理に関する条例	2013	9	勧告・命令・公表・代執行
香川県善通寺市	善通寺市空き家等の適正管理に関する条例	2014	4	勧告・命令・公表
香川県土庄町	土庄町美しいまちづくり条例	2005	3	勧告・命令
香川県多度津町	多度津町空き家等適正管理条例	2012	7	勧告・命令・公表・代執行
愛媛県宇和島市	宇和島市空家等の適正管理に関する条例	2015	3	勧告・命令・公表・代執行

付表　つづき

市区町村	条例名	年	月	内容
愛媛県上島町	上島町空き家等の適正管理に関する条例	2013	4	勧告・命令・公表・罰則・代執行
高知県南国市	南国市老朽建物等の適正管理に関する条例	2012	4	勧告・命令・公表
高知県香南市	香南市空き家等の適正管理に関する条例	2011	6	勧告・命令・公表
高知県東洋町	東洋町老朽建物等の適正管理等に関する条例	2014	12	勧告・命令・公表
高知県中土佐町	中土佐町老朽危険空き家の適正管理等に関する条例	2013	4	勧告・公表
福岡県福岡市	福岡市空き家の倒壊等による被害の防止に関する条例	2014	4	勧告・公表
福岡県久留米市	久留米市空き家及び老朽家屋等の適正管理に関する条例	2013	5	勧告・命令・公表
福岡県直方市	直方市空き家等の適正管理に関する条例	2014	4	勧告・命令・公表・代執行
福岡県飯塚市	飯塚市空き家等の適正管理に関する条例	2013	4	勧告・命令・公表
福岡県田川市	田川市空き家等の適正管理に関する条例	2013	10	勧告・命令・公表
福岡県八女市	八女市空き家等の適正管理に関する条例	2015	1	勧告・命令・公表・代執行
福岡県筑後市	筑後市空き家等の適正管理に関する条例	2014	4	勧告・命令・公表
福岡県豊前市	豊前市空き地及び空き家等管理の適正化に関する条例	2010	12	勧告・命令・代執行
福岡県宗像市	宗像市空き家等の適正管理に関する条例	2012	1	勧告・命令・公表・代執行
福岡県福津市	福津市空き家等の適正管理に関する条例	2013	1	勧告・命令・公表
福岡県朝倉市	朝倉市老朽危険空き家の管理に関する条例	2012	4	勧告・命令・公表
福岡県糸島市	糸島市空き家等の適正管理に関する条例	2012	4	勧告・命令・公表
福岡県宇美町	宇美町空き地等の環境保全に関する条例	2006	9	勧告・命令・罰則・代執行
福岡県志免町	志免町危険廃屋等の管理に関する条例	2012	8	勧告・命令・公表
福岡県須恵町	須恵町空き地等の環境保全に関する条例	2009	4	勧告・命令
福岡県粕屋町	粕屋町危険廃屋等の適正な管理に関する条例	2013	3	勧告・命令・公表・代執行
福岡県大刀洗町	大刀洗町空き家等の適正管理に関する条例	2014	10	勧告・命令・公表
福岡県みやこ町	みやこ町空き家及び空き地等の適正管理に関する条例	2013	12	勧告・命令・公表
福岡県築上町	築上町空き家等の適正管理に関する条例	2012	10	勧告・命令・公表
佐賀県佐賀市	佐賀市空き家等の適正管理に関する条例	2013	7	勧告・命令・公表・代執行
佐賀県唐津市	唐津市空き家等の適正管理に関する条例	2014	4	勧告・命令・公表・代執行
佐賀県鳥栖市	鳥栖市空き家等の適正管理に関する条例	2013	4	勧告・命令・公表
佐賀県多久市	多久市空き家等の適正管理に関する条例	2012	10	勧告・命令・公表
佐賀県伊万里市	伊万里市空き家等の適正管理に関する条例	2012	9	勧告・命令・公表・代執行
佐賀県武雄市	武雄市空き家等の適正管理に関する条例	2013	1	勧告・命令・公表・代執行
佐賀県鹿島市	鹿島市空き家等の適正管理に関する条例	2013	4	勧告・命令・公表・代執行
佐賀県嬉野市	嬉野市空き家等の適正管理に関する条例	2013	1	勧告・命令・公表・代執行
佐賀県吉野ヶ里町	吉野ヶ里町空き家等の適正管理に関する条例	2013	4	勧告・命令・代執行
佐賀県基山町	基山町空き家等の適正管理に関する条例	2014	1	勧告・命令・公表・代執行
佐賀県みやき町	みやき町空き家等の適正管理に関する条例	2013	4	勧告・命令・公表・代執行
佐賀県有田町	有田町空き家適正管理条例	2012	7	勧告・命令・公表
佐賀県大町町	大町町空き家等の適正管理に関する条例	2013	1	勧告・命令・公表・代執行
佐賀県江北町	江北町空き家等の適正管理に関する条例	2013	4	勧告・命令・公表・代執行
佐賀県白石町	白石町空き家等の適正管理に関する条例	2013	4	勧告・命令・公表・代執行

付表　つづき

市区町村	条例名	年	月	内容
佐賀県太良町	太良町空き家等の適正管理に関する条例	2013	1	勧告・命令・公表・代執行
長崎県長崎市	長崎市空き家等の適正管理に関する条例	2013	7	勧告・命令・代執行
長崎県佐世保市	佐世保市空き家等の適正管理に関する条例	2013	7	勧告・命令・公表
長崎県平戸市	平戸市空き家等の適正管理に関する条例	2015	4	勧告・命令・代執行
長崎県壱岐市	壱岐市空き家等の適正管理に関する条例	2013	3	勧告・命令・公表・代執行
長崎県五島市	五島市空き家等の適正管理に関する条例	2013	10	勧告・命令・公表・代執行
長崎県西海市	西海市空き家等の適正管理に関する条例	2014	4	勧告・命令・公表・代執行
長崎県南島原市	南島原市空き家等の適正管理に関する条例	2013	7	勧告・命令・公表
長崎県東彼杵町	東彼杵町空き家等の適正管理に関する条例	2012	6	勧告・命令・公表・代執行
長崎県小値賀町	小値賀町空き家等の適正管理に関する条例	2014	4	勧告・命令・公表
長崎県新上五島町	新上五島町空き家等の適正管理に関する条例	2013	12	勧告・命令・公表・代執行
熊本県熊本市	熊本市老朽家屋等の適正管理に関する条例	2014	4	勧告・命令・公表
熊本県人吉市	人吉市廃屋対策条例	2013	1	勧告・公表
熊本県水俣市	水俣市空き家等の適正管理に関する条例	2013	7	勧告・命令・公表
熊本県山鹿市	山鹿市空き家等の適正管理に関する条例	2014	7	勧告・命令・公表
大分県大分市	大分市空き家等適正管理に関する条例	2013	4	勧告・命令・公表
大分県中津市	中津市空き家等の適正管理に関する条例	2013	1	勧告・命令・公表
大分県佐伯市	佐伯市空き家等の適正な管理に関する条例	2013	7	勧告・命令・公表
大分県臼杵市	臼杵市空き家等の適正管理に関する条例	2014	4	勧告・命令・公表
大分県宇佐市	宇佐市空き家等の適正管理に関する条例	2014	10	勧告・命令・公表
大分県豊後大野市	豊後大野市空き家等の適正管理に関する条例	2014	10	勧告・命令・公表
大分県豊後高田市	豊後高田市空き家等の適正管理に関する条例	2013	4	勧告・命令・公表
大分県国東市	国東市空き家等の適正管理に関する条例	2012	10	勧告・命令・公表
宮崎県宮崎市	宮崎市空家等対策の推進に関する条例	2015	4	
宮崎県都城市	都城市環境保全条例	2014	4	勧告
宮崎県延岡市	延岡市生活環境保護条例	2011	11	勧告
宮崎県西都市	西都市環境保全条例	2002	4	勧告・命令
宮崎県門川町	門川町生活環境保全条例	2013	4	勧告
鹿児島県鹿児島市	鹿児島市空き家等の適正管理に関する条例	2014	4	勧告・命令・公表・代執行
鹿児島県鹿屋市	鹿屋市空き家等の適正管理に関する条例	2012	4	勧告・命令・公表
鹿児島県枕崎市	枕崎市空き家等の適正管理に関する条例	2013	4	勧告・命令
鹿児島県肝付町	肝付町空家等の適正管理に関する条例	2014	4	勧告・命令・公表
鹿児島県瀬戸内町	瀬戸内町老朽危険空き屋等の適正管理に関する条例	2014	4	勧告・命令・公表・代執行
鹿児島県徳之島町	徳之島空き家等の適正管理に関する条例	2015	4	勧告・命令・公表・代執行
鹿児島県天城町	天城町空き家等の適正管理に関する条例	2014	9	勧告・命令・公表・代執行
鹿児島県和泊町	和泊町空き家等の適正管理に関する条例	2013	4	勧告・命令・公表・罰則・代執行
鹿児島県知名町	知名町空き家等の適正管理に関する条例	2013	12	勧告・命令・公表・代執行
沖縄県与那原町	与那原町空き家等の適正管理に関する条例	2013	3	勧告・命令・公表・代執行

国土交通省資料より作成。

▶ 15章

都市の空き家問題とその対策

まとめと課題

久保倫子

I．都市の空き家問題の全体像

　本書において検討した都市の空き家問題の発生要因の模式図を図15-1に表した．日本の都市に共通して影響する要因ほど下部に，地域や個人に固有な要因ほど上位に示してある．空き家の増加には，まず，8章で述べたとおり，無意識レベルで我々の空間概念に基づく維持管理に対する意識が影響している．

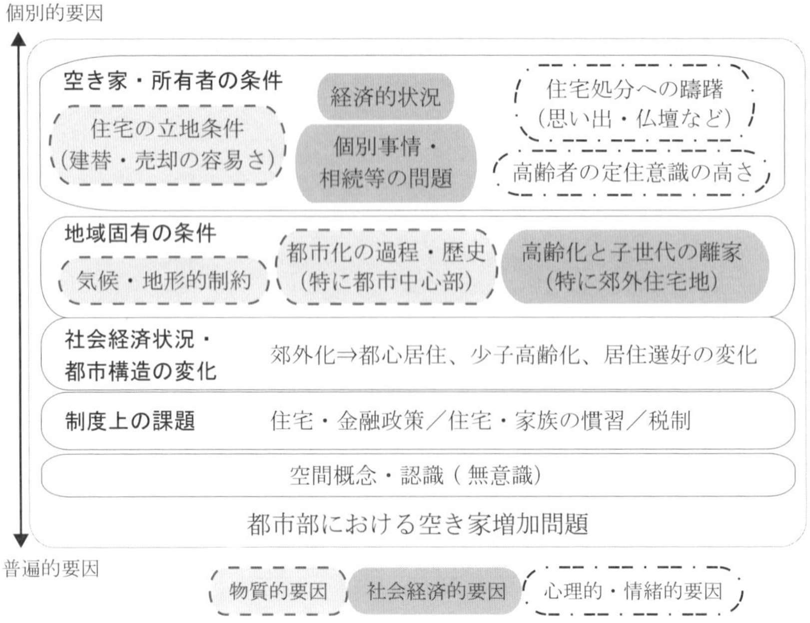

図15-1　都市の空き家問題が発生する要因の模式図

次に，意識可能なレベルでは，固定資産税の住宅地への減免措置の存在，戦後の持家の新規取得を推進する住宅政策や住宅ローン減税および長期低金利の住宅ローンの拡充といった経済対策としての金融政策の影響が大きい．さらに，非大都市圏出身者が大都市圏に流入するという人口移動を基礎にした郊外化が終焉を迎え，大都市圏内で生まれ育った世代が増加して人口移動の傾向が変化してきたこと，女性の社会進出の進展や社会経済状況の変化，少子高齢化が進み必ずしも郊外住宅地を選好しなくなってきたこと，都心部での住宅を含む都市開発が優先されるなかで都心居住が可能になってきたことなどの社会経済状況と都市構造の変化に伴う要因がある．これらは，都市の規模や位置に関係なく都市の空き家問題に共通して確認される要因である．

これらに加えて，地域固有の条件としては，豪雪地帯などの気候条件により問題が悪化する場合や，丘陵地や山地に形成された住宅地などでは高齢化が進むなかで日常のアクセスに困難が生じ放棄されてしまう場合が確認された．また，地方都市中心部や大都市圏の都心部では都市化の進展過程や歴史の影響を受けて住宅供給構造にミクロな地域差が生じており，それが空き家化の進展具合や空き家の利活用および再開発やリノベーションの可否を決定づけている．郊外住宅地では，第一世代の高齢化と第二世代の離家が共通して確認されるものの，都心からの距離や第一世代の社会経済階層，さらにそれを反映した住宅階層によって若年世代の流入の程度に差異が生まれている．

より個別の空き家や所有者の条件では，建替えや売却の容易さに影響する住宅の立地条件や構造などの物質的要因のほか，所有者の経済状況，相続や世代交代の可否などの社会経済的要因が確認された．さらに，思い出や仏壇の存在などが影響して容易に住宅を処分できなかったり，高齢者の定住意識が高いために介護施設等に入所しても住宅を手放したがらなかったりという心理的・情緒的要因の影響も無視できない．

平山（2015）は，住宅資産の世代間移転について分析し，日本においては市場を介した経路が発展していないため，高齢世帯が住宅を賃貸・売却して利活用することを抑制しているとしている．また，政府が経済政策の一環として生前贈与を促進してきたことも影響して，家族での移転，つまり住宅資産の世襲が大半であるため，住宅の格差・不平等が拡大していく構造があると指摘している．つまり，

住宅制度や住宅・金融政策は，個人の住宅の所有・維持管理・相続などの意思決定にも影響しており，別個に扱うことは難しい課題である．だからこそ現象の全体像と地域性という個別条件を総合的に捉えることができる地理学が，空き家問題の研究において果たすべき役割は大きいのである．空き家問題を「全体」でとらえ，そこから問題解決の道筋を探ることが，我々の使命であると考える．

II．空き家増加への対策

　上述の通り，多様なレベルの要因が複雑にからみあって表出する「都市の空き家問題」の解決に向けて，本書の後半「どうする編」で検討してきたように，行政，民間企業，地域コミュニティなどが様々な対応策を講じている．しかし，これらはあくまで問題として現れた症状に対応している「対症療法」的なものである．地域のもつ特性を反映してどのような対症療法ができるかが決まるため，地域に豊富な人材やアイデア，仕組みがある場所ではスムーズに対策が進む一方で，資源に欠ける地域では空き家が放棄され地域の居住環境が崩壊するのを待つしかない状況が生まれる可能性がある．

　そこで，より根本治療的な対策も考えていかなければいけない．新築持家を中心とする住宅市場から，良質な中古住宅や賃貸住宅を供給し，これらを生涯の住処として選択することができる状況へ，そして人生のなかで世帯規模やライフステージ，居住選好，就業の都合に合わせて容易に住み替えることが可能な状況へと転換を図らなければいけない．つまり，戦後日本の住宅政策の転換を図る必要があるのである．前半で述べてきたとおり，核家族世帯に向けた持家支援策を基礎として作られた住宅制度が，人口減少になり住宅余りが始まる時代に適合するわけはない．賃貸住宅と持家との間に大きなレベルの差があった時代には，まともな居住環境を得るためには持家を目指さねばならず，また持家を得るには新築を購入するか新規に住宅を建設するしか選択肢はなかった．

　こうしたなかで，決して上質とはいえない住宅が大量に供給されて「住みつぶされて」きたのである．住みつぶされた住宅に中古としての価値がつかないのは当然だ．特に，戦後の住宅不足を受けて「質より量」を重視して供給されてきた住宅は，現行の建築基準法や都市計画上の基準に満たないばかりか，建材や構造の面でも脆弱である．現代の都市住宅の多くは，「大黒柱」を建てて何代にもわたっ

て改修を繰り返しながら住み続けるように作られた住宅とは，住宅の質やそこに住まうことのもつ「意味」が違うのである．郊外住宅地の住宅は程度の差こそあれ，数世代にわたって住み続けられるような構造や材質で作られているわけではないし，数世代にわたって住み続けるような住まい方を想定などしていないのだ．

　住宅は個人の資産であると同時に社会資産でもあり，都市のあり方やその存続，そこでの人々の生活のあり方を規定する．この視点が決定的に欠落している日本において，1つの家族やその親族に限らず50年，100年と多くの人々の生活を育み続けるような住宅，つまり中古住宅として耐えうる住宅が供給されることは稀であった．「終の棲家」や「人生で最も高価な買物」であると持家を表現することがある．前者は，1つの住宅が死ぬまで，つまり一代かぎりの住居となることを示しているし，後者は住宅があくまで人生のなかで買う「商品」の1つに過ぎないことを示している．何代にもわたって住み続けることやそれに耐えうる商品であるべきなどという考えはそこに立入る隙もないのだ．戦後日本の住宅市場において住宅という「商品」がもたされてきた意味を考えるとき，「都市の空き家問題」は必然の結果であるともいえるのだ．

　最後に，地方自治体のレベルだけではなく，大都市圏レベルで都市政策や住宅供給の動向を調整することも考えるべきだろう．現在，東京大都市圏の都心と郊外では，居住環境や都市開発の面で明暗が分かれているが，都心と郊外はともに東京大都市圏の発展を支える1つのまとまりをもった圏域として持続していくべきものである．都心でまかないきれない都心就業者の住宅（居住機能）を郊外が補完してきたからこそ，都心は発展することができたのである．戦後から郊外化までの都市発展期のツケを郊外自治体にだけ押し付けるのはフェアではない．都心から一部の機能を移転させ郊外にも十分な就業地を供給しておけば，都心でも郊外での良好な居住環境・就業環境を維持することが可能だったかもしれないのである．こうした議論は，東京と地方の関係にも共通する．地方が労働力や資源を供給してくれたからこそ，東京は発展したのだということを忘れてはいけない．

　短期的な状況や表層的な要因だけをみて問題を分析し解決策を導こうとするのは，安直で危うい．少子高齢化が進み，夫婦共働きが当たり前となり，出産や結婚，住宅取得はもはや人生のオプションになっている現代において，「住宅」や「住まうこと」を取り巻く環境は多様化している．「空き家」の増加はこうした社会状況

を反映して表面化してきた根深い問題でもある．安直で表層的な対応策では解決など見込めないと覚悟して臨まなければ，負の連鎖が継続する．結果として，現在住宅供給ブームとなっている地域が，数十年後にゴーストタウンになるのである．

　対症療法と根本治療とを組み合わせなければ，空き家問題の解決は望めない．行政は現行の対症療法的な法整備に加えて，根本治療に向けた動きを検討すべきだ．民間企業は対症療法が中心になるだろうが，安直に空き家ビジネスを模索するのではなく新たな住宅供給や住宅・地域の居住環境の維持管理の方策にビジネスチャンスを認めるような公益的・長期的な視点を模索していただきたい．地域コミュニティには，地域の居住環境の維持管理システムを構築して，地域の居住環境を守り育てることに住民が主体的にかかわるような方向も考えてほしい．

Ⅲ．今後の課題

　本書では，「なぜ？編」「どうする？編」とで都市の空き家問題の発生メカニズムとその対応策を検討してきた．そのなかである程度の実態が明らかとなった．しかし，我々の研究はまだスタートしたばかりである．国内外での現地調査，GIS等を用いた空間分析などを蓄積してより研究を深めていくとともに，地理学的研究成果を基にした社会貢献も目指していきたいと考えている．都市の空き家問題は，個人の意思決定，地域社会の在り方や地理的条件，住宅供給や住宅制度など多様な問題が絡み合うもので，1つの解決策が全地域に有効に働くわけでもないため，大変複雑な課題である．この解決に向けて，学者として住民として何ができるのかを常に自問しながら精進したいと思う．

　最後に，空き家・空き地化が進むことによって，都市内部に衰退地区が生まれる現象は，日本だけでなく欧米都市においても共通して確認される都市の新たな課題となっている．さらに，これは都市によってその発生要因・メカニズムが異なる地理的な課題である．たとえば，北米の都市では，経済危機の影響を受けて住宅ローンが払えなくなり居住者が退去して空き家化する事例や，経済後退により他地域への機能移転が進み都市の空き家・空き地化が進む事例などが報告されている．都市の空き家問題をより大きな学問的な枠組みで論じるための事例収集や理論構築を行うことが重要であり，今後は地理学からこうした課題にも取り組んでいきたい．

おわりに

　本書は都市の空き家について，月刊「地理」（古今書院）に連載した論文を中心に構成したものである．連載を企画した意図としては，空き家問題の深刻化が多くのマスコミで取り上げられるようになったことも全く無関係ではないが，それ以上に人口減少社会における新たな都市問題として空き家現象とそれに伴う地域的課題を地理学からとらえ，地理学の社会貢献としてこの今日的な課題に取り組むことができないかと考えたことによる．

　著者による空き家研究は，もともと広島都市圏の郊外地域における空き家と活性化について，呉市や広島県住宅供給公社からの依頼によって始まった．これまで空き家といえば，過疎地域の限界集落によく見られるものと思っていたが，現地で調査してみると，予想以上に郊外の住宅地においても見られるようになっていた．研究開始当初は，秋田県大仙市の空き家条例などに続いて，東京大都市圏内のいくつかの自治体でも空き家条例が制定され始めており，全国のさまざまなレベルの地域において空き家対策が喫緊の課題となりつつあった．

　都市内の空き家を対象とした研究は地理学以外にも都市計画学においても数多くの研究報告がある．地理学からこの今日的課題に取り組む意義は，空き家の発生という現象を単に分布や外観からとらえるのではなく，住民の声を聴いたり，法的な影響を聞いたり，自治体の施策を聞いたり，多方面からのアプローチを組み合わせるマルチメソッドの手法によって包括的にとらえることを試みるためである．さらには，全国のさまざまな空き家対策について情報収集することにより，地域事情に応じた対策を提示できないものかと考えている．都市内の空き家についてそれを取り巻くさまざまな因果関係を紐解き，地域的課題の解決策を探るという地理学の役割は大きい．

　人口減少期に入ってもまだ継続される都市開発あるいは住宅供給は，構造的に破綻するのは目に見えていることは誰もが認めることであろう．また，人口減少

期に入っても単身世帯などの大幅な増加によって世帯数は増えており，また女性の社会進出によって都心回帰もますます顕著になるかもしれない．そうすると，それらの世帯の需要を満たすための新たな住宅供給が生み出され，その一方で，これまでの住宅需要に応えていた郊外住宅や都市内の既存の住宅は新たな需要に応えることができずに空き家となっていくと予想される．

　高度経済成長期以降，都市に流入して過密化した人口の受け皿となったのは外延的に拡大する郊外住宅地であり，郊外の衰退については，これまでの都市発展モデルのなかにはほとんど触れられていなかった．また，都市を拡張する発展過程からとらえるのではなく，shrinking とか decline という用語で都市の変容を解明するのは，アメリカンドリームの達成という「夢の郊外」の現実が今日的な意味を持たないことを意味する．さらに，アメリカ合衆国のデトロイト，ピッツバーグ，クリーブランドのような都市の衰退はインナーシティーの衰退というレベルではなく，郊外地域も含めて都市圏全体が衰退するという現象への展開となっている．上記の衰退都市では，再開発や産業構造の転換などにより活性化を図って成功をおさめたところもある．同様に，郊外地域や既存の住宅地内においても，住民組織や NPO などのさまざまな活動主体によるユニークな活性化の取り組みが全国各地でみられる．

　本書が，空き家対策に取り組む自治体や住民活動にとって，他の地域の取り組みを学習して，住民自らが地域の活性化について考え，行動に移すための参考となることができれば幸いである．

　最後に，困難な出版事情のなかで，今回の出版を快くお引き受けいただいた古今書院編集部の原 光一氏に厚くお礼申し上げます．また，調査に協力していただいた自治体の担当者の方々，住民の皆様に感謝いたします．

執筆者を代表して
由井 義通
久保 倫子
西山 弘泰

執筆者略歴

久保 倫子　　くぼ ともこ　　　　1章，3章，8章，9章，10章，15章，コラム③執筆
岐阜大学教育学部助教．1981年茨城県生まれ．筑波大学一貫制博士課程生命環境科学研究科地球環境科学専攻修了，博士（理学）．専門は都市地理学，ハウジング研究．主な著作に『東京大都市圏におけるハウジング研究　都心居住と郊外の衰退』単著，古今書院，『よみがえる神戸－危機と復興契機の地理的不均衡』共訳，海青社，「大都市圏郊外における空き家増加の実態とその対策」分担執筆，日本都市学会年報47．

若林 芳樹　　わかばやし よしき　　2章，13章執筆
首都大学東京都市環境学部教授．1959年佐賀県生まれ．広島大学大学院文学研究科単位取得退学．博士（理学）．専門は都市地理学，行動地理学，GIS．主な編著書に『働く女性の都市空間』『ハンディキャップと都市空間』『GISと空間認知』以上，古今書院など．

矢野 桂司　　やの けいじ　　　　　コラム②執筆
立命館大学文学部教授．1961年兵庫県生まれ．東京都立大学大学院理学研究科博士課程中途退学．博士（理学）．専門は人文地理学，地理情報科学．主な編著書に『地理情報科学－GISスタンダード』古今書院，『京都の歴史GIS』ナカニシヤ出版など．

中澤 高志　　なかざわ たかし　　4章執筆
明治大学経営学部教授．1975年神奈川県生まれ．東京大学大学院総合文化研究科博士課程修了．博士（学術）．専門は経済地理学，都市地理学．主な著作に『職業キャリアの空間的軌跡』大学教育出版，『労働の経済地理学』日本経済評論社．

由井 義通　　ゆい よしみち　　　5章，12章執筆
広島大学教育学研究科教授．1960年愛媛県生まれ．広島大学大学院文学研究科博士課程後期単位修得退学．博士（文学）．専門は都市地理学．主な編著に『働く女性の都市空間』古今書院，『女性就業と生活空間－しごと・子育て・ライフコース』明石書店．

西山 弘泰　　にしやま ひろやす　　6章，7章，10章，コラム①，④執筆
九州国際大学経済学部助教．1983年北海道生まれ．明治大学文学研究科地理学専攻博士後期課程終了，博士（地理学）．専門は都市地理学．最近の論文に「住民の転出入からみた首都圏郊外小規模開発住宅地の特性－埼玉県富士見市関沢地区を事例に－」地理学評論83巻4号．

益田　理広　　　ました みちひろ　　　　8 章，9 章執筆

筑波大学大学院生命環境科学研究科大学院生．1988 年熊本県生まれ．筑波大学大学院生命環境科学研究科前期課程修了，修士（理学）．専門は空間論・地理学方法論．主な論文に「プラグマティズムに基づく地理学的空間概念の弁別」地理学評論 88 巻 4 号．

櫛引　素夫　　　くしびき もとお　　　　11 章執筆

青森大学社会学部准教授．1962 年青森県生まれ．東北大学理学研究科地学専攻（地理学），弘前大学大学院地域社会研究科修了，博士（学術）．地方紙編集委員を経て，主に整備新幹線，人口減少問題，地域コミュニティ，メディア論などを研究．著書に『地域振興と整備新幹線』弘前大学出版会など．

小泉　諒　　　　こいずみ りょう　　　　13 章執筆

神奈川大学人間科学部特任助教．1983 年宮城県生まれ．首都大学東京大学院都市環境研究科博士後期課程修了．博士（理学）．専門は，都市地理学，GIS，人口地理学．主な論文に「東京大都市圏における職業構成の空間的パターンとその変化」季刊地理学 62 巻．分担執筆に『変わりゆく日本の大都市圏』ナカニシヤ出版，『役に立つ地理学』古今書院など．

大塚　俊幸　　　おおつか としゆき　　　　14 章執筆

中部大学人文学部教授．1961 年三重県生まれ．名古屋大学大学院環境学研究科博士後期課程修了，博士（地理学）．専門は都市地理学，都市政策．主な分担執筆に『中部の都市を探る－その軌跡と明日へのまなざし－』風媒社，『変わりゆく日本の大都市圏　ポスト成長社会における都市のかたち』ナカニシヤ出版．

編著者

由井 義通	ゆい よしみち	広島大学大学院教育学研究科教授
久保 倫子	くぼ ともこ	岐阜大学教育学部助教
西山 弘泰	にしやま ひろやす	九州国際大学経済学部特任助教

書　名	**都市の空き家問題 なぜ？ どうする？**
	── 地域に即した問題解決にむけて ──
コード	ISBN978-4-7722-5291-1
発行日	2016（平成28）年3月30日　初版第1刷発行
編　者	由井義通・久保倫子・西山弘泰
	Copyright ©2016　Yoshimichi YUI, Tomoko KUBO, and Hiroyasu NISHIYAMA
発行者	株式会社 古今書院　橋本寿資
印刷所	株式会社 太平印刷社
製本所	株式会社 太平印刷社
発行所	古今書院　〒101-0062 東京都千代田区神田駿河台2-10
TEL/FAX	03-3291-2757 / 03-3233-0303
振　替	00100-8-35340
ホームページ	http://www.kokon.co.jp/　　検印省略・Printed in Japan

地域調査に役立つ本

経済・政策分析のための GIS 入門

★好評の人文社会分野向け GIS 入門書！

河端瑞貴著　3300円　経済・政策分析に特化した初めての GIS テキスト。ArcGIS（ESRI 社）のアプリケーション ArcMap Basic 版を使い、GIS・空間データの基礎から応用までカバー。空間統計ツールの解説やヘドニック分析における GIS の活用など実践的な内容。

[目次] GIS と経済・政策分析／空間データの選択・入手／ ArcMap の基礎／空間参照と座標系／空間データの選択・検索／空間データの処理／テーブルデータの操作・演算・結合／データ活用／アドレスマッチング／地図作成／地価と都心からの距離／空間統計ツール／ヘドニック・モデル

QGIS の基本と防災活用

★GIS 初級ユーザ向き。基本操作からオリジナル地図作成まで、丁寧に解説

橋本雄一編　2700円　GIS に未習熟な行政担当者を想定した内容なので、初めて GIS を使う人も安心して入門できる本。フリーGIS ソフト「QGIS」の基本操作を習得し、実社会で役立つ GIS の活用スキルが身につく。ver.2.10.1（Pisa）対応。前半は、国や自治体のオープンデータの入手法、後半は津波浸水域を事例にハザードマップの作り方や避難計画に結びつく活用法を紹介。事例は防災だが都市計画・地域計画にそのまま応用できる。[主な目次] 基礎概念／地理空間情報の入手と地図化／QGIS の分析技法／QGIS の防災活用（ハザードマップ／避難困難地域の人口推定ほか）／GIS による事例

「平成の大合併」研究

★資料的価値のある大著。年代的な記録として、長く研究に役立ちます

森川 洋著　15000円　平成の大合併により実施された日本全国の市町村合併を網羅。それぞれの経緯からその結果による影響、問題点を詳述。著者は政治地理学・行政地理学・ドイツ市町村研究が専門（広島大学名誉教授）。海外の市町村合併事例に精通した研究者による分析が光る。[主な内容] Ⅰ～Ⅱ 研究目的と市町村合併、Ⅲ～Ⅺ 北海道～沖縄までの各都道府県の市町村合併に対する県の対応や合併の経緯、Ⅻ～XIII 「平成の大合併」の一般的特徴：市町村合併に至るまでおよび合併の実施状況と結果、XIV 市町村の将来に向けて（市町村人口／「平成の大合併」の特徴／小規模自治体／大都市圏地域／人口減少社会における市町村運営／道州制の導入）

大都市都心地区の変容とマンション立地

★大都市の、どこに、いつからマンションが建設されてきたかが詳しい

富田和暁著　4800円　マンションの立地をキーワードに、日本の大都市圏における人口の再集中化の諸要因とメカニズムを、大阪市や大阪府北部地域をおもな事例にして考察。

[主な目次] 三大都市の20世紀後半の機能的変容／六大都市の中心区の人口再集中化と住民属性の変化／マンション立地の急増とその要因／新規マンション居住者の居住満足度と定住意識／大都市圏における新時代の居住地選好

東京大都市圏におけるハウジング研究
―都心居住と郊外住宅地の衰退―

★住宅供給側と居住者側の双方の立場からの分析
久保倫子著　3500円　住宅供給と居住選好、高齢化や空き家問題など郊外住宅地の地域課題について分析し、持続的な居住環境の創造をめざす。日本地理学会出版助成本。地理学の特徴がよく現れた研究書。
［主な内容］マンション居住の進展とその意義，郊外住宅地の衰退と持続可能性（居住環境の変化／ニュータウンのミックス・ディベロップメント／地域社会の特性と住宅地の持続性／海外都市の居住環境），ハウジング研究の成果と課題

東京大都市圏郊外の変化とオフィス立地
―オフィス移転からみた業務核都市のすがた―

★東京一極集中から地方創生へ、オフィス移転の実態調査
佐藤英人著　4200円　さいたま新都心、幕張新都心、みなとみらい21など、都心から30〜40km圏の郊外にできた新たなビジネス街は、東京一極集中の是正になるのか？従業者や関連企業への聞き取り調査をふくめて詳細に分析する。
［主な目次］1オフィスが郊外に立地する意義と課題／2 全国的動向／3 さいたま副都心／4 幕張新都心／5 みなとみらい21／6 業務核都市の成長と通勤行動の変化

高齢者の居住空間と社会福祉

★東京文京区を例に、住民意識と政策のマッチングを検証した学術書
西　律子著　5800円　都市において高齢者はどのように暮らしているのか。これからの高齢者福祉、地域福祉はどうあるべきか。主に低所得層の単身高齢者に焦点を当て、個人の来歴など詳細な実証研究に基づいてその実態を明らかにし、福祉政策との連関を探る。［主な目次］高齢者の居住研究の視点／ライフストーリー法／高齢者向け住宅・福祉政策／単身高齢者の住宅と居住歴／シルバーピアでの居住と近隣地域ほか

人材・介護サービスと地域労働市場

★製造業から介護まで、さまざまな人材サービスの実践を研究した学術書
加茂浩靖著　5400円　製造業を中心とした労働者派遣などの人材サービスに、どのような労働力が供給されているのか。業務請負業の労働力調達、高齢化の進展に伴う労働市場の動き、女性就業など、国内各地域の労働市場の実態に迫る。
［主な目次］労働市場の地域構造／労働者の還流移動／業務請負業／製造派遣／工業製造派遣／地域労働市場の変化／介護サービス業の展開と女性の就業ほか

＊表示価格に，別途消費税がかかります

いろんな本をご覧ください
古今書院のホームページ

http://www.kokon.co.jp/

★ 700点以上の**新刊・既刊書**の内容・目次を写真入りでくわしく紹介
★ 地球科学やGIS，教育など**ジャンル別**のおすすめ本をリストアップ
★ 月刊『**地理**』最新号・バックナンバーの特集概要と目次を掲載
★ 書名・著者・目次・内容紹介などあらゆる語句に対応した**検索機能**

古 今 書 院

〒101-0062　東京都千代田区神田駿河台 2-10

TEL 03-3291-2757　　FAX 03-3233-0303

☆メールでのご注文は order@kokon.co.jp へ